Couverture supérieure manquante

Original en couleur
NF Z 43-120-8.

LES

MILLE ET UNE NUITS

DES FAMILLES

**

PARIS. — IMPRIMERIE P. MOUILLOT

13, Quai Voltaire, 13

LES

MILLE ET UNE NUITS

DES FAMILLES

CONTES ARABES, TRADUITS PAR GALLAND

CHOISIS ET REVISÉS AVEC LA PLUS SCRUPULEUSE ATTENTION

ILLUSTRÉS PAR

MM. FRANÇAIS, H. BARON, ED. WATTIER, LAVILLE, etc.

**

PARIS
GARNIER FRÈRES, LIBRAIRES-ÉDITEURS
6, RUE DES SAINTS-PÈRES, 6

LES
MILLE ET UNE NUITS
DES FAMILLES

La sultane Scheherazade, en achevant l'histoire d'Abou-Hassan, avait promis au sultan Schariar de lui en raconter une autre le lendemain, qui ne le divertirait pas moins. Dinarzade, sa sœur, ne manqua pas de la faire souvenir avant le jour de tenir sa parole, et que le sultan lui avait témoigné qu'il était prêt à l'entendre. Aussitôt Scheherazade, sans se faire attendre, lui raconta l'histoire qui suit en ces termes :

HISTOIRE D'ALADDIN, OU LA LAMPE MERVEILLEUSE

Sire, dans la capitale d'un royaume de la Chine, très-riche et d'une vaste étendue, dont le nom ne me vient pas présentement à la mémoire, il y avait un tailleur nommé Mustafa, sans autre distinction que celle que sa profession lui donnait. Mustafa le tailleur était fort pauvre, et son travail lui produisait à peine de quoi le faire subsister, lui, sa femme et un fils que Dieu leur avait donné.

Le fils, qui se nommait Aladdin, avait été élevé d'une manière très-négligée et qui lui avait fait contracter des inclinations vicieuses. Il était méchant, opiniâtre, désobéissant à son père et à sa mère. Sitôt qu'il fut un peu plus grand, ses parents ne le purent retenir à la maison. Il sortait dès le matin et il passait les journées à jouer dans les rues et dans les places publiques avec de petits vagabonds qui étaient même au-dessous de son âge.

Dès qu'il fut en âge d'apprendre un métier, son

père, qui n'était pas en état de lui en faire apprendre un autre que le sien, le prit en sa boutique et commença à lui montrer de quelle manière il devait manier l'aiguille. Mais, ni par douceur, ni par crainte d'aucun châtiment, il ne fut pas possible au père de fixer l'esprit volage de son fils. Il ne put le contraindre à se contenir et à demeurer assidu et attaché au travail, comme il le souhaitait. Sitôt que Mustafa avait le dos tourné, Aladdin s'échappait, et il ne revenait plus de tout le jour. Le père le châtiait ; mais Aladdin était incorrigible, et, à son grand regret, Mustafa fut obligé de l'abandonner à son libertinage. Cela lui fit beaucoup de peine, et le chagrin de ne pouvoir faire rentrer ce fils dans son devoir lui causa une maladie si opiniâtre, qu'il en mourut au bout de quelques mois.

La mère d'Aladdin, qui vit que son fils ne prenait pas le chemin d'apprendre le métier de son père, ferma la boutique et fit de l'argent de tous les ustensiles de son métier pour l'aider à subsister, elle et son fils, avec le peu qu'elle pourrait gagner à filer du coton.

Aladdin, qui n'était plus retenu par la crainte d'un père, et qui se souciait si peu de sa mère, qu'il avait même la hardiesse de la menacer à la moindre remontrance qu'elle lui faisait, s'abandonna alors à un plein libertinage. Il fréquentait de plus en plus les enfants de son âge, et ne cessait de jouer avec eux avec plus de passion qu'auparavant. Il continua ce train de vie jusqu'à l'âge de quinze ans, sans aucune ouverture d'esprit pour quoi que ce soit, et sans faire réflexion à ce qu'il pourrait devenir un jour. Il était dans cette situation, lorsqu'un jour qu'il jouait au milieu d'une place avec une troupe de vagabonds, selon sa coutume, un étranger qui passait par cette place s'arrêta à le regarder.

Cet étranger était un magicien insigne, que les auteurs qui ont écrit cette histoire nous font connaître sous le nom de magicien africain. C'est ainsi que nous l'appellerons, d'autant plus volontiers qu'il était véritablement d'Afrique, et qu'il n'était arrivé que depuis deux jours.

Soit que le magicien africain, qui se connaissait en physionomies, eût remarqué dans le visage d'Aladdin tout ce qui était absolument nécessaire pour l'exécution de ce qui avait fait le sujet de son voyage, ou autrement, il s'informa adroitement de sa famille, de ce qu'il était et de son inclination. Quand il fut instruit de ce qu'il souhaitait, il s'approcha du jeune homme, et en le tirant à part, à quelques pas de ses camarades : « — Mon fils, lui demanda-t-il, votre père ne s'appelle-t-il pas Mustafa le tailleur ? — Oui, monsieur, répondit Aladdin ; mais il y a longtemps qu'il est mort. »

A ces paroles, le magicien africain se jeta au cou d'Aladdin, l'embrassa et le baisa par plusieurs fois, les larmes aux yeux, accompagnées de soupirs. Aladdin, qui remarqua ses larmes, lui demanda quel sujet il avait de pleurer. « — Ah! mon fils, s'écria le magicien africain, comment pourrais-je m'en empêcher? Je suis votre oncle, et votre père était mon bon frère. Il y a plusieurs années que je suis en voyage, et dans le moment que j'arrive ici avec l'espérance de le revoir et de lui donner de la joie de mon retour, vous m'apprenez qu'il est mort! Je vous assure que c'est une douleur bien sensible pour moi de me voir privé de la consolation à laquelle je m'attendais. Mais ce qui soulage un peu mon affliction, c'est qu'autant que je puis m'en souvenir, je reconnais ses traits sur votre visage, et je vois que je ne me suis pas trompé en m'adressant à vous. » — Il demanda à Aladdin, en mettant sa main à la bourse, où demeurait sa mère. Aussitôt Aladdin satisfit à sa demande, et le magicien africain lui donna en même temps une poignée de menue monnaie, en lui disant: « — Mon fils, allez trouver votre mère, faites-lui bien mes compliments, et dites-lui que j'irai la voir demain, si le temps me le permet, pour me donner la consolation de voir le lieu où mon bon frère a vécu si longtemps et où il a fini ses jours. »

Dès que le magicien eut laissé le neveu qu'il venait

de se faire lui-même, Aladdin courut chez sa mère, bien joyeux de l'argent que son oncle venait de lui donner. « — Ma mère, lui dit-il en arrivant, je vous prie de me dire si j'ai un oncle. — Non, mon fils, lui répondit la mère, vous n'avez point d'oncle du côté de feu votre père ni du mien. — Je viens cependant, reprit Aladdin, de voir un homme qui se dit mon oncle du côté de mon père, puisqu'il était son frère, à ce qu'il m'a assuré. Il s'est même mis à pleurer et à m'embrasser quand je lui ai dit que mon père était mort. Et pour marque que je dis la vérité, ajouta-t-il en lui montrant la monnaie qu'il avait reçue, voilà ce qu'il m'a donné. Il m'a aussi chargé de vous saluer de sa part et de vous dire que demain, s'il en a le temps, il viendra vous saluer, pour voir en même temps la maison où mon père a vécu et où il est mort.

« — Mon fils, repartit la mère, il est vrai que votre père avait un frère ; mais il y a longtemps qu'il est mort, et je ne lui ai jamais entendu dire qu'il en eût un autre. »

Ils n'en dirent pas davantage touchant le magicien africain.

Le lendemain, le magicien africain aborda Aladdin une seconde fois, comme il jouait dans un autre endroit de la ville avec d'autres enfants. Il l'embrassa comme il avait fait le jour précédent, et en lui mettant deux pièces d'or dans la main, il lui dit : « — Mon fils, portez cela à votre mère ; dites-lui que j'irai la voir ce soir, et qu'elle achète de quoi souper, afin que nous mangions ensemble. Mais auparavant, enseignez-moi où je trouverai la maison. » — Il le lui enseigna et le magicien africain le laissa aller.

Aladdin porta les deux pièces d'or à sa mère, et dès qu'il lui eut dit quelle était l'intention de son oncle, elle sortit pour les aller employer et revint avec de bonnes provisions ; et comme elle était dépourvue d'une bonne partie de la vaisselle dont elle avait besoin, elle alla en emprunter chez ses voisins. Elle employa toute la journée à préparer le souper, et sur le soir, dès que tout fut prêt, elle dit à Aladdin : « — Mon fils, votre oncle ne sait peut-être pas où est notre maison, allez au-devant de lui et l'amenez si vous le voyez. »

Quoique Aladdin eût enseigné la maison au magicien africain, il était près néanmoins de sortir quand on frappa à la porte. Aladdin ouvrit, et il reconnut le magicien africain, qui entra chargé de bouteilles de vin et de plusieurs sortes de fruits qu'il apportait pour le souper.

Après que le magicien africain eut mis ce qu'il apportait entre les mains d'Aladdin, il salua sa mère et il la pria de lui montrer la place où son frère Mustafa avait coutume de s'asseoir sur le sofa. Elle la lui montra, et aussitôt il se prosterna et il baisa cette place plusieurs fois les larmes aux yeux, en s'écriant: « — Mon pauvre frère, que je suis malheureux de n'être pas arrivé assez à temps pour

vous embrasser encore une fois avant votre mort! » — Quoique la mère d'Aladdin l'en priât, jamais il ne voulut s'asseoir à la même place. « — Non, dit-il, je m'en garderai bien; mais souffrez que je me mette ici vis-à-vis, afin que, si je suis privé de la satisfaction de l'y voir en personne, comme père d'une famille qui m'est si chère, je puisse au moins l'y regarder comme s'il était présent. » — La mère d'Aladdin ne le pressa pas davantage, et elle le laissa dans la liberté de prendre la place qu'il voulut.

Quand le magicien africain se fut assis à la place qu'il lui avait plu de choisir, il commença à s'entretenir avec la mère d'Aladdin : « — Ma bonne sœur, lui disait-il, ne vous étonnez point de ne m'avoir pas vu tout le temps que vous avez été mariée avec mon frère Mustafa, d'heureuse mémoire. Il y a quarante ans que je suis sorti de ce pays, qui est le mien, aussi bien que celui de feu mon frère. Depuis ce temps-là, après avoir voyagé dans les Indes, dans la Perse, dans l'Arabie, dans la Syrie, en Égypte, et séjourné dans les plus belles villes de ces pays-là, je passai en Afrique, où j'ai fait un plus long séjour. A la fin, comme il est naturel à l'homme, quelque éloigné qu'il soit du pays de sa naissance, de n'en perdre jamais la mémoire, non plus que de ses parents et de ceux avec qui il a été élevé, il m'a pris un désir si efficace de revoir le mien, de venir embrasser mon cher frère pendant que je me sentais encore assez de force et de courage pour entreprendre un aussi long voyage, que je n'ai pas différé à faire mes préparatifs et à me mettre en chemin. Je ne vous dis rien de la longueur du temps que j'y ai mis, de tous

1.

les obstacles que j'ai rencontrés et de toutes les fatigues que j'ai souffertes pour arriver jusqu'ici. Je vous dirai seulement que rien ne m'a mortifié et affligé davantage dans tous mes voyages que quand j'ai appris la mort d'un frère que j'avais toujours aimé, et que j'aimais d'une amitié véritablement fraternelle. J'ai remarqué de ses traits dans le visage de mon neveu, votre fils, et c'est ce qui me l'a fait distinguer par-dessus tous les autres enfants avec qui il était. Il a pu vous dire de quelle manière j'ai reçu la triste nouvelle qu'il n'était plus au monde. Mais il faut louer Dieu de toutes choses : je me console de le retrouver dans un fils qui en conserve les traits les plus remarquables. »

Le magicien africain, qui s'aperçut que la mère d'Aladdin s'attendrissait sur le souvenir de son mari en renouvelant sa douleur, changea de discours, et en se tournant du côté d'Aladdin il lui demanda son nom. « — Je m'appelle Aladdin, lui dit-il. — Eh bien, Aladdin, reprit le magicien, à quoi vous occupez-vous ? savez-vous quelque métier ?

A cette demande, Aladdin baissa les yeux et fut déconcerté. Mais sa mère, en prenant la parole : « — Aladdin, dit-elle, est un fainéant. Son père a fait tout son possible pendant qu'il vivait pour lui apprendre son métier, et il n'a pu en venir à bout ; et depuis qu'il est mort, nonobstant tout ce que j'ai pu lui dire, et ce que je lui répète chaque jour, il ne fait autre métier que de faire le vagabond et passer tout son temps à jouer avec les enfants, comme vous l'avez vu, sans considérer qu'il n'est plus enfant ; et si vous ne lui en faites la honte, et qu'il n'en profite pas, je désespère que jamais il puisse rien valoir. Il sait que son père n'a laissé aucun bien, et il voit lui-même qu'à filer du coton pendant tout le jour, comme je fais, j'ai bien de la peine à gagner de quoi nous avoir du pain. Pour moi, je suis résolue de lui fermer la porte un de ces jours, et de l'envoyer en chercher ailleurs. »

Après que la mère d'Aladdin eut achevé ces paroles en fondant en larmes, le magicien africain dit à Aladdin : « — Cela n'est pas bien, mon neveu ; il faut songer à vous aider vous-même et à gagner votre vie. Il y a des métiers de plusieurs sortes ; voyez s'il n'y en a pas quelqu'un pour lequel vous ayez inclination plutôt que pour un autre. Peut-être que celui de votre père vous déplaît et que vous vous accommoderiez mieux d'un autre ; ne me dissimulez point ici vos sentiments, je ne cherche qu'à vous aider. » — Comme il vit qu'Aladdin ne répondait rien : « — Si vous avez de la répugnance pour apprendre un métier, continua-t-il, et que vous vouliez être honnête homme, je vous lèverai une boutique garnie de riches étoffes et de toiles fines ; vous vous mettrez en état de les vendre, et de l'argent que vous en ferez vous achèterez d'autres marchandises, et de cette manière vous vivrez honorablement. Consultez-vous vous-même, et dites-moi franchement ce que vous en pensez. Vous me trouverez toujours prêt à tenir ma promesse. »

Cette offre flatta fort Aladdin, à qui le travail manuel déplaisait d'autant plus qu'il avait assez de connaissance pour s'être aperçu que les boutiques de ces sortes de marchandises étaient propres et fréquentées, et que les marchands étaient bien habillés et fort considérés. Il marqua au magicien africain, qu'il regardait comme son oncle, que son penchant était plutôt de ce côté-là que d'un autre, et qu'il lui serait obligé toute sa vie du bien qu'il voulait lui faire : « — Puisque cette profession vous agrée, reprit le magicien africain, je vous mènerai demain avec moi et je vous ferai habiller proprement et richement, conformément à l'état d'un des plus gros marchands de cette ville, et après-demain nous songerons à vous lever une boutique de la manière que je l'entends. »

La mère d'Aladdin, qui n'avait pas cru jusqu'alors que le magicien africain fût frère de son mari, n'en douta nullement après tout le bien qu'il promettait de faire à son fils. Elle le remercia de ses bonnes intentions ; et après avoir exhorté Aladdin à se rendre digne de tous les biens que son oncle lui faisait espérer, elle servit le souper. La conversation roula sur le même sujet pendant tout le repas, et jusqu'à ce que le magicien, qui vit que la nuit était

avancée, prit congé de la mère et du fils et se retira.

Le lendemain matin, le magicien africain ne manqua pas de revenir chez la veuve de Mustafa le tailleur, comme il l'avait promis. Il prit Aladdin avec lui, et il le mena chez un gros marchand qui ne vendait que des habits tout faits, de toutes sortes d'étoffes, pour les différents âges et conditions. Il s'en fit montrer de convenables à la grandeur d'Aladdin, et après avoir mis à part tous ceux qui lui plaisaient davantage et rejeté les autres qui n'étaient pas de la beauté qu'il entendait, il dit à Aladdin : « — Mon neveu, choisissez dans tous ces habits celui que vous aimez le mieux. — Aladdin, charmé des libéralités de son nouvel oncle, en choisit un, et le magicien l'acheta avec tout ce qui devait l'accompagner, et paya tout le monde sans marchander.

Lorsque Aladdin se vit ainsi habillé magnifiquement, depuis les pieds jusqu'à la tête, il fit à son oncle tous les remercîments imaginables, et le magicien lui promit encore de ne le point abandonner et de l'avoir toujours avec lui. En effet, il le mena dans les lieux les plus fréquentés de la ville, particulièrement dans ceux où étaient les boutiques des riches marchands; et quand il fut dans la rue où étaient les boutiques des plus riches étoffes et des toiles fines, il dit à Aladdin : « — Comme vous serez bientôt marchand comme ceux que vous voyez, il est bon que vous les fréquentiez et qu'ils vous connaissent. » — Il lui fit voir aussi les mosquées les plus belles et les plus grandes, et il le conduisit dans le khan où logeaient les marchands étrangers et dans tous les endroits du palais du sultan où il était libre d'entrer,

Enfin, après avoir parcouru ensemble tous les beaux endroits de la ville, ils arrivèrent dans le khan, où le magicien avait pris un appartement. Il s'y trouva quelques marchands avec lesquels il avait commencé de faire connaissance depuis son arrivée, et qu'il avait assemblés exprès pour les bien régaler et leur donner en même temps la connaissance de son prétendu neveu.

Ce régal ne finit que sur le soir. Aladdin voulut prendre congé de son oncle pour retourner, mais le magicien africain ne voulut pas le laisser aller seul et le reconduisit lui-même chez sa mère. Dès qu'elle eut aperçu son fils si bien habillé, elle fut transportée de joie, et elle ne cessait de donner mille bénédictions au magicien qui avait fait une si grande dépense pour son enfant. « — Généreux parent, lui dit-elle, je ne sais comment vous remercier de votre libéralité ; je sais que mon fils ne mérite pas le bien que vous lui faites, et qu'il en serait indigne s'il n'en était reconnaissant et s'il négligeait de répondre à la bonne intention que vous avez de lui donner un établissement si distingué. En mon particulier, ajouta-t-elle, je vous en remercie encore de toute mon âme, et je vous souhaite une vie assez longue pour être témoin de la reconnaissance de mon fils, qui ne peut mieux vous la témoigner qu'en se gouvernant selon vos bons conseils.

« — Aladdin, reprit le magicien africain, est un bon enfant; il m'écoute assez, et je crois que nous en ferons quelque chose de bon. Je suis fâché d'une chose : de ne pouvoir exécuter demain ce que je lui ai promis. C'est jour de vendredi, les boutiques seront fermées, et il n'y a pas lieu de songer à en louer une et à la garnir pendant que les marchands ne penseront qu'à se divertir ; ainsi, nous remettrons l'affaire à samedi. Mais je viendrai demain le prendre, et je le mènerai promener dans les jardins où le beau monde a coutume de se trouver. Il n'a peut-être encore rien vu des divertissements qu'on y prend; il n'a été jusqu'à présent qu'avec des enfants, et il faut qu'il voie des hommes. » — Le magicien africain prit enfin congé de la mère et du fils, et se retira. Aladdin, cependant, qui était déjà dans une grande joie de se voir si bien habillé, se fit encore un plaisir par avance de la promenade des environs de la ville. En effet, jamais il n'était sorti hors des portes, et jamais il n'avait vu les environs, qui étaient d'une grande beauté et très-agréables.

Aladdin se leva et s'habilla le lendemain de grand matin, pour être prêt à partir quand son oncle viendrait le prendre. Après avoir attendu longtemps, à ce qu'il lui semblait, l'impatience lui fit ouvrir la porte et se tenir sur le pas pour voir s'il ne le verrait point. Dès qu'il l'aperçut, il en avertit sa mère, et, en prenant congé d'elle, il ferma la porte et courut à lui pour le joindre.

Le magicien africain fit beaucoup de caresses à Aladdin quand il le vit. « — Allons, mon cher enfant, lui dit-il d'un air riant, je veux vous faire voir aujourd'hui de belles choses. » — Il le mena par une grande porte qui conduisait à de grandes et belles maisons, où plutôt à des palais magnifiques, qui avaient chacun de très-beaux jardins dont les entrées étaient libres. A chaque palais qu'il rencontrait, il demandait à Aladdin s'il le trouvait beau, et Aladdin, en le prévenant quand un autre se présentait : « — Mon oncle, disait-il, en voici un plus beau que ceux que nous venons de voir. » — Cependant ils avançaient toujours plus avant dans la campagne, et le rusé magicien, qui avait envie d'aller plus loin pour exécuter le dessein qu'il avait dans la tête, prit occasion d'entrer dans un de ces jardins. Il s'assit près d'un grand bassin, qui recevait une très-belle eau par un mufle de lion de bronze, et feignit qu'il était las, afin de faire reposer Aladdin : « — Mon neveu, lui dit-il, vous devez être aussi fatigué que moi; reposons-nous ici pour reprendre des forces, nous aurons plus de courage à poursuivre notre promenade. »

Quand ils furent assis, le magicien africain tira d'un linge attaché à sa ceinture des gâteaux et plusieurs sortes de fruits dont il avait fait provision, et il l'étendit sur le bord du bassin. Il partagea un gâteau entre lui et Aladdin, et, à l'égard des fruits, il lui laissa la liberté de choisir ceux qui seraient le plus à son goût. Pendant ce petit repas, il entretint son prétendu neveu de plusieurs enseignements qui tendaient à l'exhorter de se détacher de la fréquentation des enfants, et de s'approcher plutôt des hommes sages et prudents, de les écouter et de profiter de leurs entretiens : « — Bientôt, lui disait-il, vous serez homme comme eux, et vous ne pouvez vous accoutumer de trop bonne heure à dire de bonnes choses à leur exemple. » — Quand ils eurent achevé ce petit repas, ils se levèrent, et ils poursuivirent leur chemin à travers des jardins, qui n'étaient séparés les uns des autres que par de petits fossés qui en marquaient les limites, mais qui n'en empêchaient pas la communication : la bonne foi faisait que les citoyens de cette capitale n'apportaient pas plus de précaution pour s'empêcher les uns les autres de se nuire. Insensiblement, le magicien africain mena Aladdin assez loin au delà des jardins, et lui fit traverser des campagnes qui le conduisirent jusque assez près des montagnes.

Aladdin, qui de sa vie n'avait fait tant de chemin, se sentit fort fatigué d'une si longue marche : « — Mon oncle, dit-il au magicien africain, ou allons-nous ? Nous avons laissé les jardins bien loin derrière nous, et je ne vois plus que des montagnes. Si nous avançons plus loin, je ne sais si j'aurai assez de force pour retourner jusqu'à la ville. — Prenez courage, mon neveu, lui dit le faux oncle, je veux vous faire voir un autre jardin qui surpasse tous ceux que vous venez de voir; il n'est pas loin d'ici, il n'y a qu'un pas, et quand nous y serons arrivés, vous me direz vous-même si vous ne seriez pas fâché de ne l'avoir pas vu après vous en être approché si près. » — Aladdin se laissa persuader, et le magicien le mena encore fort loin en l'entretenant de différentes histoires amusantes pour lui rendre le chemin moins ennuyeux et la fatigue plus supportable.

Ils arrivèrent enfin entre deux montagnes d'une hauteur médiocre et à peu près égales, séparées par un vallon de très-peu de largeur. C'était là cet endroit remarquable où le magicien africain avait voulu amener Aladdin pour l'exécution d'un grand dessein qui l'avait fait venir de l'extrémité de l'Afrique jusqu'à la Chine. « — Nous n'allons pas plus loin, dit-il à Aladdin; je veux vous faire voir ici des choses extraordinaires et inconnues à tous les mortels, et quand vous les aurez vues, vous me remercierez d'avoir été témoin de tant de merveilles que personne au monde n'aura vues que vous. Pendant que je vais battre le fusil, amassez, de toutes les broussailles que vous voyez, celles qui seront les plus sèches, afin d'allumer du feu. »

Il y avait une si grande quantité de ces broussailles, qu'Aladdin en eut bientôt fait un amas plus que suf-

fisant dans le temps que le magicien allumait l'allumette. Il y mit le feu, et dans le moment que les broussailles s'enflammèrent, le magicien y jeta un parfum qu'il avait tout prêt. Il s'éleva une fumée fort épaisse qu'il détourna de côté et d'autre en prononçant des paroles magiques auxquelles Aladdin ne comprit rien.

Dans le même moment, la terre trembla un peu et s'ouvrit en cet endroit, devant le magicien et Aladdin, et fit voir à découvert une pierre d'environ un pied et demi en carré et d'environ un pied de profondeur, posée horizontalement, avec un anneau de bronze scellé dans le milieu pour s'en servir à la lever. Aladdin, effrayé de tout ce qui se passait à ses yeux, eut peur, et il voulut prendre la fuite. Mais il était nécessaire à ce mystère, et le magicien le retint et le gronda fort en lui donnant un soufflet si fortement appliqué, qu'il le jeta par terre, et que peu s'en fallut qu'il ne lui enfonçât les dents de devant dans la bouche, comme il parut par le sang qui en sortit. Le pauvre Aladdin, tout tremblant et les larmes aux yeux : «—Mon oncle, s'écria-t-il en pleurant, qu'ai-je donc fait pour avoir mérité que vous me frappiez si rudement? — J'ai mes raisons pour le faire, lui répondit le magicien. Je suis votre oncle, qui vous tiens présentement lieu de père, et vous ne devez pas me répliquer. Mais, mon enfant, ajouta-t-il en se radoucissant, ne craignez rien, je ne demande autre chose de vous que vous m'obéissiez exactement, si vous voulez bien profiter et vous rendre digne des grands avantages que je veux vous faire. » — Ces belles promesses du magicien calmèrent un peu la crainte et le ressentiment d'Aladdin, et lorsque le magicien le vit entièrement rassuré : « — Vous avez vu, continua-t-il, ce que j'ai fait par la vertu de mon parfum et des paroles prononcées ; apprenez donc présentement que sous cette pierre que vous voyez, il y a un trésor caché qui vous est destiné, et qui doit un jour vous rendre plus riche que tous les plus grands rois du monde. Cela est si vrai, qu'il n'y a personne au monde que vous à qui il soit permis de toucher cette pierre et de la lever pour y entrer. Il m'est défendu d'y toucher et de mettre le pied dans le trésor quand il sera ouvert. Pour cela, il faut que vous exécutiez de point en point ce que je vous dirai, sans y manquer : la chose est de grande conséquence et pour vous et pour moi. »

Aladdin, toujours dans l'étonnement de ce qu'il voyait et de tout ce qu'il venait d'entendre dire au magicien de ce trésor qui devait le rendre heureux à jamais, oublia tout ce qui s'était passé. « — Eh bien, mon oncle, de quoi s'agit-il? Commandez, je suis tout prêt à obéir. — Je suis ravi, mon enfant, lui dit le magicien africain en l'embrassant, que vous ayez pris ce parti ; venez, approchez-vous, prenez cet anneau et levez la pierre. — Mais, mon oncle, reprit

Aladdin, je ne suis pas assez fort pour la lever; il faut donc que vous m'aidiez. — Non, repartit le magicien africain, vous n'avez pas besoin de mon aide, et nous ne ferions rien, vous et moi, si je vous aidais : il faut que vous la leviez vous seul. Prononcez seulement le nom de votre père et de votre grand-père en tenant l'anneau, et levez; vous verrez qu'il viendra à vous sans peine. » — Aladdin fit comme le magicien lui avait dit, il leva la pierre avec facilité, et il la posa à côté.

Quand la pierre fut ôtée, un caveau de trois à quatre pieds de profondeur se fit voir avec une petite porte et des degrés pour descendre plus bas. « — Mon fils, dit alors le magicien africain à Aladdin, observez exactement tout ce que je vais vous dire : Descendez dans ce caveau; quand vous serez au bas des degrés que vous voyez, vous trouverez une porte ouverte qui vous conduira dans un grand lieu voûté et partagé en trois grandes salles l'une après l'autre. Dans chacune vous verrez, à droite et à gauche, quatre vases de bronze, grands comme des cuves, pleins d'or et d'argent; mais gardez-vous bien d'y toucher. Avant d'entrer dans la première salle, levez votre robe, serrez-la autour de vous : quand vous y serez entré, passez à la seconde sans vous arrêter, et de là à la troisième, aussi sans vous arrêter. Sur toutes choses, gardez-vous bien d'approcher des murs et d'y toucher, même avec votre robe : car si vous y touchiez vous mourriez sur-le-champ. C'est pour cela que je vous ai dit de la tenir serrée autour de vous. Au bout de la troisième salle, il y a une porte qui vous donnera entrée dans un jardin planté de beaux arbres, tous chargés de fruits. Marchez tout droit, et traversez ce jardin par un chemin qui vous mènera à un escalier de cinquante marches pour monter sur une terrasse. Quand vous serez sur la terrasse, vous verrez devant vous une niche, dans la niche une lampe allumée. Prenez la lampe et éteignez-la, et quand vous aurez jeté le lumignon et versé la liqueur, mettez-la dans votre sein et apportez-la-moi. Ne craignez pas de gâter votre habit, la liqueur n'est pas de l'huile, et la lampe sera sèche dès qu'il n'y en aura plus. Si les fruits du jardin vous font envie, vous pouvez en cueillir autant que vous voudrez, cela ne vous est pas défendu. »

En achevant ces paroles, le magicien africain tira un anneau qu'il avait au doigt, et il le mit à l'un des doigts d'Aladdin en lui disant que c'était un préservatif contre tout ce qu'il pourrait lui arriver de mal, en observant bien tout ce qu'il venait de lui prescrire.

« — Allez, mon enfant, lui dit-il après cette instruction, descendez hardiment ; nous allons être riches l'un et l'autre pour toute notre vie. »

Aladdin sauta légèrement dans le caveau, et il descendit jusqu'au bas des degrés. Il trouva les trois salles dont le magicien africain lui avait fait la description ; il passa au travers avec d'autant plus de précaution qu'il appréhendait de mourir s'il man-

quait à observer soigneusement ce qui lui avait été prescrit. Il traversa le jardin sans s'arrêter, monta sur la terrasse, prit la lampe allumée dans la niche, jeta le lumignon et la liqueur, et en la voyant sans humidité, comme le magicien le lui avait dit, il la mit dans son sein. Il descendit de la terrasse et il s'arrêta dans le jardin à considérer les fruits, qu'il n'avait vus qu'en passant. Les arbres de ce jardin étaient tous chargés de fruits extraordinaires. Chaque arbre en portait de différentes couleurs. Il y en avait de blancs, de luisants et transparents comme le cristal; de rouges, les uns plus chargés, les autres moins; de verts, de bleus, de violets, de tirant sur le jaune et de plusieurs autres sortes de couleurs. Les blancs étaient des perles; les luisants et transparents, des diamants; les rouges les plus foncés, des rubis balais; les verts, des émeraudes; les bleus, des turquoises; les violets, des améthystes; ceux qui tiraient sur le jaune, des saphirs; et ainsi des autres. Et ces fruits étaient d'une grosseur et d'une perfection à quoi on n'avait rien vu de pareil dans le monde. Aladdin, qui n'en connaissait ni le mérite ni la valeur, ne fut pas touché de la vue de ces fruits, qui n'étaient pas de son goût, comme l'eussent été des figues, des raisins et les autres fruits excellents qui sont communs dans la Chine. Aussi n'était-il pas encore dans un âge à en connaître le prix. Il s'imagina que tous ces fruits n'étaient que du verre coloré et qu'ils ne valaient pas davantage. La diversité de tant de belles couleurs, néanmoins, la beauté et la grosseur extraordinaire de chaque fruit, lui donnèrent envie d'en cueillir de toutes les sortes. En effet, il en prit plusieurs de chaque couleur, et il en emplit ses deux poches et deux bourses toutes neuves que le magicien lui avait achetées avec l'habit dont il lui avait fait présent, afin qu'il n'eût rien que de neuf; et comme les deux bourses ne pouvaient tenir dans ses poches, qui étaient déjà pleines, il les attacha de chaque côté à sa ceinture. Il en enveloppa même dans les plis de sa ceinture, qui était d'une étoffe de soie ample et à plusieurs tours, et il les accommoda de manière qu'ils ne pouvaient pas tomber. Il n'oublia pas aussi d'en fourrer dans son sein, entre la robe et la chemise autour de lui.

Aladdin, ainsi chargé de tant de richesses sans le savoir, reprit en diligence le chemin des trois salles, pour ne pas faire attendre trop longtemps le magicien africain; et après avoir passé à travers avec la même précaution qu'auparavant, il remonta par où il était descendu, et se présenta à l'entrée du caveau, où le magicien africain l'attendait avec impatience. Aussitôt qu'Aladdin l'aperçut : « — Mon oncle, lui dit-il, je vous prie de me donner la main pour m'aider à monter. » — Le magicien africain lui dit : « — Mon fils, donnez-moi la lampe auparavant, elle pourrait vous embarrasser. — Pardonnez-moi, mon oncle, reprit Aladdin, elle ne m'embarrasse pas; je vous la donnerai dès que je serai monté. » — Le magicien s'opiniâtra à vouloir qu'Aladdin lui mît la lampe entre les mains avant de le tirer du caveau, et Aladdin, qui avait embarrassé cette lampe avec tous ces fruits dont il s'était garni de tous côtés, re-

fusa absolument de la donner qu'il ne fût hors du caveau. Alors le magicien africain, au désespoir de la résistance de ce jeune homme, entra dans une furie épouvantable : il jeta un peu de son parfum sur le feu, qu'il avait eu soin d'entretenir, et à peine eut-il prononcé deux paroles magiques, que la pierre qui servait à fermer l'entrée du caveau se remit d'elle-même à sa place, avec la terre par-dessus, au même état qu'elle était à l'arrivée du magicien africain et d'Aladdin.

Il est certain que le magicien africain n'était pas frère de Mustafa le tailleur comme il s'en était vanté, ni par conséquent oncle d'Aladdin. Il était véritablement d'Afrique, et il y était né, et comme l'Afrique est un pays où l'on est plus entêté de la magie que partout ailleurs, il s'y était appliqué dès sa jeunesse, et après quarante années ou environ d'enchantements, d'opérations de géomance, de suffumigations et de lecture de livres de magie, il était enfin parvenu à découvrir qu'il y avait dans le monde une lampe merveilleuse, dont la possession le rendrait plus puissant qu'aucun monarque de l'univers s'il pouvait en devenir le possesseur. Par une dernière opération de géomance, il avait connu que cette lampe était dans un lieu souterrain au milieu de la Chine, à l'endroit et avec toutes les circonstances que nous venons de voir. Bien persuadé de la vérité de cette découverte, il était parti de l'extrémité de l'Afrique, comme nous l'avons dit; et après un voyage long et pénible, il était arrivé à la ville qui était si voisine du trésor.

Mais quoique la lampe fût certainement dans le lieu dont il avait connaissance, il ne lui était pas permis néanmoins de l'enlever lui-même, ni d'entrer en personne dans le lieu souterrain où elle était. Il fallait qu'un autre y descendît, l'allât prendre et la lui mît entre les mains : c'est pourquoi il s'était adressé à Aladdin, qui lui avait paru un jeune enfant sans conséquence et très-propre à lui rendre ce service qu'il attendait de lui, bien résolu, dès qu'il aurait la lampe dans ses mains, de faire la dernière fumigation que nous avons dite et de prononcer les deux paroles magiques qui devaient faire l'effet que nous avons vu, et sacrifier le pauvre Aladdin à son avarice et à sa méchanceté, afin de n'en avoir pas de témoin. Le soufflet donné à Aladdin et l'autorité qu'il avait prise sur lui n'avaient pour but que de l'accoutumer à le craindre et à lui obéir exactement, afin que, lorsqu'il lui demanderait cette fameuse lampe magique, il la lui donnât aussitôt. Mais il lui arriva tout le contraire de ce qu'il s'était proposé. Enfin il n'usa de sa méchanceté avec tant de précipitation, pour perdre le pauvre Aladdin, que parce qu'il craignit que, s'il contestait plus longtemps avec lui, quelqu'un ne vînt à les entendre et ne rendît public ce qu'il voulait tenir très-caché.

Quand le magicien africain vit ses grandes et belles espérances échouées à n'y revenir jamais, il n'eut pas d'autre parti à prendre que de retourner en Afrique. C'est ce qu'il fit dès le même jour. Il prit sa route par des détours pour ne pas rentrer dans la ville d'où il était sorti avec Aladdin. Il avait à craindre, en effet, d'être observé par plusieurs personnes qui pouvaient l'avoir vu se promener avec cet enfant et revenir sans lui.

Selon toutes les apparences, on ne devait plus entendre parler d'Aladdin. Mais celui-là même qui avait cru le perdre pour jamais n'avait pas fait attention qu'il lui avait mis au doigt un anneau qui pouvait servir à le sauver. En effet, ce fut cet anneau qui fut cause du salut d'Aladdin, qui n'en savait nullement la vertu; et il est étonnant que cette perte, jointe à celle de la lampe, n'ait pas jeté ce magicien dans le dernier désespoir. Mais les magiciens sont si accoutumés aux disgrâces et aux événements contraires à leurs souhaits, qu'ils ne cessent, tant qu'ils vivent, de se repaître de fumée, de chimères et de visions.

Aladdin, qui ne s'attendait pas à la méchanceté de son faux oncle, après les caresses et le bien qu'il lui avait faits, fut dans un étonnement qu'il est plus aisé d'imaginer que de représenter par des paroles. Quand il se vit enterré tout vif, il appela mille fois son oncle en criant qu'il était prêt à lui donner la lampe; mais ses cris étaient inutiles, et il n'y avait plus moyen d'être entendu. Ainsi il demeura dans les ténèbres et dans l'obscurité. Enfin, après avoir donné quelque relâche à ses larmes, il descendit jusqu'au bas de l'escalier du caveau pour aller chercher la lumière dans le jardin où il avait déjà passé. Mais le mur, qui s'était ouvert par enchantement, s'était refermé et rejoint par un autre enchantement. Il tâtonne devant lui, à droite et à gauche, par plusieurs fois, et il ne trouve plus de porte. Il redouble ses cris et ses pleurs, et il s'assied sur les dégrés du caveau, sans espoir de revoir jamais la lumière, et avec la triste certitude, au contraire, de passer des ténèbres où il était dans celles d'une mort prochaine.

Aladdin demeura deux jours en cet état, sans manger et sans boire. Le troisième jour enfin, en regardant la mort comme inévitable, il éleva les mains en les joignant, et, avec une résignation entière à la volonté de Dieu, il s'écria : « — Il n'y a de force et de puissance qu'en Dieu, le haut, le grand. » — Dans cette action de mains jointes, il frotta, sans y penser, l'anneau que le magicien africain lui avait mis au doigt et dont il ne connaissait pas encore la vertu. Aussitôt un génie d'une figure énorme et d'un regard épouvantable s'éleva devant lui comme de dessous terre, jusqu'à ce qu'il atteignit de la tête à la voûte, et dit à Aladdin ces paroles : « — Que veux-tu? me voilà prêt à t'obéir comme ton esclave et l'esclave de tous ceux qui ont l'anneau au doigt, moi et les autres esclaves de l'anneau. »

En tout autre temps et en toute autre occasion, Aladdin, qui n'était pas accoutumé à de pareilles visions, eût pu être saisi de frayeur et perdre la parôle à la vue d'une figure si extraordinaire. Mais, occupé uniquement du danger présent où il était, il répondit sans hésiter : « — Qui que tu sois, fais-moi sortir de ce lieu si tu en as le pouvoir. » — A peine eut-il prononcé ces paroles que la terre s'ouvrit, et qu'il se trouva hors du caveau et à l'endroit justement où le magicien l'avait amené.

On ne trouvera pas étrange qu'Aladdin, qui était demeuré si longtemps dans les ténèbres les plus épaisses, ait eu d'abord de la peine à soutenir le grand jour. Il y accoutuma ses yeux peu à peu, et en regardant autour de lui, il fut fort surpris de ne pas voir d'ouverture sur la terre; il ne put comprendre de quelle manière il se trouvait si subitement hors de ses entrailles. Il n'y eut que la place où les broussailles avaient été allumées qui lui fit reconnaître à peu près où était le caveau. Ensuite, en se tournant du côté de la ville, il l'aperçut au milieu des jardins qui l'environnaient, et il reconnut le chemin par où le magicien africain l'avait amené. Il le reprit en rendant grâces à Dieu de se revoir une autre fois au monde après avoir désespéré d'y revenir jamais. Il arriva jusqu'à la ville, et se traîna chez lui avec de la peine. En entrant chez sa mère, la joie de la revoir, jointe à la faiblesse dans laquelle il était de n'avoir pas mangé depuis près de trois jours, lui causa un évanouissement qui dura quelque temps. Sa mère, qui l'avait déjà pleuré comme perdu ou comme mort, en le voyant en cet état, n'oublia aucun de ses soins pour le faire revenir. Il revint enfin de son évanouissement, et les premières paroles qu'il prononça furent celles-ci : « — Ma mère, avant toute chose, je vous prie de me donner à manger; il y a trois jours que je n'ai pris quoi que ce soit. » — Sa mère lui apporta ce qu'elle avait, et en le mettant devant lui : « — Mon fils, lui dit-elle, ne vous pressez pas, cela est dangereux; mangez peu à peu et à votre aise, et ménagez-vous, dans le grand besoin que vous en avez. Je ne veux pas même que vous me parliez. Vous aurez assez de temps pour me raconter ce qui vous est arrivé quand vous serez bien rétabli. Je suis toute consolée de vous revoir après l'affliction où je me suis trouvée depuis vendredi, et toutes les peines que je me suis données pour apprendre ce que vous étiez devenu, dès que j'eus vu qu'il était nuit et que vous n'étiez pas revenu à la maison. »

Aladdin suivit le conseil de sa mère, il mangea tranquillement et peu à peu, et il but à proportion. Quand il eut achevé : « — Ma mère, dit-il, j'aurais de grandes plaintes à vous faire sur ce que vous m'avez abandonné avec tant de facilité à la discrétion d'un homme qui avait dessein de me perdre, et qui tient, à l'heure où je vous parle, ma mort si certaine, qu'il ne doute pas ou que je ne sois plus en vie, ou que je ne doive la perdre au premier jour. Mais vous avez cru qu'il était mon oncle, et je l'ai cru comme vous. Eh! pouvions-nous avoir d'autre pensée d'un homme qui m'accablait de caresses et de biens, et qui me faisait tant d'autres promesses avantageuses? Sachez, ma mère, que ce n'est qu'un traître, un méchant, un fourbe. Il ne m'a fait tant de bien et tant de promesses qu'afin d'arriver au but qu'il s'était proposé de me perdre comme je l'ai dit, sans que ni vous ni moi nous puissions en deviner la cause. De mon côté, je puis assurer que je ne lui ai donné aucun sujet qui méritât le moindre mauvais traitement. Vous le comprendrez vous-même par le récit fidèle que vous allez entendre de tout ce qui s'est passé depuis que je me suis séparé de vous jusqu'à l'exécution de son pernicieux dessein. »

Aladdin commença à raconter à sa mère tout ce qui lui était arrivé avec le magicien depuis le vendredi qu'il était venu le prendre pour le mener avec lui voir les palais et les jardins qui étaient hors de la ville; ce qui lui arriva dans le chemin jusqu'à l'endroit de deux montagnes où se devait opérer le grand prodige du magicien; comment, par un parfum jeté dans le feu et quelques paroles magiques, la terre s'était ouverte en un instant et avait fait voir l'entrée d'un caveau qui conduisait à un trésor inestimable; il n'oublia pas le soufflet qu'il avait reçu du magicien, et de quelle manière, après s'être un peu radouci, il l'avait engagé, par de grandes promesses et en lui mettant son anneau au doigt, à des-

cendre dans le caveau. Il n'omit aucune circonstance de tout ce qu'il avait vu en passant et en repassant dans les trois salles, dans le jardin et sur la terrasse, où il avait pris la lampe merveilleuse, qu'il montra à sa mère en la tirant de son sein, aussi bien que les fruits transparents et de différentes couleurs qu'il avait cueillis dans le jardin en s'en retournant, auxquels il joignit deux bourses pleines qu'il donna à à sa mère, et dont elle fit peu de cas. Ces fruits étaient cependant des pierres précieuses dont l'éclat brillant comme le soleil, qu'ils rendaient à la faveur d'une lampe qui éclairait la chambre, devait faire juger de leur grand prix. Mais la mère d'Aladdin n'avait pas sur cela plus de connaissance que son fils ; elle avait été élevée dans une condition très-médiocre, et son mari n'avait pas eu assez de biens pour lui donner de ces sortes de pierreries ; d'ailleurs, elle n'en avait jamais vu à aucune de ses parentes ni de ses voisines : ainsi il ne faut pas s'étonner si elle ne les regarda que comme des choses de peu de valeur, et bonnes tout au plus à récréer la vue par la variété de leurs couleurs, ce qui fit qu'Aladdin les mit derrière un des coussins du sofa sur lequel il était assis. Il acheva le récit de son aventure en lui disant que, comme il fut revenu et qu'il se fut présenté à l'entrée du caveau prêt à en sortir, sur le refus qu'il avait fait au magicien de lui donner la lampe qu'il voulait avoir, l'entrée du caveau s'était refermée en un instant par la force du parfum que le magicien avait jeté sur le feu, qu'il n'avait pas laissé éteindre, et des paroles qu'il avait prononcées. Mais il n'en put dire davantage sans verser des larmes en lui représentant l'état malheureux où il s'était trouvé lorsqu'il s'était vu enterré tout vivant dans le fatal caveau, jusqu'au moment qu'il en était sorti, et que, pour ainsi dire, il était revenu au monde par l'attouchement de son anneau dont il ne connaissait pas encore la vertu. Quand il eut fini ce récit : « — Il n'est pas nécessaire de vous en dire davantage, dit-il à sa mère, le reste vous est connu. Voilà enfin quelle a été mon aventure et quel est le danger que j'ai couru depuis que vous ne m'avez vu. »

La mère d'Aladdin eut la patience d'entendre ce récit merveilleux et surprenant, et en même temps si affligeant pour une mère qui aimait son fils tendrement, malgré ses défauts, sans l'interrompre. Dans les endroits néanmoins les plus touchants, et qui faisaient connaître davantage la perfidie du magicien africain, elle ne put s'empêcher de faire paraître combien elle le détestait par les marques de son indignation. Mais dès qu'Aladdin eut achevé, elle se déchaîna en mille injures contre cet imposteur; elle l'appela traître, perfide, barbare, assassin, trompeur, magicien, ennemi et destructeur du genre humain. « — Oui, mon fils, ajouta-t-elle, c'est un magicien, et les magiciens sont des pestes publiques: ils ont commerce avec les démons par leurs enchantements et par leurs sorcelleries. Béni soit Dieu, qui n'a pas voulu que sa méchanceté insigne eût son effet entier contre vous ! Vous devez bien le remercier de la grâce qu'il vous a faite. La mort vous était inévitable si vous ne vous fussiez souvenu de lui et que vous n'eussiez imploré son secours. » — Elle dit encore beaucoup de choses en détestant toujours la trahison que le magicien avait faite à son fils ; mais en parlant elle s'aperçut qu'Aladdin, qui n'avait pas dormi depuis trois jours, avait besoin de repos. Elle le fit coucher, et peu de temps après elle se coucha aussi.

Aladdin, qui n'avait pris aucun repos dans le lieu souterrain où il avait été enseveli à dessein qu'il y perdît la vie, dormit toute la nuit d'un profond sommeil et ne se réveilla le lendemain que fort tard. Il se leva, et la première chose qu'il dit à sa mère, ce fut qu'il avait besoin de manger, et qu'elle ne pouvait lui faire un plus grand plaisir que de lui donner à déjeuner. « — Hélas ! mon fils, lui répondit sa mère, je n'ai pas seulement un morceau de pain à vous donner ; vous mangeâtes hier au soir le peu de provisions qu'il y avait dans la maison. Mais donnez-vous un peu de patience, je ne serai pas longtemps à vous en apporter. J'ai un peu de fil de coton de mon travail, je vais le vendre, afin de vous acheter du pain et quelque chose pour notre dîner. — Ma mère, reprit Aladdin, réservez votre fil de coton pour une autre fois, et donnez-moi la lampe que j'apportai hier ; j'irai la vendre, et l'argent que j'en aurai servira à nous avoir de quoi déjeuner et dîner, et peut-être de quoi souper.

La mère d'Aladdin prit la lampe où elle l'avait mise. « — La voilà, dit-elle à son fils ; mais elle est bien sale ; pour peu qu'elle soit nettoyée, je crois qu'elle en vaudra quelque chose davantage. » — Elle prit de l'eau et un peu de sable fin pour la nettoyer. Mais à peine eut-elle commencé à frotter cette lampe, qu'en un instant, en présence de son fils, un génie hideux et d'une grandeur gigantesque s'éleva et parut devant elle, et lui dit d'une voix tonnante : « — Que veux-tu ? me voici prêt à t'obéir comme ton esclave et de tous ceux qui ont la lampe à la main, moi avec les autres esclaves de la lampe. »

La mère d'Aladdin n'était pas en état de répondre. Sa vue n'avait pu soutenir la figure hideuse et épouvantable du génie, et sa frayeur avait été si grande dès les premières paroles qu'il avait prononcées, qu'elle était tombée évanouie.

Aladdin, qui avait déjà eu une apparition à peu près semblable dans le caveau, sans perdre de temps ni de jugement, se saisit promptement de la lampe, et en suppléant au défaut de sa mère, il répondit pour elle d'un ton ferme : « — J'ai faim, apporte-moi de quoi manger. » — Le génie disparut, et un instant après il revint chargé d'un grand bassin d'argent, qu'il portait sur sa tête, avec douze plats couverts de même métal, pleins d'excellents mets ar-

rangés dessus, avec six grands pains blancs comme neige sur les plats, deux bouteilles de vin exquis et deux tasses d'argent à la main. Il posa le tout sur le sofa et aussitôt il disparut.

Cela se fit en si peu de temps, que la mère d'Aladdin n'était pas encore revenue de son évanouissement quand le génie disparut pour la seconde fois. Aladdin, qui avait déjà commencé à lui jeter de l'eau sur le visage sans effet, se mit en devoir de recommencer pour la faire revenir; mais soit que les esprits qui s'étaient dissipés se fussent enfin réunis, ou que l'odeur des mets que le génie venait d'apporter y eût contribué pour quelque chose, elle revint dans le moment. « — Ma mère, lui dit Aladdin, cela n'est rien, levez-vous et venez manger : voici de quoi vous remettre le cœur et en même temps de quoi satisfaire au grand besoin que j'ai de manger. Ne laissons pas refroidir de si bons mets, et mangeons. »

La mère d'Aladdin fut extrêmement surprise quand elle vit le grand bassin, les douze plats, les six pains, les deux bouteilles et les deux tasses, et qu'elle sentit l'odeur délicieuse qui s'exhalait de tous ces plats: « — Mon fils, demanda-t-elle à Aladdin, d'où nous vient cette abondance, et à qui sommes-nous redevables d'une si grande libéralité? Le sultan aurait-il eu connaissance de notre pauvreté et aurait-il eu compassion de nous ? — Ma mère, reprit Aladdin, mettons-nous à table et mangeons; vous en avez besoin aussi bien que moi; je vous le dirai quand nous aurons déjeuné. » — Ils se mirent à table, et ils mangèrent avec d'autant plus d'appétit, que la mère et le fils ne s'étaient jamais trouvés à une table si bien fournie

Pendant le repas, la mère d'Aladdin ne pouvait se lasser de regarder et d'admirer le bassin et les plats, quoiqu'elle ne sût pas trop distinctement s'ils étaient d'argent ou d'une autre matière, tant elle était peu accoutumée à en voir de pareils; et à proprement parler, sans avoir égard à leur valeur, qui lui était inconnue, il n'y avait que la nouveauté qui la tenait en admiration, et son fils Aladdin n'en avait pas plus de connaissance qu'elle.

Aladdin et sa mère, qui ne croyaient faire qu'un simple déjeuner, se trouvèrent encore à table à l'heure du dîner. Des mets si excellents les avaient mis en appétit, et pendant qu'ils étaient chauds, ils crurent qu'ils ne feraient pas mal de joindre les deux repas ensemble et de n'en pas faire à deux fois. Le double repas fini, il leur resta non-seulement de quoi souper, mais même assez de quoi en faire deux autres repas aussi forts le lendemain.

Quand la mère d'Aladdin eut desservi et mis à part les viandes auxquelles ils n'avaient pas touché, elle vint s'asseoir sur le sofa auprès de son fils. « — Aladdin, lui dit-elle, j'attends que vous satisfassiez à l'impatience où je suis d'entendre le récit que vous m'avez promis. » — Aladdin lui raconta exactement tout ce qui s'était passé entre le génie et lui pendant son évanouissement jusqu'à ce qu'elle fut revenue à elle.

La mère d'Aladdin était dans un grand étonnement du discours de son fils et de l'apparition du génie. « — Mais, mon fils, reprit-elle, que voulez-vous dire avec vos génies? jamais, depuis que je suis au monde, je n'ai entendu dire que personne de ma connaissance en eût vu. Par quelle aventure ce vilain génie est-il venu à moi? Pourquoi s'est-il adressé à moi et non pas à vous, à qui il a déjà apparu dans le caveau du trésor?

« — Ma mère, repartit Aladdin, le génie qui vient de vous apparaître n'est pas le même qui m'est apparu. Ils se ressemblent en quelque manière par leur grandeur de géant, mais ils sont entièrement différents par leur mine et par leur habillement : aussi sont-ils à différents maîtres. Si vous vous en souvenez, celui que j'ai vu s'est dit esclave de l'anneau que j'ai au doigt, et celui que vous venez de voir s'est dit esclave de la lampe que vous aviez à la main ; mais je ne crois pas que vous l'ayez entendu : il me semble, en effet, que vous vous êtes évanouie dès qu'il a commencé à parler.

« — Quoi! s'écria la mère d'Aladdin, c'est donc votre lampe qui est cause que ce maudit génie s'est adressé à moi plutôt qu'à vous? Ah! mon fils, ôtez-la de devant mes yeux et la mettez où il vous plaira, je ne veux plus y toucher. Je consens plutôt qu'elle soit jetée ou vendue que de courir le risque de mourir de frayeur en la touchant. Si vous me croyez, vous vous déferez aussi de l'anneau. Il ne faut pas avoir commerce avec des génies : ce sont des démons, et notre prophète l'a dit.

« — Ma mère, avec votre permission, reprit Aladdin, je me garderai bien présentement de vendre, comme j'étais près de le faire tantôt, une lampe qui va nous être si utile, à vous et à moi. Ne voyez-vous pas ce qu'elle vient de nous procurer? Il faut qu'elle continue de nous fournir de quoi nous nourrir et nous entretenir. Vous devez juger comme moi que ce n'était pas sans raison que mon faux et méchant oncle s'était donné tant de mouvement et avait entrepris un si long et si pénible voyage, puisque c'était pour parvenir à la possession de cette lampe merveilleuse, qu'il avait préférée à tout l'or et l'argent qu'il savait être dans les salles, et que j'ai vus moi-même, comme il m'en avait averti. Il savait trop bien le mérite et la valeur de cette lampe pour ne demander autre chose d'un trésor si riche. Puisque le hasard nous en a fait découvrir la vertu, faisons-en un usage qui nous soit profitable, mais d'une manière qui soit sans éclat et qui ne nous attire pas l'envie et la jalousie de nos voisins. Je veux bien l'ôter de devant vos yeux et la mettre dans un lieu où je la trouverai quand il en sera besoin, puisque les génies vous font tant de frayeur. Pour ce qui est de l'anneau, je ne saurais aussi me résoudre à le jeter. Sans cet anneau vous ne m'eussiez jamais revu, et si je vivais à l'heure qu'il est, ce ne serait peut-être que pour peu de moments. Vous me permettrez donc de le garder et de le porter toujours au doigt bien précieusement. Qui sait s'il ne m'arrivera pas quelque autre danger que nous ne pouvons prévoir, ni vous, ni moi, dont il pourra me délivrer ? » — Comme le raisonnement d'Aladdin paraissait assez juste, sa mère n'eut rien à y répliquer. « Mon fils, lui dit-elle, vous pouvez faire comme vous l'entendrez : pour moi, je ne voudrais pas avoir affaire avec des génies. Je vous déclare que je m'en lave les mains, et que je ne vous en parlerai pas davantage. »

Le lendemain au soir, après le souper, il ne resta rien de la bonne provision que le génie avait apportée. Le jour suivant, Aladdin, qui ne voulait pas attendre que la faim le pressât, prit un des plats d'argent sous sa robe, et sortit dès le matin pour l'aller vendre. Il s'adressa à un juif qu'il rencontra dans son chemin. Il le tira à l'écart, et en lui montrant le plat, il lui demanda s'il voulait l'acheter.

Le juif, rusé et adroit, prend le plat, l'examine, et il n'eut pas plutôt connu qu'il était de bon argent, qu'il demanda à Aladdin combien il l'estimait. Aladdin, qui n'en connaissait pas la valeur et qui n'avait jamais fait commerce de cette marchandise, se contenta de lui dire qu'il savait bien lui-même ce

que ce plat pouvait valoir, et qu'il s'en rapportait à sa bonne foi. Le juif se trouva embarrassé de l'ingénuité d'Aladdin. Dans l'incertitude où il était de savoir si Aladdin en connaissait la matière et la valeur, il tira de sa bourse une pièce d'or, qui ne faisait au plus que la soixante-deuxième partie de la valeur du plat, et il la lui présenta. Aladdin prit la pièce avec un grand empressement, et dès qu'il l'eut dans la main, il se retira si promptement, que le juif, non content du gain exorbitant qu'il faisait par cet achat, fut bien fâché de n'avoir pas pénétré qu'Aladdin ignorait le prix de ce qu'il lui avait vendu et qu'il aurait pu lui en donner beaucoup moins. Il fut sur le point de courir après le jeune homme pour tâcher de retirer quelque chose de sa pièce d'or; mais Aladdin courait, et il était déjà si loin qu'il aurait eu de la peine à le joindre.

Aladdin, en s'en retournant chez sa mère, s'arrêta à la boutique d'un boulanger, chez qui il fit sa provision de pain pour sa mère et pour lui et qu'il paya sur sa pièce d'or, que le boulanger lui changea. En arrivant, il donna le reste à sa mère, qui alla au marché acheter les autres provisions nécessaires pour vivre eux deux pendant quelques jours.

Ils continuèrent ainsi à vivre de ménage, c'est-à-dire qu'Aladdin vendit tous les plats au juif l'un après l'autre jusqu'au douzième, de la même manière qu'il avait fait le premier, à mesure que l'argent venait à manquer dans la maison. Le juif, qui avait donné une pièce d'or du premier, n'osa lui offrir moins des autres : de crainte de perdre une si bonne aubaine, il les paya tous sur le même pied. Quand l'argent du dernier plat fut dépensé, Aladdin eut recours au bassin, qui pesait lui seul dix fois autant que chaque plat. Il voulut le porter à son marchand ordinaire, mais son grand poids l'en empêcha. Il fut donc obligé d'aller chercher le juif, qu'il amena chez sa mère; et le juif, après avoir examiné le poids du bassin, lui compta sur-le-champ dix pièces d'or, dont Aladdin se contenta.

Tant que les pièces d'or durèrent, elles furent employées à la dépense journalière de la maison. Aladdin cependant, accoutumé à une vie oisive, s'était abstenu de jouer avec les jeunes gens de son âge depuis son aventure avec le magicien africain. Il passait les journées à se promener ou a s'entretenir avec des gens avec lesquels il avait fait connaissance; quelquefois il s'arrêtait dans les boutiques des gros marchands, où il prêtait l'oreille aux entretiens des gens de distinction qui s'y arrêtaient ou qui s'y trouvaient comme à une espèce de rendez-vous; et ces entretiens peu à peu lui donnèrent quelque teinture de la connaissance du monde.

Quand il ne resta plus rien des dix pièces d'or, Aladdin eut recours à la lampe. Il la prit à la main, chercha le même endroit que sa mère avait touché, et comme il l'eut reconnu à l'impression que le sable y avait laissée, il la frotta comme elle l'avait fait, et aussitôt le même génie qui s'était déjà fait voir se présenta devant lui ; mais comme Aladdin avait frotté la lampe plus légèrement que sa mère, il lui parla aussi d'un ton plus radouci. « — Que veux-tu? lui dit-il dans les mêmes termes qu'auparavant. Me voici

prêt à t'obéir comme ton esclave, et de tous ceux qui ont la lampe à la main, moi et les autres esclaves de la lampe comme moi. » — Aladdin lui dit : « — J'ai faim, apporte-moi de quoi manger. » — Le génie disparut, et peu de moments après, il reparut chargé d'un service de table pareil à celui qu'il avait apporté la première fois. Il le posa sur le sofa, et dans le moment il disparut.

La mère d'Aladdin, avertie du dessein de son fils, était sortie exprès pour quelque affaire, afin de ne pas se trouver dans la maison dans le temps de l'apparition du génie. Elle rentra peu de temps après, vit la table et le buffet très-bien garnis, et demeura presque aussi surprise de l'effet prodigieux de la lampe qu'elle l'avait été la première fois. Aladdin et sa mère se mirent à table, et après le repas il leur resta encore de quoi vivre largement les deux jours suivants.

Dès qu'Aladdin vit qu'il n'y avait plus dans la maison ni pain, ni autres provisions, ni argent pour en avoir, il prit un plat d'argent et alla chercher le juif qu'il connaissait pour le lui vendre. En y allant, il passa devant la boutique d'un orfévre, respectable par sa vieillesse, honnête homme et d'une grande probité. L'orfévre, qui l'aperçut, l'appela et le fit entrer. « — Mon fils, lui dit-il, je vous ai déjà vu passer plusieurs fois chargé comme vous l'êtes à présent, vous joindre avec un tel juif et repasser peu de temps après sans être chargé : je me suis imaginé que vous lui vendez ce que vous portez ; mais vous ne savez peut-être pas que ce juif est un trompeur, et même plus trompeur que les autres juifs, et que personne de ceux qui le connaissent ne veut avoir affaire à lui. Au reste, ce que je vous dis ici n'est que pour vous faire plaisir. Si vous voulez me montrer ce que vous portez présentement et qu'il soit à vendre, je vous en donnerai fidèlement son juste prix, si cela me convient, sinon je vous adresserai à d'autres marchands qui ne vous tromperont pas. »

L'espérance de faire plus d'argent du plat fit qu'Aladdin le tira de dessous sa robe et le montra à l'orfévre. Le vieillard, qui connut d'abord que le plat était d'argent fin, lui demanda s'il en avait vendu de semblables au juif, et combien il les lui avait payés. Aladdin lui dit naïvement qu'il en avait vendu douze, et qu'il n'avait reçu du juif qu'une pièce d'or de chacun. « — Ah ! le voleur ! s'écria l'orfévre. Mon fils, ajouta-t-il, ce qui est fait est fait, il n'y faut plus penser ; mais en vous faisant voir ce que vaut votre plat qui est du meilleur argent dont nous nous servions dans nos boutiques, vous connaîtrez combien le juif vous a trompé. »

L'orfévre prit la balance, il pesa le plat ; et après avoir expliqué à Aladdin ce que c'était qu'un marc d'argent, combien il valait, et ses subdivisions, il lui fit remarquer que, suivant le poids du plat, il valait soixante-douze pièces d'or, qu'il lui compta sur-le-champ en espèces. « — Voilà, dit-il, la juste valeur de votre plat. Si vous en doutez, vous pouvez vous adresser à celui de nos orfévres qu'il vous plaira, et s'il vous dit qu'il vaut davantage, je vous promets de vous en payer le double. Nous ne gagnons que la façon de l'argenterie que nous achetons, et c'est ce que les juifs les plus équitables ne font pas. »

Aladdin remercia bien fort l'orfévre du bon conseil qu'il venait de lui donner et dont il tirait déjà un si grand avantage. Dans la suite, il ne s'adressa plus qu'à lui pour vendre les autres plats aussi bien que le bassin, dont la juste valeur lui fut toujours payée à proportion de son poids. Quoique Aladdin et sa mère eussent une source intarissable d'argent en leur lampe, pour s'en procurer tant qu'ils voudraient dès qu'il viendrait à leur manquer, ils continuèrent néanmoins de vivre toujours avec la même frugalité qu'auparavant, à la réserve de ce qu'Aladdin en mettait à part pour s'entretenir honnêtement et pour se pourvoir des commodités nécessaires dans leur petit ménage. Sa mère, de son côté, ne prenait la dépense de ses habits que sur ce que lui valait le coton qu'elle filait. Avec une conduite si sobre, il est aisé de juger combien de temps l'argent des douze plats et du bassin, selon le prix qu'Aladdin les avait vendus à l'orfévre, devait leur avoir duré. Il vécurent de la sorte pendant quelques années, avec le secours du bon usage qu'Aladdin faisait de la lampe de temps en temps.

Dans cet intervalle, Aladdin, qui ne manquait pas de se trouver avec beaucoup d'assiduité au rendez-vous des personnes de distinction, dans les boutiques des plus gros marchands de draps d'or et d'argent, d'étoffes de soie, de toiles les plus fines et de joailleries, et qui se mêlait quelquefois dans leurs conversations, acheva de se former, et prit insensiblement toutes les manières du beau monde. Ce fut particulièrement chez les joailliers qu'il fut détrompé de la pensée qu'il avait que les fruits transparents qu'il avait cueillis dans le jardin où il était allé prendre la lampe n'étaient que du verre coloré, et qu'il apprit que c'étaient des pierres de grand prix. A force de voir vendre et acheter de toutes sortes de ces pierreries dans leurs boutiques, il en apprit la connaissance et le prix, et comme il n'en voyait point de pareilles aux siennes, ni en beauté, ni en grosseur, il comprit qu'au lieu de morceaux de verre qu'il avait regardés comme des bagatelles, il possédait un trésor inestimable. Il eut la prudence de n'en parler à personne, pas même à sa mère, et il n'y a pas de doute que son silence ne lui ait valu la haute fortune où nous verrons dans la suite qu'il s'éleva.

Un jour, en se promenant dans un quartier de la ville, Aladdin entendit publier à haute voix un ordre du sultan de fermer les boutiques et les portes des maisons, et de se renfermer chacun chez soi, jusqu'à ce que la princesse Badroulboudour, fille du sultan, fût passée pour aller au bain et qu'elle en fût revenue.

Ce cri public fit naître à Aladdin la curiosité de voir la princesse à découvert. Mais il ne le pouvait qu'en se mettant dans quelque maison de connaissance et au travers d'une jalousie, ce qui ne le contentait pas, parce que la princesse, selon la coutume, devait avoir un voile sur le visage en allant au bain. Pour se satisfaire, il s'avisa d'un moyen qui lui réussit. Il alla se placer derrière la porte du bain, qui était disposée de manière qu'il ne pouvait manquer de la voir en face.

Aladdin n'attendit pas longtemps. La princesse parut, et il la vit venir au travers d'une fente assez grande pour voir sans être vu. Elle était accompagnée d'une grande foule de ses femmes et d'eunuques qui marchaient sur les côtés et à sa suite. Quand elle fut à trois ou quatre pas de la porte du bain, elle ôta le voile qui lui couvrait le visage et qui la gênait beaucoup, et de la sorte elle donna lieu à Aladdin de la voir d'autant plus à son aise qu'elle venait droit à lui.

Jusqu'à ce moment, Aladdin n'avait pas vu d'autres femmes le visage découvert que sa mère, qui était âgée, et qui n'avait jamais eu d'assez beaux traits pour faire juger que les autres femmes fussent plus belles. Il pouvait bien avoir entendu dire qu'il y en avait d'une beauté surprenante; mais

quelques paroles qu'on emploie pour relever le mérite d'une beauté, jamais elles ne font l'impression que la beauté fait elle-même.

Lorsque Aladdin eut vu la princesse Badroulboudour, il perdit la pensée qu'il avait que toutes les femmes dussent ressembler à peu près à sa mère. Ses sentiments se trouvèrent bien différents, et son cœur ne put refuser toutes ses inclinations à l'objet qui venait de le charmer. En effet, la princesse était la plus belle brune que l'on pût voir au monde. Elle avait les yeux grands, à fleur de tête, vifs et brillants, le regard doux et modeste, le nez d'une juste proportion et sans défaut, la bouche petite, les lèvres vermeilles et toutes charmantes par leur agréable symétrie. En un mot, tous les traits de son visage étaient d'une régularité accomplie. On ne doit donc pas s'étonner si Aladdin fut ébloui et presque hors de lui-même à la vue de l'assemblage de tant de merveilles qui lui étaient inconnues. Avec toutes ces perfections, la princesse avait encore une riche taille, un port et un air majestueux qui, à la voir seulement, lui attiraient le respect qui lui était dû.

Quand la princesse fut entrée dans le bain, Aladdin demeura quelque temps interdit et comme en extase en retraçant et en s'imprimant profondément l'idée d'un objet dont il était charmé et pénétré jusqu'au fond du cœur. Il rentra enfin en lui-même, et en considérant que la princesse était passée et qu'il garderait inutilement son poste pour la revoir à la sortie du bain, puisqu'elle devait lui tourner le dos et être voilée, il prit le parti de l'abandonner et de se retirer.

Aladdin, en rentrant chez lui, ne put si bien cacher son trouble et son inquiétude que sa mère ne s'en aperçût. Elle fut surprise de le voir ainsi triste et rêveur, contre son ordinaire. Elle lui demanda s'il lui était arrivé quelque chose, ou s'il se trouvait indisposé. Mais Aladdin ne fit aucune réponse, et il s'assit négligemment sur le sofa, où il demeura dans la même situation, toujours occupé à se retracer l'image charmante de la princesse Badroulboudour. Sa mère, qui préparait le souper, ne le pressa pas davantage. Quand il fut prêt, elle le servit près de lui sur le sofa et se mit à table ; mais comme elle s'aperçut que son fils n'y faisait aucune attention, elle l'avertit de manger, et ce ne fut qu'avec bien de la peine qu'il changea de situation. Il mangea beaucoup moins qu'à l'ordinaire, les yeux toujours baissés, et avec un silence si profond, qu'il ne fut pas possible à sa mère de tirer de lui la moindre parole sur toutes les demandes qu'elle lui fit pour tâcher d'apprendre le sujet d'un changement si extraordinaire.

Après le souper, elle voulut recommencer à lui demander le sujet d'une si grande mélancolie, mais elle n'en put rien savoir, et il prit le parti de s'aller coucher plutôt que de donner à sa mère la moindre satifaction sur cela.

Sans examiner comment Aladdin, épris de la beauté

et des charmes de la princesse Badroulboudour, passa la nuit, nous remarquerons seulement que le lendemain, comme il était assis sur le sofa, vis-à-vis de sa mère, qui filait du coton à son ordinaire, il lui parla en ces termes : « — Ma mère, dit-il, je romps le silence que j'ai gardé depuis hier à mon retour de la ville. Il vous a fait de la peine, et je m'en suis bien aperçu. Je n'étais pas malade, comme il m'a paru que vous l'avez cru, et je ne le suis pas encore. Mais je puis vous dire que ce que je sentais et ce que je ne cesse encore de sentir, est quelque chose de pire qu'une maladie. Je ne sais pas bien quel est ce mal, mais je ne doute pas que ce que vous allez entendre ne vous le fasse connaître. On n'a pas su dans ce quartier, continua Aladdin, et ainsi vous n'avez pu le savoir, qu'hier la princesse Badroulboudour, fille du sultan, alla au bain l'après-dînée. J'appris cette nouvelle en me promenant par la ville. On publia un ordre de fermer les boutiques et de se retirer chacun chez soi, pour rendre à cette princesse l'honneur qui lui est dû, et lui laisser le chemin libre dans toutes les rues où elle devait passer. Comme je n'étais pas éloigné du bain, la curiosité de la voir le visage découvert me fit naître la pensée d'aller me placer derrière la porte du bain, en faisant réflexion qu'il pourrait arriver qu'elle ôterait son voile quand elle serait prête d'y entrer. Vous savez la disposition de la porte, et vous pouvez juger vous-même que je devais la voir à mon aise si ce que je m'étais imaginé arrivait. En effet, elle ôta son voile en entrant, et j'eus le bonheur de voir cette aimable princesse avec la plus grande satisfaction du monde. Voilà, ma mère, le grand motif de l'état où vous me vîtes hier quand je rentrai, et le sujet du silence que j'ai gardé jusqu'à présent. J'aime la princesse d'un amour dont la violence est telle, que je ne saurais vous l'exprimer ; et comme ma passion vive et ardente augmente à tout moment, je sens qu'elle ne peut être satisfaite que par la possession de l'aimable princesse Badroulboudour, ce qui fait que j'ai pris la résolution de la faire demander en mariage au sultan. »

La mère d'Aladdin avait écouté le discours de son fils avec assez d'attention jusqu'à ces dernières paroles ; mais quand elle eut entendu que son dessein était de faire demander la princesse Badroulboudour en mariage, elle ne put s'empêcher de l'interrompre par un grand éclat de rire. Aladdin voulut poursuivre ; mais en l'interrompant encore : « — Eh ! mon fils, lui dit-elle, à quoi pensez-vous ? il faut que vous ayez perdu l'esprit pour me tenir un pareil discours.

« — Ma mère, reprit Aladdin, je puis vous assurer que je n'ai pas perdu l'esprit ; je suis dans mon bon sens, j'ai prévu les reproches de folie et d'extravagance que vous me faites et ceux que vous pourriez me faire ; mais tout cela ne m'empêchera pas de vous dire encore une fois que ma résolution est prise de faire demander au sultan la princesse Badroulboudour en mariage.

« — En vérité, mon fils, repartit la mère très-sérieusement, je ne saurais m'empêcher de vous dire que vous vous oubliez entièrement ; et quand même vous voudriez exécuter cette résolution, je ne vois pas par qui vous oseriez faire cette demande au sultan. — Par vous-même, répliqua aussitôt le fils sans hésiter. — Par moi ! s'écria la mère d'un air de surprise et d'étonnement, et au sultan ? Ah ! je me garderai bien de m'engager dans une pareille entreprise. Et qui êtes-vous, mon fils, continua-t-elle, pour avoir la hardiesse de penser à la fille de votre sultan ? Avez-vous oublié que vous êtes fils d'un tailleur des moindres de sa capitale, et d'une mère dont les ancêtres n'ont pas été d'une naissance plus relevée ? Savez-vous que les sultans ne daignent pas donner leurs filles en mariage même à des fils de sultan qui n'ont pas l'espérance de régner un jour comme eux ?

« — Ma mère, répliqua Aladdin, je vous ai dit déjà que j'ai prévu tout ce que vous venez de me dire, et je dis la même chose de tout ce que vous pourrez y ajouter. Vos discours ni vos remontrances ne me feront pas changer de sentiment. Je vous ai dit que je ferais demander la princesse Badroulboudour en mariage par votre entremise ; c'est une grâce que je vous demande avec tout le respect que je vous dois, et je vous supplie de ne me la pas refuser, à moins que vous n'aimiez mieux me voir mourir que de me donner la vie une seconde fois. »

La mère d'Aladdin se trouva fort embarrassée quand elle vit l'opiniâtreté avec laquelle Aladdin persistait dans un dessein si éloigné du bon sens. « — Mon fils, lui dit-elle encore, je suis votre mère, et comme une bonne mère, qui vous ai mis au monde, il n'y a rien de raisonnable ni de convenable à mon état et au vôtre que je ne fusse prête à faire pour l'amour de vous. S'il s'agissait de parler de mariage pour vous avec la fille de quelqu'un de nos voisins, d'une condition pareille ou approchant de la nôtre, je n'oublierais rien, et je m'emploierais de bon cœur en tout ce qui serait en mon pouvoir ; encore, pour y réussir, faudrait-il que vous eussiez quelque bien ou quelque revenu, ou que vous sussiez un métier. Quand de pauvres gens comme nous veulent se marier, la première chose à quoi ils doivent songer, c'est d'avoir de quoi vivre. Mais, sans faire cette réflexion sur la bassesse de votre naissance, sur le peu de mérite et de bien que vous avez, vous prenez votre vol jusqu'au plus haut degré de la fortune, et vos prétentions ne sont pas moindres que de vouloir demander en mariage et épouser la fille de votre souverain, qui n'a qu'à dire un mot pour vous précipiter et vous pousser! Je laisse à part ce qui vous regarde, c'est à vous à y faire les réflexions que vous devez, pour peu que vous ayez de bon sens. Je viens à ce qui me touche. Comment une pensée aussi extraordinaire que celle de vouloir que j'aille faire la proposition au sultan de vous donner la princesse sa fille en mariage a-t-elle pu vous venir dans l'esprit? Je suppose que j'aie, je ne dis pas la hardiesse, mais l'effronterie d'aller me présenter devant Sa Majesté pour lui faire une demande si extravagante, à qui m'adresserai-je pour m'introduire? Croyez-vous que le premier à qui j'en parlerais ne me traitât pas de folle et ne me chassât pas indignement comme je le mériterais? Je suppose encore qu'il n'y ait pas de difficulté à se présenter à l'audience du sultan : je sais qu'il n'y en a pas quand on s'y présente pour lui demander justice, et qu'il la rend volontiers à ses sujets, quand ils la lui demandent; je sais aussi que quand on se présente à lui pour lui demander une grâce, il l'accorde avec plaisir quand il voit qu'on l'a méritée et qu'on en est digne. Mais êtes-vous dans ce cas-là, et croyez-vous avoir mérité la grâce que vous voulez que je demande pour vous? en êtes-vous digne? Qu'avez-vous fait pour votre prince ou pour votre patrie, et en quoi vous êtes-vous distingué? Si vous n'avez rien fait pour mériter une si grande grâce, et que d'ailleurs vous n'en soyez pas digne, avec quel front pourrais-je la demander? Comment pourrais-je seulement ouvrir la bouche pour la proposer au sultan? Sa présence toute majestueuse et l'éclat de sa cour me fermeraient la bouche aussitôt, à moi qui tremblais devant feu mon mari, votre père, quand j'avais à lui demander la moindre chose. Il y a une autre raison, mon fils, à quoi vous ne pensez pas, qui est qu'on ne se présente pas devant nos sultans sans un présent à la main quand on a quelque chose à leur demander. Les présents ont au moins cet avantage, que, s'ils refusent la grâce pour les raisons qu'ils peuvent avoir, ils écoutent au moins la demande et celui qui la fait sans aucune répugnance. Mais quel présent avez-vous à faire? Et quand vous auriez quelque chose qui fût digne de la moindre attention d'un si grand monarque, quelle proportion y aurait-il de votre présent avec la demande que vous voulez lui faire? Rentrez en vous-même, et songez que vous aspirez à une chose qu'il vous est impossible d'obtenir. »

Aladdin écouta fort tranquillement tout ce que sa mère put lui dire pour tâcher de le détourner de son dessein, et après avoir fait réflexion sur tous les points de sa remontrance, il prit enfin la parole et lui dit : « — J'avoue, ma mère, que c'est une grande témérité à moi d'oser porter mes intentions aussi loin que je fais, et une grande inconsidération d'avoir exigé de vous avec tant de chaleur et de promptitude d'aller faire la proposition de mon mariage au sultan, sans prendre auparavant les moyens propres à vous procurer une audience et un accueil favorables ; je vous en demande pardon. Mais dans la violence de la passion qui me possède, ne vous étonnez pas si d'abord je n'ai pas envisagé tout ce qui peut servir à me procurer le repos que je cherche. J'aime la princesse Badroulboudour au delà de ce que vous pouvez vous imaginer, ou plutôt je l'adore, et je persévère toujours dans le dessein de l'épouser. C'est une chose arrêtée et résolue dans mon esprit. Je vous suis obligé de l'ouverture que vous venez de me faire ; je la regarde comme la première démarche qui doit me procurer l'heureux succès que je me promets.

« Vous me dites que ce n'est pas la coutume de se présenter devant le sultan sans un présent à la main, et que je n'ai rien qui soit digne de lui. Je tombe d'accord du présent, et je vous avoue que je n'y avais pas pensé ; mais, quant à ce que vous me dites que je n'ai rien qui puisse lui être présenté, croyez-vous, ma mère, que ce que j'ai apporté le jour que je fus délivré d'une mort inévitable, de la manière que vous savez, ne soit pas de quoi faire un présent très-agréable au sultan ? Je parle de ce que j'ai apporté dans mes deux bourses et dans ma ceinture, et que nous avons pris, vous et moi, pour des verres colorés : mais à présent je suis détrompé, et je vous apprends, ma mère, que ce sont des pierreries d'un prix inestimable qui ne conviennent qu'à de grands monarques. J'en ai connu le mérite en fréquentant les joailliers, et vous pouvez m'en croire sur ma parole. Toutes celles que j'aie vues chez nos marchands joailliers ne sont pas comparables à celles que nous possédons, ni en grosseur, ni en beauté, et cependant ils les font monter à des prix excessifs. A la vérité, nous ignorons, vous et moi, le prix des nôtres ; mais quoi qu'il en puisse être, autant que je puis en juger par le peu d'expérience que j'en ai, je suis persuadé que le présent ne peut être que très-agréable au sultan. Vous avez une porcelaine assez grande et d'une forme très-propre pour les contenir ; apportez-la, et voyons l'effet qu'elles feront quand nous les y aurons arrangées selon leurs différentes couleurs. »

La mère d'Aladdin apporta la porcelaine, et Aladdin tira les pierreries des deux bourses et les arrangea dans la porcelaine. L'effet qu'elles firent au grand jour, par la variété de leurs couleurs, par leur éclat et par leur brillant, fut tel, que la mère et le fils en demeurèrent presque éblouis. Ils en furent dans un grand étonnement, car ils ne les avaient vues l'un et l'autre qu'à la lumière d'une lampe. Il est vrai qu'Aladdin les avait vues chacune sur leur arbre comme des fruits qui devaient faire un spectacle ravissant; mais comme il était encore enfant, il n'avait regardé ces pierreries que comme des bijoux propres à s'en jouer; et il ne s'en était chargé que dans cette vue et sans aucune connaissance.

Après avoir admiré quelque temps la beauté du présent, Aladdin reprit la parole : « — Ma mère, dit-il, vous ne vous excuserez plus d'aller vous présenter au sultan sous prétexte de n'avoir pas un présent à lui faire : en voilà un, ce me semble, qui fera que vous serez reçue avec un accueil des plus favorables. »

Quoique la mère d'Aladdin, nonobstant la beauté et l'éclat du présent, ne le crût pas d'un prix aussi grand que son fils l'estimait, elle jugea néanmoins qu'il pouvait être agréé, et elle sentait bien qu'elle n'avait rien à lui répliquer sur ce sujet. Mais elle en revenait toujours à la demande qu'Aladdin voulait qu'elle fît au sultan à la faveur de ce présent ; cela l'inquiétait toujours fortement : « — Mon fils, lui disait-elle, je n'ai pas de peine à concevoir que le présent fera son effet, et que le sultan voudra bien me regarder d'un bon œil ; mais quand il faudra que je m'acquitte de la demande que vous voulez que je lui fasse, je sens bien que je n'en aurai pas la force et que je demeurerai muette. Ainsi, non-seulement j'aurai perdu mes pas, mais même le présent, qui selon vous est d'une richesse si extraordinaire, et je reviendrai avec confusion vous annoncer que vous serez frustré de votre espérance. Je vous l'ai déjà dit, et vous devez croire que cela arrivera ainsi.

« Mais, ajouta-t-elle, je veux que je me fasse violence pour me soumettre à votre volonté, et que j'aie assez de force pour oser faire la demande que vous voulez que je fasse, il arrivera très-certainement ou que le sultan se moquera de moi et me renverra comme une folle, ou qu'il se mettra dans une juste colère dont immanquablement nous serons, vous et moi, les victimes. »

La mère d'Aladdin dit encore à son fils plusieurs autres raisons pour tâcher de le faire changer de sentiment; mais les charmes de la princesse Badroulboudour avaient fait une impression trop forte dans son cœur pour qu'il fût possible de le détourner de son dessein. Aladdin persista à exiger de sa mère qu'elle exécutât ce qu'il avait résolu, et autant par la tendresse qu'elle avait pour lui que par la crainte qu'il ne s'abandonnât à quelque extrémité fâcheuse, elle vainquit sa répugnance et elle condescendit à la volonté de son fils.

Comme il était trop tard et que le temps d'aller au palais pour se présenter au sultan ce jour-là était passé, la chose fut remise au lendemain. La mère et le fils ne s'entretinrent d'autre chose le reste de la journée, et Aladdin prit un grand soin d'inspirer à sa mère tout ce qui lui vint dans la pensée pour la confirmer dans le parti qu'elle avait enfin accepté d'aller se présenter au sultan. Malgré toutes les raisons du fils, la mère ne pouvait se persuader qu'elle pût jamais réussir dans cette affaire, et véritablement il faut avouer qu'elle avait tout lieu d'en douter. « — Mon fils, dit-elle à Aladdin, si le sultan me reçoit aussi favorablement que je le souhaite pour l'amour de vous, qu'il écoute tranquillement la proposition que vous voulez que je lui fasse, mais qu'après ce bon accueil il s'avise de me demander où sont vos biens, vos richesses et vos États, car c'est de quoi il s'informera avant toutes choses plutôt que de votre personne ; si, dis-je, il me fait cette demande, que voulez-vous que je lui réponde ?

« — Ma mère, répondit Aladdin, ne nous inquiétons point par avance d'une chose qui peut-être n'arrivera pas. Voyous premièrement l'accueil que vous fera le sultan et la réponse qu'il vous donnera. S'il arrive qu'il veuille être informé de tout ce que vous venez de me dire, je verrai alors la réponse que j'aurai à lui faire, et j'ai confiance que la lampe par le moyen de laquelle nous subsistons depuis quelques années ne me manquera pas dans le besoin. »

La mère d'Aladdin n'eut rien à répliquer à ce que son fils venait de lui dire. Elle fit réflexion que la lampe dont il parlait pouvait bien servir à de plus grandes merveilles qu'à leur procurer simplement de quoi vivre. Cela la satisfit et leva en même temps toutes les difficultés qui auraient pu encore la détourner du service qu'elle avait promis de rendre à son fils auprès du sultan. Aladdin, qui pénétra dans la pensée de sa mère, lui dit : « — Ma mère, au moins souvenez-vous de garder le secret : c'est de là que dépend tout le bon succès que nous devons attendre vous et moi, de cette affaire. » — Aladdin et sa mère se séparèrent pour prendre quelque repos. Mais l'amour violent et les grands projets d'une fortune immense dont le fils avait l'esprit tout rempli l'empêchèrent de passer la nuit aussi tranquillement qu'il aurait bien souhaité. Il se leva avant la petite pointe du jour et alla aussitôt réveiller sa mère. Il la pressa de s'habiller le plus promptement qu'elle pourrait, afin d'aller se rendre à la porte du palais du sultan et d'y entrer à l'ouverture, en même temps que le grand vizir, les vizirs subalternes et tous les grands officiers de l'État y entraient pour la séance du divan, où le sultan assistait toujours en personne.

La mère d'Aladdin fit tout ce que son fils voulut. Elle prit la porcelaine où était le présent de pierreries, l'enveloppa dans un double linge, l'un très-fin et très-propre, l'autre moins fin, qu'elle lia par les quatre coins pour le porter plus aisément. Elle partit enfin avec une grande satisfaction d'Aladdin, et elle prit le chemin du palais du sultan. Le grand vizir, accompagné des autres vizirs, et les seigneurs de la cour les plus qualifiés étaient déjà entrés quand elle arriva à la porte. La foule de tous ceux qui avaient des affaires au divan était grande. On ouvrit, et elle marcha avec eux jusqu'au divan. C'était un très-beau salon, profond et spacieux, dont l'entrée était grande et magnifique. Elle s'arrêta, et se rangea de manière qu'elle avait en face le sultan, le grand vizir et les

seigneurs qui avaient séance au conseil, à droite et
à gauche. On appela les parties les unes après les autres, selon l'ordre des requêtes qu'elles avaient présentées, et leurs affaires furent rapportées, plaidées

et jugées jusqu'à l'heure ordinaire de la séance du
divan. Alors le sultan se leva, congédia le conseil et
rentra dans son appartement, où il fut suivi par le
grand vizir. Les autres vizirs et les ministres du conseil se retirèrent. Tous ceux qui s'y étaient trouvés

pour des affaires particulières firent la même chose, les uns contents du gain de leur procès, les autres mal satisfaits du jugement rendu contre eux, et d'autres enfin avec l'espérance d'être jugés dans une autre séance.

La mère d'Aladdin, qui avait vu le sultan se lever et se retirer, jugea bien qu'il ne reparaîtrait pas davantage ce jour-là en voyant tout le monde sortir, ainsi elle prit le parti de retourner chez elle. Aladdin, qui la vit entrer avec le présent destiné au sultan, ne sut d'abord que penser du succès de son voyage. Dans la crainte où il était qu'elle n'eût quelque chose de sinistre à lui annoncer, il n'avait pas la force d'ouvrir la bouche pour lui demander quelle nouvelle elle lui apportait. La bonne mère, qui n'avait jamais mis le pied dans le palais du sultan, et qui n'avait pas la moindre connaissance de ce qui s'y pratiquait ordinairement, tira son fils de l'embarras où il était en lui disant avec une grande naïveté : « — Mon fils, j'ai vu le sultan et je suis bien persuadée qu'il m'a vue aussi : j'étais placée devant lui, et personne ne l'empêchait de me voir ; mais il était si fort occupé par tous ceux qui lui parlaient à droite, à gauche, qu'il me faisait compassion de voir la peine et la patience qu'il se donnait à les écouter. Cela a duré si longtemps, qu'à la fin je crois qu'il s'est ennuyé, car il s'est levé sans qu'on s'y attendît, et il s'est retiré assez brusquement sans vouloir entendre quantité d'autres personnes qui étaient en rang pour lui parler à leur tour. Cela m'a fait cependant un grand plaisir. En effet, je commençais à perdre patience, et j'étais extrêmement fatiguée de demeurer debout si longtemps. Mais il n'y a rien de gâté; je ne manquerai pas d'y retourner demain: le sultan ne sera peut-être pas si occupé.

Quelque amoureux que fût Aladdin, il fut contraint de se contenter de cette excuse et de s'armer de patience. Il eut au moins la satisfaction de voir que sa mère avait fait la démarche la plus difficile, qui était de soutenir la vue du sultan, et d'espérer qu'à l'exemple de ceux qui lui avaient parlé en sa présence, elle n'hésiterait pas aussi à s'acquitter de la commission dont elle était chargée quand le moment favorable de lui parler se présenterait.

Le lendemain, d'aussi grand matin que le jour précédent, la mère d'Aladdin alla encore au palais du sultan avec le présent de pierreries; mais son voyage fut inutile: elle trouva la porte du divan fermée, et elle apprit qu'il n'y avait de conseil que de deux jours l'un, et ainsi qu'il fallait qu'elle revînt le jour suivant. Elle s'en alla porter cette nouvelle à son fils, qui fut obligé de renouveler sa patience. Elle y retourna six autres fois, aux jours marqués, avec aussi peu de succès; et peut-être qu'elle y serait retournée cent autres fois aussi inutilement si le sultan, qui la voyait toujours vis-à-vis de lui à chaque séance, n'eût fait attention à elle. Cela est d'autant plus probable qu'il n'y avait que ceux qui avaient des requêtes à présenter qui approchaient du sultan, chacun à leur tour, pour plaider leur cause dans leur rang, et la mère d'Aladdin n'était point dans ce cas-là.

Ce jour-là enfin, après la levée du conseil, quand le sultan fut rentré dans son appartement, il dit à son grand vizir : « — Il y a déjà quelque temps que je remarque une certaine femme qui vient réglément chaque jour que je tiens mon conseil, et qui porte quelque chose d'enveloppé dans un linge ; elle se tient debout depuis le commencement de l'audience jusqu'à la fin, et affecte de se mettre toujours devant moi. Savez-vous ce qu'elle demande? »

Le grand vizir, qui n'en savait pas plus que le sultan, ne voulut pas néanmoins demeurer court. « — Sire, répondit-il, Votre Majesté n'ignore pas que les femmes forment souvent des plaintes sur des sujets de rien. Celle-ci, apparemment, vient porter sa plainte devant Votre Majesté sur ce qu'on lui a vendu de la méchante farine ou sur quelque autre tort d'aussi peu de conséquence. » — Le sultan ne se satisfit pas de cette réponse. « — Au premier jour de conseil, reprit-il, si cette femme revient, ne manquez pas de la faire appeler, afin que je l'entende. » — Le grand vizir ne lui répondit qu'en baissant la main et en la portant au-dessus de sa tête, pour marquer qu'il était prêt à la perdre s'il y manquait.

La mère d'Aladdin s'était déjà fait une habitude si grande de paraître au conseil devant le sultan, qu'elle comptait sa peine pour rien, pourvu qu'elle fît connaître à son fils qu'elle n'oubliait rien de tout ce qui dépendait d'elle pour lui complaire. Elle retourna donc au palais le jour du conseil, et se plaça à l'entrée du divan, vis-à-vis le sultan, à son ordinaire.

Le grand vizir n'avait encore commencé à rapporter aucune affaire quand le sultan aperçut la mère d'Aladdin. Touché de compassion de la longue patience dont il avait été témoin : « — Avant toutes choses, de crainte que vous ne l'oubliiez, dit-il au grand vizir, voilà la femme dont je vous parlais dernièrement : faites-la venir et commençons par l'entendre et par expédier l'affaire qui l'amène. » — Aussitôt le grand vizir montra cette femme au chef des huissiers, qui était debout, prêt à recevoir ses ordres, et lui demanda d'aller la prendre et de la faire avancer.

Le chef des huissiers vint jusqu'à la mère d'Aladdin, et au signe qu'il lui fit, elle le suivit jusqu'au pied du trône du sultan, où il la laissa pour aller se ranger à sa place, près du grand vizir.

La mère d'Aladdin, instruite par l'exemple de tant

d'autres qu'elle avait vus aborder le sultan, se prosterna le front contre le tapis qui couvrait les marches du trône, et elle demeura en cet état jusqu'à ce que le sultan lui commandât de se lever. Elle se leva, et alors : « — Bonne femme, lui dit le sultan, il y a longtemps que je vous vois venir à mon divan et demeurer à l'entrée depuis le commencement jusqu'à la fin. Quelle affaire vous amène ici ? »

La mère d'Aladdin se prosterna une seconde fois après avoir entendu ces paroles, et quand elle fut relevée : « — Monarque au-dessus des monarques du monde, dit-elle, avant d'exposer à Votre Majesté le sujet extraordinaire et même presque incroyable qui me fait paraître devant son trône sublime, je la supplie de me pardonner la hardiesse, pour ne pas dire l'impudence de la demande que je viens lui faire. Elle est si peu commune que je tremble et que j'ai honte de la proposer à mon sultan. » — Pour lui donner la liberté entière de s'expliquer, le sultan commanda que tout le monde sortît du divan et qu'on le laissât seul avec son grand vizir, et alors il lui dit qu'elle pouvait s'expliquer sans crainte.

La mère d'Aladdin ne se contenta pas de la bonté du sultan, qui venait de lui épargner la peine qu'elle eût pu souffrir en parlant devant tant de monde : elle voulut encore se mettre à couvert de l'indignation qu'elle avait à craindre de la proposition qu'elle de-

vait lui faire, et à laquelle il ne s'attendait pas.
« — Sire, dit-elle en reprenant la parole, j'ose encore

supplier Votre Majesté, au cas qu'elle trouve la demande que j'ai à lui faire offensante ou injurieuse en la moindre chose, de m'assurer auparavant de son pardon et de m'en accorder la grâce. — Quoi que ce puisse être, repartit le sultan, je vous le pardonne dès à présent, et il ne vous en arrivera pas le moindre mal. Parlez hardiment.

Quand la mère d'Aladdin eut pris toutes ces précautions, en femme qui redoutait toute la colère du sultan sur une proposition aussi délicate que celle qu'elle avait à lui faire, elle lui raconta fidèlement dans quelle occasion Aladdin avait vu la princesse Badroulboudour, l'amour violent que cette vue fatale lui avait inspiré, la déclaration qu'il lui en avait faite, tout ce qu'elle lui avait représenté pour le détourner d'une passion non moins injurieuse à Votre Majesté, dit-elle au sultan, qu'à la princesse votre fille. «—Mais, continua-t-elle, mon fils, bien loin d'en profiter et de reconnaître sa hardiesse, s'était obstiné à y persévérer jusqu'au point de me menacer de quelque action de désespoir si je refusais de venir demander la princesse en mariage à Votre Majesté, et ce n'a été qu'après m'être fait une violence extrême que j'ai été contrainte d'avoir cette complaisance pour lui, de quoi je supplie encore une fois Votre Majesté de m'accorder le pardon, non-seulement à moi, mais même à Aladdin mon fils, d'avoir eu la pensée téméraire d'aspirer à une si haute alliance. »

Le sultan écouta tout ce discours avec beaucoup de

douceur et de bonté, sans donner aucune marque de colère ou d'indignation, et même sans prendre la demande en raillerie. Mais avant de donner réponse à cette bonne femme, il lui demanda ce que c'était que ce qu'elle avait apporté enveloppé dans un linge. Aussitôt elle prit le vase de porcelaine, qu'elle avait mis au pied du trône avant de se prosterner, elle le découvrit et le présenta au sultan.

On ne saurait exprimer la surprise et l'étonnement du sultan lorsqu'il vit rassemblées dans ce vase tant de pierreries si considérables, si précieuses, si parfaites, si éclatantes, et d'une grosseur dont il n'avait point encore vu de pareilles. Il resta quelque temps dans une si grande admiration, qu'il en était immobile. Après être enfin revenu à lui, il reçut le présent des mains de la mère d'Aladdin, en s'écriant avec un transport de joie : « — Ah! que cela est beau! que cela est riche! » — Après avoir admiré et manié presque toutes les pierreries l'une après l'autre, en les prisant chacune par l'endroit qui les distinguait, il se tourna du côté de son grand vizir, et, en lui montrant le vase : « — Vois, dit-il, et conviens qu'on ne peut rien voir au monde de plus riche et de plus parfait. » — Le vizir en fut charmé. « — Eh bien! continua le sultan, que dis-tu d'un tel présent? n'est-il pas digne de la princesse ma fille, et ne puis-je pas la donner, à ce prix-là, à celui qui me la fait demander? »

Ainsi, en se retournant du côté de la mère d'Aladdin, il lui dit : « — Allez, bonne femme, retournez chez vous, et dites à votre fils que j'agrée la proposition que vous m'avez faite de sa part, mais que je ne puis marier la princesse ma fille que je ne lui aie fait faire un ameublement, qui ne sera prêt que dans trois mois. Ainsi, revenez en ce temps-là. »

La mère d'Aladdin retourna chez elle avec une joie d'autant plus grande que, par rapport à son état, elle avait d'abord regardé l'accès auprès du sultan comme impossible, et que d'ailleurs elle avait obtenu une réponse si favorable, au lieu qu'elle ne s'était attendue qu'à un rebut qui l'aurait couverte de confusion. Deux choses firent juger à Aladdin, quand il vit rentrer sa mère, qu'elle lui apportait une bonne nouvelle : l'une, qu'elle revenait de meilleure heure qu'à l'ordinaire, et l'autre, qu'elle avait le visage gai et ouvert. « — Eh bien, ma mère, lui dit-il, dois-je espérer, dois-je mourir de désespoir? » — Quand elle eut quitté son voile et qu'elle se fut assise sur le sofa avec lui : « — Mon fils, lui dit-elle, pour ne pas vous tenir trop longtemps dans l'incertitude, je commencerai par vous dire que, bien loin de songer à mourir, vous avez tout sujet d'être content. » — En poursuivant son discours, elle lui raconta de quelle manière elle avait eu audience avant tout le monde, ce qui était cause qu'elle était revenue de si bonne heure, les précautions qu'elle avait prises pour faire au sultan, sans qu'il s'en offensât, la proposition de mariage de la princesse Badroulboudour avec lui, et la réponse toute favorable que le sultan lui avait faite de sa propre

bouche. Elle ajouta qu'autant qu'elle en pouvait juger par les marques que le sultan en avait données, le présent, sur toutes choses, avait fait un puissant effet sur son esprit pour le déterminer à la réponse favorable qu'elle rapportait. « — Je m'y attendais d'autant moins, dit-elle encore, que le grand vizir lui avait parlé à l'oreille avant qu'il me la fît, et que je craignais qu'il ne le détournât de la bonne volonté qu'il pouvait avoir pour vous. »

Aladdin s'estima le plus heureux des mortels en apprenant cette nouvelle. Il remercia sa mère de toutes les peines qu'elle s'était données dans la poursuite de cette affaire, dont l'heureux succès était si important pour son repos. Et quoique, dans l'impatience où il était, trois mois lui parussent d'une longueur extrême, il se disposa néanmoins à attendre avec patience, fondé sur la parole du sultan, qu'il regardait comme irrévocable.

Aladdin cependant laissa écouler les trois mois que le sultan avait marqués pour le mariage d'entre la princesse Badroulboudour et lui. Il en avait compté tous les jours avec un grand soin, et quand ils furent achevés, dès le lendemain, il ne manqua pas d'envoyer sa mère au palais, pour faire souvenir le sultan de sa parole.

La mère d'Aladdin alla au palais, comme son fils le lui avait dit, et elle se présenta à l'entrée du divan, au même endroit qu'auparavant, le sultan n'eut pas plutôt jeté la vue sur elle, qu'il la reconnut et se souvint en même temps de la demande qu'elle lui avait faite et du temps auquel il l'avait remise. Le grand vizir lui faisait alors le rapport d'une affaire. « — Vizir, lui dit le sultan en l'interrompant, j'aperçois la bonne femme qui nous fit un si beau présent il y a

quelques mois : faites-la venir, vous reprendrez votre rapport quand je l'aurai écoutée. » — Le grand vizir, en jetant les yeux du côté de l'entrée du divan, apereut aussi la mère d'Aladdin. Aussitôt il appela le chef des huissiers, et en la lui montrant il lui donna ordre de la faire avancer.

La mère d'Aladdin s'avança jusqu'au pied du trône, où elle se prosterna, suivant la coutume. Après qu'elle se fut relevée, le sultan lui demanda ce qu'elle souhaitait. « — Sire, lui répondit-elle, je me présente encore devant Votre Majesté pour lui représenter au nom d'Aladdin, mon fils, que les trois mois après lesquels elle l'a remis sur la demande que j'ai eu l'honneur de lui faire sont expirés, et la supplier de vouloir bien s'en souvenir. »

Le sultan, en prenant un délai de trois mois pour répondre à la demande de cette bonne femme la première fois qu'il l'avait vue, avait cru qu'il n'entendrait plus parler d'un mariage qu'il regardait comme peu convenable à la princesse sa fille, à regarder seulement la bassesse et la pauvreté de la mère d'Aladdin, qui paraissait devant lui dans un habillement fort commun. La sommation cependant qu'elle venait de lui faire de tenir sa parole lui parut embarrassante. Il ne jugea pas à propos de lui répondre sur-le-champ. Il consulta son grand vizir, et lui marqua la répugnance qu'il avait à conclure le mariage de la princesse avec un inconnu, dont il supposait que la fortune devait être beaucoup au-dessous de la plus médiocre.

Le grand vizir n'hésita pas à s'expliquer au sultan sur ce qu'il en pensait. « — Sire, lui dit-il, il me semble qu'il y a un moyen immanquable pour éluder un mariage si disproportionné, sans qu'Aladdin, quand même il serait connu de Votre Majesté, puisse s'en plaindre : c'est de mettre la princesse a un si haut prix, que ses richesses, quelles qu'elles puissent être, ne puissent y fournir. Ce sera le moyen de le faire désister d'une poursuite si hardie, pour ne pas dire si téméraire, à laquelle, sans doute, il n'a pas bien pensé avant de s'y engager. »

Le sultan approuva le conseil du grand vizir. Il se retourna du côté de la mère d'Aladdin ; et, après quelques moments de réflexion : « — Ma bonne femme, lui dit-il, les sultans doivent tenir leur parole ; je suis prêt à tenir la mienne et à rendre votre fils heureux par le mariage de la princesse ma fille. Mais, comme je ne puis la marier que je ne sache l'avantage qu'elle y trouvera, vous direz à votre fils que j'accomplirai ma parole dès qu'il m'aura envoyé quarante grands bassins d'or massif, pleins à comble des mêmes choses que vous m'avez déjà présentées de sa part, portés par un pareil nombre d'esclaves noirs, qui seront conduits par quarante autres esclaves blancs, jeunes, bien faits et de belle taille, et tous habillés très-magnifiquement. Voilà les conditions auxquelles je suis prêt à lui donner la princesse ma fille. Allez, bonne femme, j'attendrai que vous m'apportiez sa réponse. »

La mère d'Aladdin se prosterna encore devant le trône du sultan, et elle se retira. Dans le chemin, elle riait en elle-même de la folle imagination de son fils. « — Vraiment, disait-elle, où trouvera-t-il tant de bassins d'or et une si grande quantité de ces verres colorés pour les remplir? Retournera-t-il dans le souterrain, dont l'entrée est bouchée, pour en cueillir aux arbres? Et tous ces esclaves tournés comme le sultan les demande, où les prendra-t-il? Le voilà bien éloigné de sa prétention, et je crois qu'il ne sera guère content de mon ambassade. » — Quand elle fut rentrée chez elle, l'esprit rempli de toutes ces pensées qui lui faisaient croire qu'Aladdin n'avait plus rien à espérer : « — Mon fils, lui dit-elle, je vous conseille de ne plus penser au mariage de la princesse Badroulboudour. Le sultan, à la vérité, m'a reçue avec beaucoup de bonté, et je crois qu'il était bien intentionné pour vous; mais le grand vizir, si je ne me trompe, lui a fait changer de sentiment, et vous pouvez le présumer comme moi sur ce que vous allez entendre. Après avoir représenté à Sa Majesté que les trois mois étaient expirés, et que je le priais, de votre part, de se souvenir de sa promesse, je remarquai qu'il ne me fit la réponse que je vais vous dire qu'après avoir parlé bas quelque temps avec le grand vizir. » — La mère d'Aladdin fit un récit très-exact à son fils de tout ce que le sultan lui avait dit, et des conditions auxquelles il consentirait au mariage de la princesse sa fille avec lui. En finissant : « — Mon fils, lui dit-elle, il attend votre réponse, mais, entre nous, continua-t-elle en souriant, je crois qu'il l'attendra longtemps.

« — Pas si longtemps que vous croiriez bien, ma mère reprit Aladdin ; et le sultan se trompe lui-même s'il a cru, par ses demandes exorbitantes, me mettre hors d'état de songer à la princesse Badroulboudour. Je m'attendais à d'autres difficultés insurmontables, ou qu'il mettrait mon incomparable princesse à un prix beaucoup plus haut. Mais à présent je suis content, et ce qu'il me demande est peu de chose en comparaison de ce que je serais en état de lui donner pour en obtenir la possession. Pendant que je vais songer à le satisfaire, allez nous chercher de quoi dîner, et laissez-moi faire. »

Dès que la mère d'Aladdin fut sortie pour aller à la provision, Aladdin prit la lampe et il la frotta. Dans l'instant le génie se présenta devant lui, et, dans les mêmes termes que nous avons déjà rapportés, il lui demanda ce qu'il avait à lui commander, en marquant qu'il était prêt à le servir. Aladdin lui dit : « — Le sultan me donne la princesse sa fille en mariage ; mais auparavant il me demande quarante grands bassins d'or massif et bien pesants, pleins à comble des fruits du jardin où j'ai pris la lampe dont tu es esclave. Il exige aussi de moi que ces quarante bassins d'or soient portés par autant d'esclaves noirs, précédés par quarante esclaves blancs, jeunes, bien faits, de belle taille et habillés très-richement. Va, et amène-moi ce présent au plus tôt, afin que je l'envoie au sultan avant qu'il lève la séance du divan. » — Le génie lui dit que son commandement allait être exécuté incessamment, et il disparut.

Très-peu de temps après, le génie se fit revoir accompagné des quarante esclaves noirs, chacun chargé d'un bassin d'or massif du poids de vingt marcs, sur la tête, plein de perles, de diamants, de rubis et d'émeraudes, mieux choisis même pour la beauté et et pour la grosseur que ceux qui avaient déjà été présentés au sultan. Chaque bassin était couvert d'une toile d'argent à fleurons d'or. Tous ces esclaves, tant noirs que blancs, avec les plats d'or, occupaient presque toute la maison, qui était assez médiocre, avec une petite cour sur le devant et un petit jardin sur le derrière. Le génie demanda à Aladdin s'il était content et s'il avait encore quelque autre commandement à lui faire. Aladdin lui dit qu'il ne lui demandait rien davantage, et disparut aussitôt.

La mère d'Aladdin revint du marché, et en entrant elle fut dans une grande surprise de voir tant de monde et tant de richesses. Quand elle se fut déchargée des provisions qu'elle apportait, elle voulut ôter

le voile qui lui couvrait le visage ; mais Aladdin l'en empêcha : « — Ma mère, lui dit-il, il n'y a pas de temps à perdre ; avant que le sultan achève de tenir le divan, il est important que vous retourniez au palais et que vous y conduisiez incessamment le présent et la dot de la princesse Badroulboudour, qu'il m'a demandés, afin qu'il juge, par ma diligence et par mon exactitude, du zèle ardent et sincère que j'ai de me procurer l'honneur d'entrer dans son alliance. »

Sans attendre la réponse de sa mère, Aladdin ouvrit la porte sur la rue et lui fit défiler successivement tous ces esclaves, en faisant toujours marcher un esclave blanc suivi d'un esclave noir, chargé d'un bassin d'or sur la tête, et ainsi jusqu'au dernier. Et après que sa mère fut sortie en suivant le dernier esclave noir, il ferma la porte et il demeura tranquillement dans sa chambre, avec l'espérance que le sultan, après ce présent, tel qu'il l'avait demandé, voudrait bien le recevoir enfin pour gendre.

Le premier esclave blanc qui était sorti de la maison d'Aladdin avait fait arrêter tous les passants qui l'aperçurent, et avant que les quatre-vingts esclaves, entremêlés de blancs et de noirs, eussent achevé de sortir, la rue se trouva pleine d'une grande foule de peuple, qui accourait de toutes parts pour voir un spectacle si magnifique et si extraordinaire. L'habillement de chaque esclave était si riche en étoffe et en pierreries, que les meilleurs connaisseurs ne crurent pas se tromper en faisant monter chaque habit à plus d'un million. La grande propreté, l'ajustement bien entendu de chaque habillement, la bonne grâce, le bel air, la taille uniforme et avantageuse de chaque esclave, leur marche grave à une distance égale les uns des autres, avec l'éclat des pierreries, d'une grosseur excessive, enchâssées autour de leurs ceintures d'or massif dans une belle symétrie, et les enseignes, aussi de pierreries, attachées à leurs bonnets, qui étaient d'un goût tout particulier, mirent toute cette foule de spectateurs dans une admiration si grande, qu'ils ne pouvaient se lasser de les regarder et de les conduire des yeux aussi loin qu'il leur était possible. Mais les rues étaient tellement bordées de peuple, que chacun était content de rester dans la place où il se trouvait.

Comme il fallait passer par plusieurs rues pour arriver au palais, cela fit qu'une bonne partie de la ville, gens de toute sorte d'états et de conditions, fut témoin d'une pompe si ravissante. Le premier des quatre-vingts esclaves arriva à la porte de la première cour du palais, et les portiers, qui s'étaient mis en haie dès qu'ils s'étaient aperçus que cette file merveilleuse approchait, le prirent pour un roi, tant il était richement et magnifiquement habillé. Ils s'avancèrent pour lui baiser le bas de la robe. Mais l'esclave, instruit par le génie, les arrêta et leur dit gravement : « Nous ne sommes que des esclaves, notre maître paraîtra quand il en sera temps. »

Le premier esclave, suivi de tous les autres, avança jusqu'à la seconde cour, qui était très-spacieuse, et

où la maison du sultan était rangée pendant la séance du divan. Les officiers, à la tête de chaque groupe, étaient d'une grande magnificence, mais elle fut effacée à la présence des quatre-vingts esclaves porteurs du présent d'Aladdin, et qui en faisaient eux-mêmes partie. Rien ne parut si beau ni si éclatant dans toute la maison du sultan, et tout le brillant des seigneurs de sa cour qui l'environnaient n'était rien en comparaison de ce qui se présentait alors à sa vue.

Comme le sultan avait été averti de la marche et de l'arrivée de ces esclaves, il avait donné ses ordres pour les faire entrer. Ainsi, dès qu'ils se présentèrent, ils trouvèrent l'entrée du divan libre, et ils entrèrent dans un bel ordre, une partie à droite et l'autre à gauche. Après qu'ils furent tous entrés et qu'ils eurent formé un grand demi-cercle devant le trône du sultan, les esclaves noirs posèrent chacun le bassin qu'ils portaient sur le tapis de pied. Ils se prosternèrent tous ensemble en frappant du front contre le tapis. Les esclaves blancs firent la même chose en même temps. Ils se relevèrent tous, et les noirs, en le faisant, découvrirent adroitement les bassins qui étaient devant eux, et tous demeurèrent debout, les mains croisées sur la poitrine, avec une grande modestie.

La mère d'Aladdin, qui cependant s'était avancée jusqu'au pied du trône, dit au sultan après s'être prosternée : « — Sire, Aladdin mon fils n'ignore pas que ce présent qu'il envoie à Votre Majesté ne soit beaucoup au-dessous de ce que mérite la princesse Badroulboudour. Il espère néanmoins que Votre Majesté l'aura pour agréable et qu'elle voudra bien le faire agréer aussi à la princessse, avec d'autant plus de confiance qu'il a tâché de se conformer à la condition qu'il lui a plu de lui imposer. »

Le sultan n'était pas en état de faire attention au compliment de la mère d'Aladdin. Le premier coup d'œil jeté sur les quarante bassins d'or, pleins à comble des joyaux les plus brillants, les plus éclatants, les plus précieux qu'on eût jamais vus au monde, et sur les quatre-vingts esclaves, qui paraissaient autant de rois, tant par leur bonne mine que par la richesse et la magnificence surprenante de leur habillement, l'avait frappé d'une manière qu'il ne pouvait revenir de son admiration. Au lieu de répondre au compliment de la mère d'Aladdin, il s'adressa au grand vizir, qui ne pouvait comprendre lui-même d'où une si grande profusion de richesses pouvait être venue :

« — Eh bien ! vizir, dit-il publiquement, que pensez-vous de celui, quel qu'il puisse être, qui m'envoie un présent si riche et si extraordinaire, et que ni moi ni vous ne connaissons ? Le croyez-vous indigne d'épouser la princesse Badroulboudour ma fille ? »

Quelque jalousie et quelque douleur qu'eût le grand vizir de voir qu'un inconnu allait devenir le gendre du sultan préférablement à son fils, il n'osa dissimuler son sentiment. Il était trop visible que le présent d'Aladdin était plus que suffisant pour mériter qu'il fût reçu dans une si haute alliance. Il répondit donc au sultan, et en entrant dans son sentiment : « — Sire, dit-il, bien loin d'avoir la pensée que celui qui fait à Votre Majesté un présent si digne d'elle soit indigne de l'honneur qu'elle veut lui faire, j'oserais dire qu'il mériterait davantage si je n'étais persuadé qu'il n'y a pas de trésor au monde assez riche pour être mis dans la balance avec la princesse fille de Votre Majesté. » — Les seigneurs de la cour qui étaient de la séance du conseil témoignèrent par leurs applaudissements que leurs avis n'étaient pas différents de celui du grand vizir.

Le sultan ne différa plus, il ne pensa pas même à s'informer si Aladdin avait les autres qualités convenables à celui qui pouvait aspirer à devenir son gendre. La seule vue de tant de richesses immenses et la diligence avec laquelle Aladdin venait de satisfaire à sa demande, sans avoir formé la moindre difficulté sur des conditions aussi exorbitantes que celles qu'il lui avait imposées, lui persuadèrent aisément qu'il ne lui manquait rien de tout ce qui pouvait le rendre accompli et tel qu'il le désirait. Ainsi, pour renvoyer la mère d'Aladdin avec la satisfaction qu'elle pouvait désirer, il lui dit : « — Bonne femme, allez dire à votre fils que je l'attends pour le recevoir à bras ouverts et pour l'embrasser, et que plus il fera de diligence pour venir recevoir de ma main le don que je lui fais de la princesse ma fille, plus il me fera de plaisir. »

Dès que la mère d'Aladdin se fut retirée, avec la joie dont une femme de sa condition peut être capable en voyant son fils parvenu à une si haute élévation contre son attente, le sultan mit fin à l'audience de ce jour. Et en se levant de son trône, il ordonna que les eunuques attachés au service de la princesse vinssent enlever les bassins pour les porter à l'appartement de leur maîtresse, où il se rendit pour les examiner avec elle à son loisir, et cet ordre fut exécuté sur-le-champ par les soins du chef des eunuques.

Les quatre-vingts esclaves blancs et noirs ne furent pas oubliés : on les fit entrer dans l'intérieur du palais, et quelque temps après, le sultan, qui venait de parler de leur magnificence à la princesse Badroulboudour, commanda qu'on les fît venir devant l'appartement, afin qu'elle les considérât au travers des jalousies et qu'elle connût que, bien loin d'avoir rien exagéré dans le récit qu'il venait de lui faire, il lui en avait dit beaucoup moins que ce qui en était.

La mère d'Aladdin cependant arriva chez elle avec un air qui marquait par avance la bonne nouvelle qu'elle apportait à son fils. « — Mon fils, lui dit-elle, vous avez tout sujet d'être content : vous êtes arrivé à l'accomplissement de vos souhaits contre mon attente, et vous savez ce que je vous en avais dit. Afin de ne vous pas tenir trop longtemps en suspens, le sultan, avec applaudissement de toute la cour, a déclaré que vous êtes digne de posséder la princesse Badroulboudour. Il vous attend pour vous embrasser et pour conclure votre mariage. C'est à vous de songer aux préparatifs pour cette entrevue, afin qu'elle réponde à la haute opinion qu'il a conçue de votre personne. Mais après ce que j'ai vu des merveilles que vous savez faire, je suis persuadée que rien n'y manquera. Je ne dois pas oublier de vous dire encore que le sultan vous attend avec impatience : ainsi ne perdez pas de temps à vous rendre auprès de lui. »

Aladdin, charmé de cette nouvelle, et tout plein de l'objet qui l'avait enchanté, dit peu de paroles à sa mère et se retira dans sa chambre. Là, après avoir pris la lampe, qui lui avait été si officieuse jusqu'alors en tous ses besoins et en tout ce qu'il avait souhaité, il ne l'eut pas plutôt frottée, que le génie continua de marquer son obéissance en paraissant d'abord sans se faire attendre. « — Génie, lui dit Aladdin, je t'ai appelé pour me faire prendre un bain tout à l'heure, et quand je l'aurai pris, je veux que

tu me tiennes prêt un habillement le plus riche et le plus magnifique que jamais monarque ait porté. »
— Il eut à peine achevé de parler, que le génie,

en le rendant invisible comme lui, l'enleva et le transporta dans un bain tout de marbre le plus fin, et de différentes couleurs les plus belles et les plus diversifiées. Sans voir qui le servait, il fut déshabillé dans un salon spacieux et d'une grande propreté. Du salon on le fit entrer dans le bain, qui était d'une chaleur modérée, et là il fut frotté et lavé avec plusieurs sortes d'eaux de senteur. Après l'avoir fait passer par tous les degrés de chaleur, selon les différentes pièces de bain, il en sortit, mais tout autre que quand il y était entré. Son teint se trouva frais, blanc, vermeil, et son corps beaucoup plus léger et plus dispos. Il rentra dans le salon et il n'y trouva plus l'habit qu'il y avait laissé. Le génie avait eu soin de mettre en sa place celui qu'il lui avait demandé. Aladdin fut surpris en voyant la magnificence de l'habit qu'on lui avait substitué. Il s'habilla avec l'aide du génie, en admirant chaque pièce à mesure qu'il la prenait, tant elles étaient toutes au delà de ce qu'il avait pu s'imaginer. Quand il eut achevé, le génie le reporta chez lui dans la même chambre où il l'avait pris. Alors il lui demanda s'il avait autre chose à lui commander. « — Oui, répondit Aladdin, j'attends de toi que tu m'amènes au plus tôt un cheval qui surpasse en beauté et en bonté le cheval le plus estimé qui soit dans l'écurie du sultan, dont la housse, la selle, la bride et tout le harnais vaillent plus d'un million. Je demande aussi que tu me fasses venir en même temps vingt esclaves habillés aussi richement et aussi lestement que ceux qui ont apporté le présent, pour marcher à mes côtés et à ma suite en troupe, et vingt autres semblables pour

6.

marcher devant moi en deux files. Fais venir aussi à ma mère six femmes esclaves pour la servir, chacune habillée aussi richement au moins que les femmes esclaves de la princesse Badroulboudour, et chargées chacune d'un habit complet, aussi magnifique et aussi pompeux que pour la sultane. J'ai besoin aussi de dix mille pièces d'or en dix bourses. Voilà, ajouta-t-il, ce que j'avais à te commander : va, et fais diligence. »

Dès qu'Aladdin eut achevé de donner des ordres au génie, le génie disparut, et bientôt après il se fit revoir avec le cheval, avec les quarante esclaves, dont dix portaient chacun une bourse de mille pièces d'or, et avec six femmes esclaves, chargées sur la tête, chacune, d'un habit différent pour la mère d'Aladdin, enveloppé d'une toile d'argent, et le génie présenta le tout à Aladdin.

Des dix bourses, Aladdin n'en prit que quatre, qu'il donna à sa mère, en lui disant que c'était pour s'en servir dans ses besoins. Il laissa les six autres entre les mains des esclaves qui les portaient, avec ordre de les garder et de les jeter au peuple par poignées, en passant par les rues, dans la marche qu'ils devaient faire pour se rendre au palais du sultan. Il ordonna aussi qu'ils marcheraient devant lui avec les autres, trois à droite et trois à gauche. Il présenta enfin à sa mère les six femmes esclaves, en lui disant qu'elles étaient à elle et qu'elle pouvait s'en servir comme leur maîtresse, et que les habits qu'elles avaient apportés étaient pour son usage.

Quand Aladdin eut disposé toutes ses affaires, il dit au génie en le congédiant qu'il l'appellerait quand il aurait besoin de son service, et le génie disparut aussitôt. Alors Aladdin ne songea plus qu'à répondre au plus tôt au désir que le sultan avait témoigné de le voir. Il dépêcha au palais un des quarante esclaves, je ne dirai pas le mieux fait, ils l'étaient tous également, avec ordre de s'adresser au chef des huissiers et de lui demander quand il pourrait avoir l'honneur d'aller se jeter aux pieds du sultan. L'esclave ne fut pas longtemps à s'acquitter de son message; il apporta pour réponse que le sultan l'attendait avec impatience.

Aladdin ne différa pas de monter à cheval et de se mettre en marche dans l'ordre que nous avons marqué. Quoique jamais il n'eût monté à cheval, il y parut néanmoins pour la première fois avec tant de bonne grâce, que le cavalier le plus expérimenté ne l'eût pas pris pour un novice. Les rues par où il passa furent remplies presque en un moment d'une foule innombrable de peuple qui faisait retentir l'air d'acclamations, de cris d'admiration et de bénédictions, chaque fois particulièrement que les six esclaves qui avaient les bourses faisaient voler des poignées de pièces en l'air à droite et à gauche. Ces acclamations néanmoins ne venaient pas de la part de ceux qui se poussaient et qui se baissaient pour ramasser de ces pièces, mais de ceux qui, d'un rang au-dessus du menu peuple, ne pouvaient s'empêcher de donner publiquement à la libéralité d'Aladdin les louanges qu'elle méritait. Non-seulement ceux qui se souvenaient de l'avoir vu jouer dans les rues, dans un âge déjà avancé, comme un vagabond, ne le reconnaissaient plus, ceux mêmes qui l'avaient vu il n'y avait pas longtemps avaient peine à le reconnaître, tant il avait les traits changés. Cela venait de ce que la lampe avait cette propriété de procurer par degrés à ceux qui la possédaient les perfections convenables à l'état auquel ils parvenaient par le bon usage qu'ils en faisaient. On fit alors beaucoup plus d'attention à la personne d'Aladdin qu'à la pompe qui l'accompagnait, que la plupart avaient déjà remarquée le même jour dans la marche des esclaves qui avaient porté ou accompagné le présent. Le cheval néanmoins fut admiré par les connaisseurs, qui surent en distinguer la beauté sans se laisser éblouir ni par la richesse, ni par le brillant des diamants et des autres pierreries dont il était couvert. Comme le bruit s'était répandu que le sultan lui donnait la princesse Badroulboudour en mariage, personne, sans avoir égard à sa naissance, ne porta envie à sa fortune ni à son élévation, tant il en parut digne.

Aladdin arriva au palais, où tout était disposé pour l'y recevoir. Quand il fut à la seconde porte, il vou-

lut mettre pied à terre pour se conformer à l'usage observé par le grand vizir, par les généraux d'armées et les gouverneurs du premier rang; mais le chef des huissiers qui l'attendait par ordre du sultan, l'en empêcha et l'accompagna jusque près de la salle du conseil ou de l'audience, où il l'aida à à descendre de cheval, quoique Aladdin s'y opposât fortement et ne le voulût pas souffrir ; mais il ne fut pas le maître. Cependant les huissiers faisaient une double haie à l'entrée de la salle. Leur chef mit Aladdin à sa droite, et après l'avoir fait passer par le milieu, il le conduisit jusqu'au trône du sultan.

Dès que le sultan eut aperçu Aladdin, il ne fut pas moins étonné de le voir vêtu plus richement et plus magnifiquement qu'il ne l'avait jamais été lui-même, que surpris, contre toute attente, de sa bonne mine, de sa belle taille et d'un certain air de grandeur fort éloigné de l'état de bassesse dans lequel sa mère avait paru devant lui. Son étonnement et sa surprise néanmoins ne l'empêchèrent pas de se lever et de descendre deux ou trois marches de son trône assez promptement pour empêcher Aladdin de se jeter à ses pieds, et pour l'embrasser avec une démonstration pleine d'amitié. Après cette civilité, Aladdin voulut encore se jeter aux pieds du sultan, mais le sultan le retint par la main, et l'obligea de monter et de s'asseoir entre le vizir et lui.

Alors Aladdin prit la parole : « — Sire, dit-il, je reçois les honneurs que Votre Majesté me fait, parce qu'elle a la bonté et qu'il lui plaît de me les faire ;

mais elle me permettra de lui dire que je n'ai point oublié que je suis né son esclave, que je connais la grandeur de sa puissance, et que je n'ignore pas combien ma naissance me met au-dessous de la splendeur et de l'éclat du rang suprême où elle est élevée. S'il y a quelque endroit, continua-t-il, par où je puisse avoir mérité un accueil si favorable, j'avoue que je ne le dois qu'à la hardiesse qu'un pur hasard m'a fait naître d'élever mes yeux, mes pensées et mes désirs jusqu'à la divine princesse qui fait l'objet de mes souhaits. Je demande pardon à Votre Majesté de ma témérité ; mais je ne puis dissimuler que je mourrais de douleur si je perdais l'espérance d'en voir l'accomplissement.

« — Mon fils, répondit le sultan en l'embrassant une seconde fois, vous me feriez tort de douter un seul moment de la sincérité de ma parole. Votre vie m'est trop chère désormais pour ne pas vous la conserver en vous présentant le remède qui est à ma disposition. Je préfère le plaisir de vous voir et de vous entendre à tous mes trésors joints avec les vôtres. »

En achevant ces paroles, le sultan fit un signal, et aussitôt on entendit l'air retentir du son des hautbois et des timbales ; et en même temps le sultan conduisit Aladdin dans un magnifique salon où on servit un superbe festin. Le sultan mangea seul avec Aladdin. Le grand vizir et les seigneurs de la cour, chacun selon leur dignité et selon leur rang, les accompagnèrent pendant le repas. Le sultan, qui

avait toujours les yeux sur Aladdin, tant il prenait plaisir à le voir, fit tomber le discours sur plusieurs sujets différents. Dans la conversation qu'ils eurent ensemble pendant le repas, et sur quelque matière qu'il le mît, il parla avec tant de connaissance et de sagesse, qu'il acheva de confirmer le sultan dans la bonne opinion qu'il avait conçue de lui d'abord.

Le repas achevé, le sultan fit appeler le premier juge de sa capitale, et lui commanda de dresser et de mettre au net sur-le-champ le contrat de mariage de la princesse Badroulboudour, sa fille, et d'Aladdin. Pendant ce temps-là, le sultan s'entretint avec Aladdin de plusieurs choses différentes en présence du grand vizir et des seigneurs de la cour, qui admirèrent la solidité de son esprit et la grande facilité qu'il avait de parler et de s'énoncer, et les pensées fines et délicates dont il assaisonnait son discours.

Quand le juge eut achevé le contrat dans toutes les formes requises, le sultan demanda à Aladdin s'il voulait rester dans le palais pour terminer les cérémonies du mariage le même jour. « — Sire, répondit Aladdin, quelque impatience que j'aie de jouir pleinement des bontés de Votre Majesté, je la supplie de vouloir bien permettre que je les diffère jusqu'à ce que j'aie fait bâtir un palais pour recevoir la princesse selon son mérite et sa dignité. Je la prie, pour cet effet, de m'accorder une place convenable devant le sien, afin que je sois plus à portée de lui faire ma cour. Je n'oublierai rien pour faire en sorte qu'il soit achevé avec toute la diligence possible. — Mon fils, lui dit le sultan, prenez tout le terrain que vous jugerez à propos : le vide est trop grand devant mon palais, et j'avais déjà songé moi-même à le remplir ; mais souvenez-vous que je ne puis assez tôt vous voir uni à ma fille pour mettre le comble à ma joie. » — En achevant ces paroles, il embrassa encore Aladdin, qui prit congé du sultan avec la même politesse que s'il eût été élevé et qu'il eût toujours vécu à la cour.

Aladdin remonta à cheval, et il retourna chez lui dans le même ordre qu'il était venu, au travers de la même foule et aux acclamations du peuple, qui lui souhaitait toute sorte de bonheur et de prospérité. Dès qu'il fut rentré et qu'il eut mis pied à terre, il prit la lampe et appela le génie comme il était accoutumé. Le génie ne se fit pas attendre ; il parut et lui fit offre de ses services. « — Génie, lui dit Aladdin, j'ai tout sujet de me louer de ton exactitude à exécuter ponctuellement tout ce que j'ai exigé de toi jusqu'à présent par la puissance de cette lampe, ta maîtresse. Il s'agit aujourd'hui que, pour l'amour d'elle, tu fasses paraître, s'il est possible, plus de zèle et d'obéissance que tu n'as encore fait. Je te demande donc qu'en aussi peu de temps que tu le pourras, tu me fasses bâtir vis-à-vis du palais du sultan, à une juste distance, un palais digne d'y recevoir la princesse Badroulboudour, mon épouse. Je laisse à ta liberté le choix des matériaux, c'est-à-dire du porphyre, du jaspe, de l'agate, du lapis et du marbre le plus fin, le plus varié en couleurs, et du reste de l'édifice; mais j'entends qu'au plus haut de ce palais tu fasses élever un grand salon en dôme, à quatre faces égales, dont les assises ne soient d'autre matière que d'or et d'argent massifs, posées alternativement, avec vingt-quatre croisées, six à chaque face, et que les jalousies de chaque croisée, à la réserve d'une seule, que je veux qu'on laisse imparfaite, soient enrichies, avec art et symétrie, de diamants, de rubis et d'émeraudes, de manière que rien de pareil en ce genre n'ait été vu dans le monde. Je veux aussi que ce palais soit accompagné d'une avant-cour, d'une cour, d'un jardin; mais, sur toute chose, qu'il y ait, dans un endroit que tu me diras, un trésor bien rempli d'or et d'argent monnayés. Je veux aussi qu'il y ait dans ce palais des cuisines, des offices, des magasins, des garde-meubles garnis de meubles précieux pour toutes les saisons et proportionnés à la magnificence du palais; des écuries remplies des plus beaux chevaux, avec leurs écuyers et leurs palefreniers, sans oublier un équipage de chasse. Il faut qu'il y ait aussi des officiers de cuisine et d'office, et des femmes esclaves, nécessaires pour le service de la princesse. Tu dois comprendre quelle est mon intention ; va, et reviens quand cela sera fait. »

Le soleil venait de se coucher quand Aladdin acheva de charger le génie de la construction du palais qu'il avait imaginé. Le lendemain matin, à la petite pointe du jour, Aladdin, à qui l'amour de la princesse ne permettait pas de dormir tranquillement, était à peine levé, que le génie se présenta à lui. « — Seigneur, dit-il, votre palais est achevé; venez voir si vous en êtes content. » — Aladdin n'eut pas plutôt témoigné qu'il le voulait bien, que le génie l'y transporta en un instant. Aladdin le trouva si fort au-dessus de son attente, qu'il ne pouvait assez l'admirer. Le génie le conduisit en tous les endroits, et partout il ne trouva que richesse, que propreté et que magnificence, avec des officiers et des esclaves, tous habillés selon leur rang et selon les services auxquels ils étaient destinés. Il ne manqua pas, comme une des choses principales, de lui faire voir le trésor, dont la porte fut ouverte par le trésorier, et Aladdin y vit des tas de bourses de différentes grandeurs, selon les sommes qu'elles contenaient, élevées jusqu'à la voûte et disposées dans un arrangement qui faisait plaisir à voir. En sortant, le génie l'assura de la fidélité du trésorier. Il le mena ensuite aux écuries, et là il lui fit remarquer les plus beaux chevaux qu'il y eût au monde, et les palefreniers, dans un grand mouve-

ment, occupés à les panser. Il le fit passer ensuite par des magasins remplis de toutes les provisions nécessaires, tant pour les ornements des chevaux que pour leur nourriture.

Quand Aladdin eut examiné tout le palais d'appartement en appartement, et de pièce en pièce, depuis le haut jusqu'en bas, et particulièrement le salon à vingt-quatre croisées, et qu'il y eut trouvé des richesses et de la magnificence, avec toutes sortes de commodités, au delà de ce qu'il s'en était promis, il dit au génie : « — Génie, on ne peut être plus content que je le suis, et j'aurais tort de me plaindre. Il reste une seule chose dont je ne t'ai rien dit parce que je ne m'en étais pas avisé, c'est d'étendre, depuis la porte de l'appartement destinée à la princesse dans ce palais-ci, un tapis du plus beau velours, afin qu'elle marche dessus en venant du palais du sultan. — Je reviens dans un moment, » — dit le génie. Et comme il eut disparu, peu de temps après Aladdin fut étonné de voir ce qu'il avait souhaité exécuté, sans savoir comment cela s'était fait. Le génie reparut, et il reporta Aladdin chez lui dans le temps qu'on ouvrait la porte du palais du sultan.

Les portiers du palais, qui venaient d'ouvrir la porte, et qui avaient toujours eu la vue libre du côté où était alors celui d'Aladdin, furent fort étonnés de la voir bornée et de voir un tapis de velours qui venaît de ce côté-là jusqu'à la porte de celui du sultan. Ils ne distinguèrent d'abord pas bien ce que c'était. Mais leur surprise augmenta quand ils eurent aperçu distinctement le superbe palais d'Aladdin. La nouvelle d'une merveille aussi surprenante fut répandue par tout le palais en très-peu de temps. Le grand vizir, qui était arrivé juste à l'ouverture de la porte du palais, n'avait pas été moins surpris de cette nouveauté que les autres. Il en fit part au sultan le premier; mais il voulut lui faire passer la chose pour un enchantement. « — Vizir, reprit le sultan, pourquoi voulez-vous que ce soit un enchantement? Vous savez aussi bien que moi que c'est le palais qu'Aladdin a fait bâtir, par la permission que je lui en ai donnée en votre présence, pour loger la princesse ma fille. Après l'échantillon de ses richesses que nous avons vu, pouvons-nous trouver étrange qu'il ait fait bâtir ce palais en si peu de temps? Il a voulu nous surprendre et nous faire voir qu'avec de l'argent comptant on peut faire de ces miracles d'un jour à un autre. Avouez avec moi que l'enchantement dont vous avez voulu parler vient d'un peu de jalousie. » — L'heure d'entrer au conseil l'empêcha de continuer ce discours plus longtemps.

Quand Aladdin eut été reporté chez lui et qu'il eut congédié le génie, il trouva que sa mère était levée et qu'elle commençait à se parer d'un des habits qu'il lui avait fait apporter. A peu près vers le temps que le sultan venait de sortir du conseil, Aladdin disposa sa mère à aller au palais avec les mêmes femmes esclaves qui lui étaient venues par le ministère du génie. Il la pria, si elle voyait le sultan, de lui marquer qu'elle venait pour avoir l'honneur d'accompagner la princesse, vers le soir, quand elle serait en état de passer à son palais. Elle partit; mais quoiqu'elle et ses femmes esclaves qui la suivaient fussent habillées en sultanes, la foule néanmoins fut d'autant moins grande à les voir passer qu'elles étaient voilées, et qu'un surtout convenable couvrait la richesse et la magnificence de leurs habillements. Pour ce qui est d'Aladdin, il monta à cheval, et après être sorti de sa maison paternelle pour n'y plus rentrer, sans avoir oublié la lampe merveilleuse, dont le secours lui avait été si avantageux pour parvenir au comble de son bonheur, il se rendit publiquement à son palais avec la même pompe qu'il était allé se présenter au sultan le jour de devant.

Dès que les portiers du palais du sultan eurent aperçu la mère d'Aladdin qui venait, ils en avertirent le sultan. Aussitôt l'ordre fut donné aux troupes de trompettes, de timbales, de fifres, de hautbois, qui étaient déjà postées en différents endroits des terrasses du palais, et en un moment l'air retentit de fanfares et de concerts, qui annoncèrent la joie à toute la ville. Les marchands commencèrent à parer

leurs boutiques de beaux tapis, de coussins et de feuillages, et à préparer des illuminations pour la

7.

nuit. Les artisans quittèrent leur travail, et le peuple se rendit avec empressement à la grande place, qui se trouva alors entre le palais du sultan et celui d'Aladdin. Ce dernier attira d'abord leur admiration, non pas tant à cause qu'ils étaient accoutumés à voir celui du sultan, que parce que celui du sultan ne pouvait entrer en comparaison avec celui d'Aladdin. Mais le sujet de leur plus grand étonnement fut de ne pouvoir comprendre par quelle merveille inouïe ils voyaient un palais si magnifique dans un lieu où, le jour d'auparavant, il n'y avait ni matériaux ni fondements préparés.

La mère d'Aladdin fut reçue dans le palais avec honneur, et introduite dans l'appartement de la princesse Badroulboudour par le chef des eunuques. Aussitôt que la princesse l'aperçut, elle alla l'embrasser, et lui fit prendre place sur son sofa, et pendant que ses femmes achevaient de l'habiller et de la parer des joyaux les plus précieux dont Aladdin lui avait fait présent, elle la fit régaler d'une collation magnifique. Le sultan, qui venait pour être auprès de la princesse sa fille le plus de temps qu'il pourrait avant qu'elle se séparât d'avec lui pour aller au palais d'Aladdin, lui fit aussi de grands honneurs. La mère d'Aladdin avait parlé plusieurs fois au sultan en public, mais il ne l'avait point encore vue sans voile comme elle était alors. Quoiqu'elle fût dans un âge un peu avancé, on y observait encore des traits qui faisaient assez connaître qu'elle avait été du nombre des belles dans sa jeunesse. Le sultan, qui l'avait toujours vue habillée fort simplement, pour ne pas dire pauvrement, était dans l'admiration de la voir aussi richement et aussi magnifiquement vêtue que la princesse sa fille. Cela lui fit faire cette réflexion qu'Aladdin était également prudent, sage et entendu en toute chose.

Quand la nuit fut venue, la princesse prit congé du sultan son père. Leurs adieux furent tendres et mêlés de larmes; ils s'embrassèrent plusieurs fois sans se rien dire, et enfin la princesse sortit de son appartement et se mit en marche avec la mère d'Aladdin à sa gauche, et suivie de cent femmes esclaves habillées d'une magnificence surprenante. Toutes les troupes d'instruments, qui n'avaient cessé de se faire entendre depuis l'arrivée de la mère d'Aladdin, s'étaient réunies et commençaient cette marche. Elles étaient suivies par cent tchaoux et par un pareil nombre d'eunuques noirs en deux files, avec leurs officiers à leur tête. Quatre cents jeunes pages du sultan, en deux bandes, qui marchaient sur les côtés en tenant chacun leur flambeau à la main, faisaient une lumière qui, jointe aux illuminations tant du palais du sultan que de celui d'Aladdin, suppléait merveilleusement au défaut du jour.

Dans cet ordre, la princesse marcha sur le tapis étendu depuis le palais du sultan jusqu'au palais d'Aladdin, et à mesure qu'elle avançait, les instruments qui étaient à la tête de la marche, en s'approchant et en se mêlant avec ceux qui se faisaient entendre du haut des terrasses du palais d'Aladdin, formèrent un concert qui, tout extraordinaire et tout confus qu'il paraissait, ne laissait pas d'augmenter la joie non-seulement dans la place, remplie d'un grand peuple, mais même dans les deux palais, dans toute la ville et bien loin au dehors.

La princesse arriva enfin au nouveau palais, et Aladdin courut, avec toute la joie imaginable, à l'entrée de l'appartement qui lui était destiné, pour la recevoir. La mère d'Aladdin avait eu soin de faire distinguer son fils à la princesse au milieu des officiers qui l'environnaient, et la princesse, en l'apercevant, le trouva si bien fait, qu'elle en fut charmée. « — Adorable princesse, lui dit Aladdin en l'abordant et en la saluant très-respectueusement, si j'avais le malheur de vous avoir déplu par la témérité que j'ai eue d'aspirer à la possession d'une si aimable princesse, fille de mon sultan, j'ose vous dire que ce serait à vos beaux yeux et à vos charmes que vous devriez vous en prendre, et non pas à moi. — Prince, que je suis en droit de traiter ainsi à présent, lui répondit la princesse, j'obéis à la volonté du sultan mon père, et il me suffit de vous avoir vu pour vous dire que je lui obéis sans répugnance. »

Aladdin, charmé d'une réponse si agréable et si satisfaisante pour lui, ne laissa pas plus longtemps la princesse debout après le chemin qu'elle venait de faire, à quoi elle n'était point accoutumée : il lui prit la main, qu'il baisa avec une grande démonstration de joie, et il la conduisit dans un grand salon éclairé d'une infinité de bougies, où, par les soins du génie, la table se trouva servie d'un superbe festin. Les plats étaient d'or massif et remplis des viandes les plus délicieuses. Les vases, les bassins, les gobelets, dont le buffet était très-bien garni, étaient aussi d'or et d'un travail exquis. Les autres ornements et tous les embellissements du salon répondaient parfaitement à cette grande richesse. La princesse, enchantée de voir tant de richesses rassemblées dans un même lieu, dit à Aladdin : « — Prince, je croyais que rien au monde n'était plus beau que le palais du sultan mon père; mais, à voir ce seul salon, je m'aperçois que je me suis trompée. — Princesse, répondit Aladdin en la faisant mettre à table à la place qui lui était destinée, je reçois une si grande honnêteté comme je le dois, mais je sais ce que je dois croire. »

La princesse Badroulboudour, Aladdin et la mère d'Aladdin se mirent à table, et aussitôt un chœur d'instruments les plus harmonieux, touchés et accompagnés de très-belles voix de femmes, toutes d'une grande beauté, commença un concert qui dura sans interruption jusqu'à la fin du repas. La princesse en fut si charmée, qu'elle dit qu'elle n'avait rien entendu de pareil dans le palais du sultan son père. Mais elle ne savait pas que ces musiciennes étaient des fées choisies par le génie esclave de la lampe.

Quand le souper fut achevé, et que l'on eut desservi en diligence, une troupe de danseurs et de danseuses succédèrent aux musiciennes. Ils dansèrent plusieurs sortes de danses figurées selon la coutume du pays, et ils finirent par un danseur et une danseuse qui dansèrent seuls avec une légèreté surprenante, et firent paraître chacun à leur tour toute la bonne grâce et l'adresse dont ils étaient capables. Il était près de minuit quand, selon la coutume de la Chine de ce temps-là, Aladdin se leva et présenta la main à la princesse Badroulboudour pour danser ensemble, et terminer ainsi la cérémonie de leurs noces. Ils dansèrent d'un si bon air, qu'ils firent l'admiration de toute la compagnie. En achevant, Aladdin ne quitta pas la main de la princesse, et ils passèrent ensemble dans l'appartement où le lit nuptial était préparé. Les femmes de la princesse servirent à la déshabiller et la mirent au lit, et les officiers d'Aladdin en firent autant, et chacun se retira. Ainsi furent terminées les cérémonies et les réjouis-

sances des noces d'Aladdin et de la princesse Badroulboudour.

Le lendemain, quand Aladdin fut éveillé, ses valets de chambre se présentèrent pour l'habiller. Ils lui mirent un habit différent de celui du jour des noces, mais aussi riche et aussi magnifique. Ensuite il se fit amener un des chevaux destinés pour sa personne. Il le monta, et il se rendit au palais du sultan au milieu d'une grosse troupe d'esclaves qui marchaient devant lui, à ses côtés et à sa suite. Le sultan le reçut avec les mêmes honneurs que la première fois; il l'embrassa, et après l'avoir fait asseoir près de lui, sur son trône, il commanda qu'on servît le déjeuner. « — Sire, lui dit Aladdin, je supplie Votre Majesté de me dispenser aujourd'hui de cet honneur. Je viens la prier de me faire celui de venir prendre un repas dans le palais de la princesse, avec son grand vizir et les seigneurs de sa cour. » — Le sultan lui accorda cette grâce avec plaisir. Il se leva à l'heure même, et comme le chemin n'était pas long, il voulut y aller à pied. Ainsi il sortit, avec Aladdin à sa droite, le grand vizir à sa gauche et les seigneurs à sa suite, précédé par les tchaoux et par les principaux officiers de sa maison.

Plus le sultan approchait du palais d'Aladdin, plus il était frappé de sa beauté. Ce fut tout autre chose quand il y fut entré : ses exclamations ne cessaient pas à chaque pièce qu'il voyait. Mais quand il fut arrivé au salon à vingt-quatre croisées, où Aladdin l'avait invité à monter, qu'il en eut vu les ornements, et surtout qu'il eut jeté les yeux sur les jalousies, enrichies de diamants, de rubis et d'émeraudes, toutes pierres parfaites dans leur grosseur proportionnée, et qu'Aladdin lui eut fait remarquer que la richesse était pareille au dehors, il en fut tellement surpris, qu'il demeura comme immobile. Après être resté quelque temps en cet état : « — Vizir, dit-il à ce ministre, qui était près de lui, est-il possible qu'il y ait en mon royaume et si près de mon palais un palais si superbe, et que je l'aie ignoré jusqu'à présent? — Votre Majesté, reprit le grand vizir, peut se souvenir qu'avant-hier elle accorda à Aladdin, qu'elle venait de reconnaître pour son gendre, la permission de bâtir un palais vis-à-vis du sien. Le même jour, au coucher du soleil, il n'y avait pas encore de palais en cette place, et hier, j'eus l'honneur de lui annoncer le premier que le palais était fait et achevé. — Je m'en souviens, repartit le sultan, mais jamais je ne me fusse imaginé que ce palais fût une des merveilles du monde. Où en trouve-t-on dans tout l'univers de bâtis d'assises d'or et d'argent massifs, au lieu d'assises ou de pierre ou de marbre; dont les croisées aient des jalousies jonchées de diamants, de rubis et d'émeraudes? Jamais au monde il n'a été fait mention de chose semblable. »

Le sultan voulut voir et admirer la beauté des vingt-quatre jalousies. En les comptant, il n'en trouva que vingt-trois qui fussent de la même richesse, et il fut dans un grand étonnement de ce que la vingt-quatrième était demeurée imparfaite. «— Vizir, dit-il (car le grand vizir se faisait un devoir de ne pas l'abandonner), je suis surpris qu'un salon de cette magnificence soit demeuré imparfait par cet endroit. — Sire, reprit le grand vizir, Aladdin apparemment a été pressé, et le temps lui a manqué pour rendre cette croisée semblable aux autres; mais on peut croire qu'il a les pierreries nécessaires, et qu'au premier jour il y fera travailler. »

Aladdin, qui avait quitté le sultan pour donner quelques ordres, vint le rejoindre en ces entrefaites. «— Mon fils, lui dit le sultan, voici le salon le plus digne d'être admiré de tous ceux qui sont au monde. Une seule chose me surprend, c'est de voir que cette jalousie soit demeurée imparfaite. Est-ce par oubli, ajouta-t-il, par négligence ou parce que les ouvriers n'ont pas eu le temps de mettre la dernière main à un si beau morceau d'architecture? — Sire, répondit Aladdin, ce n'est par aucune de ces raisons que la jalousie est restée dans l'état que Votre Majesté la voit. La chose a été faite à dessein, et c'est par mon ordre que les ouvriers n'y ont pas touché : je voulais que Votre Majesté eût la gloire de faire achever ce salon et le palais en même temps. Je la supplie de vouloir bien agréer ma bonne intention, afin que je puisse me souvenir de la faveur et de la grâce que j'aurai reçues d'elle. — Si vous l'avez fait dans cette

intention, reprit le sultan, je vous en sais bon gré; je vais dès l'heure même donner les ordres pour cela. »
— En effet, il ordonna qu'on fît venir les joailliers les mieux fournis de pierreries et les orfèvres les plus habiles de sa capitale.

Le sultan cependant descendit du salon, et Aladdin le conduisit dans celui où il avait régalé la princesse Badroulboudour le jour des noces. La princesse arriva un moment après, qui reçut le sultan son père d'un air qui lui fit connaître avec plaisir combien elle était contente de son mariage. Deux tables se trouvèrent fournies des mets les plus délicieux, et servies tout en vaisselle d'or. Le sultan se mit à la première, et mangea avec la princesse sa fille, Aladdin et le grand vizir. Tous les seigneurs de la cour furent régalés à la seconde, qui était fort longue. Le sultan trouva les mets de bon goût, et il avoua que jamais il n'avait rien mangé de plus excellent. Il dit la même chose du vin, qui était en effet très-délicieux. Ce qu'il admira davantage furent quatre grands buffets garnis et chargés de flacons, de bassins et de coupes d'or massif, le tout enrichi de pierreries. Il fut charmé aussi des chœurs de musique, qui étaient disposés dans le salon, pendant que les fanfares de trompettes, accompagnées de timbales et de tambours, retentissaient au dehors, à une distance proportionnée pour en avoir tout l'agrément.

Dans le temps que le sultan venait de sortir de table, on l'avertit que les joailliers et les orfévres qui avaient été appelés par son ordre étaient arrivés. Il remonta au salon aux vingt-quatre croisées, et quand il y fut, il montra aux joailliers et aux orfévres qui l'avaient suivi la croisée qui était imparfaite. « — Je vous ai fait venir, leur dit-il, afin que vous m'accommodiez cette croisée et que vous la mettiez dans la même perfection que les autres. Examinez-les, et ne perdez pas de temps à me rendre celle-ci toute semblable. »

Les joailliers et les orfévres examinèrent les vingt-trois autres jalousies avec une grande attention, et après qu'ils eurent consulté ensemble et qu'ils furent convenus de ce qu'ils pouvaient contribuer chacun de son côté, ils revinrent se présenter devant le sultan, et le joaillier ordinaire du palais, qui prit la parole, lui dit : « — Sire, nous sommes tous prêts à employer nos soins et notre industrie pour obéir à Votre Majesté ; mais entre nous tant que nous sommes de notre profession, nous n'avons pas de pierreries assez précieuses ni en assez grand nombre pour fournir à un si grand travail. — J'en ai, dit le sultan, et au delà de ce qu'il en faudra : venez à mon palais ; je vous mettrai à même, et vous choisirez. »

Quand le sultan fut de retour à son palais, il fit apporter toutes ses pierreries ; ils en prirent une très-grande quantité, particulièrement de celles qui venaient du présent d'Aladdin. Ils les employèrent sans qu'il parût qu'ils eussent beaucoup avancé. Ils revin-

rent en prendre d'autres à plusieurs reprises, et en un mois ils n'avaient pas achevé la moitié de l'ouvrage. Ils employèrent toutes celles du sultan, avec ce que le grand vizir lui prêta des siennes, et tout ce qu'ils purent faire avec tout cela fut au plus d'achever la moitié de la croisée.

Aladdin, qui connut que le sultan s'efforçait inutilement de rendre la jalousie semblable aux autres, et que jamais il n'en viendrait à son honneur, fit venir les orfévres et leur dit non-seulement de cesser leur travail, mais même de défaire tout ce qu'ils avaient fait, et de reporter au sultan toutes ses pierreries avec celles qu'il avait empruntées au grand vizir.

L'ouvrage que les joailliers et les orfévres avaient mis plus de six semaines à faire fut détruit en peu d'heures. Ils se retirèrent et laissèrent Aladdin seul dans le salon. Il tira la lampe, qu'il avait sur lui, et il la frotta. Aussitôt le génie se présenta. « — Génie, lui dit Aladdin, je t'avais ordonné de laisser une des vingt-quatre jalousies de ce salon imparfaite, et tu avais exécuté mon ordre; présentement, je t'ai fait venir pour te dire que je souhaite que tu la rendes pareille aux autres. » — Le génie disparut, et Aladdin descendit du salon. Peu de moments après, comme il y fut remonté, il trouva la jalousie dans l'état qu'il avait souhaité et pareille aux autres.

Les joailliers et les orfévres cependant arrivèrent au palais et furent introduits et présentés au sultan dans son appartement. Le premier joaillier, en lui présentant les pierreries qu'ils lui rapportaient, dit au sultan, au nom de tous : « — Sire, Votre Majesté sait combien il y a de temps que nous travaillons de toute notre industrie à finir l'ouvrage dont elle nous a chargés. Il était déjà fort avancé lorsque Aladdin nous a obligés non-seulement de cesser, mais même de défaire tout ce que nous avions fait, et de lui rapporter ses pierreries et celles du grand vizir. » — Le sultan leur demanda si Aladdin ne leur en avait pas dit la raison, et comme ils lui eurent marqué qu'il ne leur en avait rien témoigné, il donna ordre sur-le-champ qu'on lui amenât un cheval. On le lui amène, il le monte, et part sans autre suite que de ses gens, qui l'accompagnèrent à pied. Il arrive au palais d'Aladdin, il va mettre pied à terre au bas de l'escalier qui conduisait au salon à vingt-quatre croisées. Il y monte sans faire avertir Aladdin; mais Aladdin s'y trouva fort à propos, et il n'eut que le temps de recevoir le sultan à la porte.

Le sultan, sans donner à Aladdin le temps de se plaindre obligeamment de ce que Sa Majesté ne l'avait pas fait avertir et qu'elle l'avait mis dans la nécessité de manquer à son devoir, lui dit : « — Mon fils, je viens moi-même vous demander quelle raison vous avez de vouloir laisser imparfait un salon aussi magnifique et aussi singulier que celui de votre palais. »

Aladdin dissimula la véritable raison, qui était que

le sultan n'était pas assez riche en pierreries pour faire une dépense si grande. Mais afin de lui faire connaître combien le palais, tel qu'il était, surpassait non-seulement le sien, mais même tout autre palais qui fût au monde, puisqu'il n'avait pu le parachever dans la moindre de ses parties, il lui répondit :
« — Sire, il est vrai que Votre Majesté a vu ce salon imparfait ; mais je la supplie de voir présentement si quelque chose y manque. »

Le sultan alla droit à la fenêtre dont il avait vu la jalousie imparfaite, et quand il eut remarqué qu'elle était semblable aux autres, il crut s'être trompé. Il examina non-seulement les deux croisées qui étaient aux deux côtés, il les regarda même toutes l'une après l'autre, et quand il fut convaincu que la jalousie à laquelle il avait fait employer tant de temps, et qui avait coûté tant de journées d'ouvriers, venait d'être achevée dans le peu de temps qui lui était connu, il embrassa Aladdin et le baisa au front entre les deux yeux. « — Mon fils, lui dit-il, rempli d'étonnement, quel homme êtes-vous qui faites des choses si surprenantes et presque en un clin d'œil ? Vous n'avez pas votre semblable au monde, et plus je vous connais, plus je trouve tout admirable. »

Aladdin reçut les louanges du sultan avec beaucoup de modestie, et il lui répondit en ces termes :
« — Sire, c'est une grande gloire pour moi de mériter

la bienveillance et l'approbation de Votre Majesté; ce que je puis lui assurer, c'est que je n'oublierai rien pour mériter l'une et l'autre de plus en plus. »

Le sultan retourna à son palais de la manière qu'il y était venu, sans permettre à Aladdin de l'y accompagner. En arrivant il trouva le grand vizir qui l'attendait. Le sultan, encore tout rempli d'admiration de la merveille dont il venait d'être témoin, lui en fit le récit en des termes qui ne firent pas douter à ce ministre que la chose ne fût comme le sultan la racontait, mais qui confirmèrent le vizir dans la croyance où il était déjà que le palais d'Aladdin était l'effet d'un enchantement, dont il s'était ouvert au sultan presque dans le moment que ce palais venait de paraître. Il voulut lui répéter la même chose. « — Vizir, lui dit le sultan en l'interrompant, vous m'avez déjà dit la même chose, mais je vois bien que vous n'avez pas encore mis en oubli le mariage projeté jadis entre ma fille et votre fils. »

Le grand vizir vit bien que le sultan était prévenu. Il ne voulut pas entrer en contestation avec lui et le laissa dans son opinion. Tous les jours, réglément, dès que le sultan était levé, il ne manquait pas de se rendre dans un cabinet d'où l'on découvrait tout le palais d'Aladdin, et il y allait pendant la journée pour le contempler et l'admirer.

Aladdin cependant ne demeurait pas renfermé dans

son palais; il avait soin de se faire voir par la ville plus d'une fois chaque semaine, soit qu'il allât faire sa prière tantôt dans une mosquée, tantôt dans une autre, ou que de temps en temps il allât rendre visite au grand vizir, qui affectait d'aller lui faire la cour à certains jours réglés, ou qu'il fît l'honneur aux principaux seigneurs, qu'il régalait souvent dans son palais, d'aller les voir chez eux. Chaque fois qu'il sortait, il faisait jeter par deux de ses esclaves, qui marchaient en troupe autour de son cheval, des pièces d'or à poignées dans les rues et dans les places par où il passait et où le peuple se rendait toujours en grande foule. D'ailleurs, pas un pauvre ne se présentait à la porte de son palais qu'il ne s'en retournât content de la libéralité qu'on y faisait par ses ordres.

Comme Aladdin avait partagé son temps de manière qu'il n'y avait pas de semaine qu'il n'allât à la chasse au moins une fois, tantôt aux environs de la ville, quelquefois plus loin, il exerçait la même libéralité par les chemins et par les villages. Cette inclination généreuse lui fit donner par tout le peuple mille bénédictions, et il était ordinaire de ne jurer que par sa tête. Enfin, sans donner ombrage au sultan, à qui il faisait fort régulièrement sa cour, on peut dire qu'Aladdin s'était attiré par ses manières affables et libérales toute l'affection du peuple, et que, généralement parlant, il était plus aimé que le sultan même. Il joignit à toutes ces belles qualités une valeur et un zèle pour le bien de l'État qu'on ne saurait assez louer. Il en donna même des marques à l'occasion d'une révolte vers les confins du royaume. Il n'eut pas plutôt appris que le sultan levait une armée pour la dissiper, qu'il le supplia de lui en donner le commandement. Il n'eut pas de peine à l'obtenir. Sitôt qu'il fut à la tête de l'armée, il se conduisit en toute cette expédition avec tant de diligence, que le sultan apprit plus tôt que les révoltés avaient été défaits, châtiés ou dissipés, que son arrivée à l'armée. Cette action, qui rendit son nom célèbre dans toute l'étendue du royaume, ne changea point son cœur; il revint victorieux, mais aussi doux et aussi affable qu'il avait toujours été.

Il y avait déjà plusieurs années qu'Aladdin se gouvernait comme nous venons de le dire, quand le magicien, qui lui avait donné sans y penser le moyen de s'élever à une si haute fortune, se souvint de lui en Afrique, où il était retourné. Quoique jusqu'alors il se fût persuadé qu'Aladdin était mort dans le souterrain où il l'avait laissé, il lui vint néanmoins en pensée de savoir précisément quelle avait été sa fin. Comme il était grand géomancien, il tira d'une armoire un carré en forme de boîte couverte, dont il se servait pour faire ses observations de géomance. Il s'assied sur son sofa, met le carré devant lui, le découvre, et après avoir préparé et égalé le sable avec l'intention de savoir si Aladdin était mort dans le souterrain, il jette les points, il en tire les figures et il en forme l'horoscope. En examinant l'horoscope

pour en porter jugement, au lieu de trouver qu'Aladdin fût mort dans le souterrain, il découvre qu'il en était sorti et qu'il vivait sur terre dans une grande splendeur, puissamment riche, mari d'une princesse, honoré et respecté.

Le magicien africain n'eut pas plutôt appris, par les règles de son art diabolique, qu'Aladdin était dans cette grande élévation, que le feu lui en monta au visage. De rage il dit en lui-même : « — Ce misérable fils de tailleur a découvert le secret et la vertu de la lampe : j'avais cru sa mort certaine, et le voilà qui jouit du fruit de mes travaux et de mes veilles ! J'empêcherai qu'il n'en jouisse longtemps, ou je périrai. » — Il ne fut pas longtemps à délibérer sur le parti qu'il avait à prendre. Dès le lendemain matin il monta un barbe qu'il avait dans son écurie et il se mit en chemin. De ville en ville et de province en province, sans s'arrêter qu'autant qu'il en était besoin pour ne pas trop fatiguer son cheval, il arrive à la Chine, et bientôt dans la capitale du sultan dont Aladdin avait épousé la fille. Il mit pied à terre dans un khan, ou hôtellerie publique, où il prit une chambre à louage. Il y demeura le reste du jour et la nuit suivante pour se remettre de la fatigue de son voyage.

Le lendemain, avant toute chose, le magicien africain voulut savoir ce que l'on disait d'Aladdin. En se promenant par la ville, il entra dans le lieu le plus fameux et le plus fréquenté par les personnes de grande distinction, où l'on s'assemble pour boire d'une certaine boisson chaude qui lui était connue depuis son premier voyage. Il n'y eut pas plutôt pris place qu'on lui versa de cette boisson dans une tasse, et qu'on la lui présenta. En la prenant, comme il prêtait l'oreille à droite et à gauche, il entendit qu'on s'entretenait du palais d'Aladdin. Quand il eut achevé, il s'approcha d'un de ceux qui s'en entretenaient, et,

en prenant son temps, il lui demanda en particulier ce que c'était que ce palais dont on parlait si avantageusement. « — D'où venez-vous? lui dit celui à qui li s'était adressé. Il faut que vous soyez bien nouveau venu si vous n'avez pas vu, ou plutôt si vous n'avez pas encore entendu parler du palais du prince Aladdin. (On n'appelait plus autrement Aladdin depuis qu'il avait épousé la princesse Badroulboudour.) Je ne vous dis pas, continua cet homme, que c'est une des merveilles du monde, mais que c'est la merveille unique qu'il y ait au monde : jamais on n'a rien vu de si grand, de si riche, de si magnifique. Il faut que vous veniez de bien loin, puisque vous n'en avez pas encore entendu parler. En effet, on en doit parler par toute la terre depuis qu'il est bâti. Voyez-le, et vous jugerez si je vous ai parlé contre la vérité. — Pardonnez à mon ignorance, reprit le magicien africain, je ne suis arrivé que d'hier, et je viens véritablement de si loin, je veux dire de l'extrémité de l'Afrique, que la renommée n'en était pas encore venue jusque-là quand je suis parti. Et comme, par rapport à l'affaire pressante qui m'amène, je n'ai eu d'autre vue dans mon voyage que d'arriver au plus tôt, sans m'arrêter et sans faire aucune connaissance, je n'en savais que ce que vous venez de m'apprendre. Mais je ne manquerai pas de l'aller voir : l'impatience que j'en ai est même si grande, que je suis prêt à satisfaire ma curiosité dès à présent, si vous voulez bien me faire la grâce de m'en enseigner le chemin. »

Celui à qui le magicien africain s'était adressé se fit un plaisir de lui enseigner le chemin par où il fallait qu'il passât pour avoir la vue du palais d'Aladdin, et le magicien africain se leva et partit dans le moment. Quand il fut arrivé et qu'il eut examiné le palais de près de tous les côtés, il ne douta pas qu'Aladdin ne se fût servi de la lampe pour le faire bâtir. Sans s'arrêter à l'impuissance d'Aladdin, fils d'un simple tailleur, il savait bien qu'il n'appartenait de faire de semblables merveilles qu'à des génies esclaves de la lampe dont l'acquisition lui avait échappé. Piqué au vif du bonheur et de la grandeur d'Aladdin, dont il ne faisait presque pas de différence avec celle du sultan, il retourna au khan où il avait pris logement.

Il s'agissait de savoir où était la lampe, si Aladdin la portait avec lui ou en quel lieu il la conservait, et c'est ce qu'il fallait que le magicien découvrît par une opération de géomance. Dès qu'il fut arrivé où il logeait, il prit son carré et son sable, qu'il portait en tous ses voyages. L'opération terminée, il connut que la lampe était dans le palais d'Aladdin, et il eut une joie si grande à cette découverte, qu'à peine il se sentait lui-même. « — Je l'aurai, cette lampe, dit-il, et je défie Aladdin de m'empêcher de la lui enlever et de le faire descendre jusqu'à la bassesse d'où il a pris un si haut vol. »

Le malheur pour Aladdin voulut qu'alors il était allé à une partie de chasse pour huit jours, et qu'il

n'y en avait que trois qu'il était parti ; et voici de
quelle manière le magicien africain en fut informé.
Quand il eut fait l'opération qui venait de lui donner
tant de joie, il alla voir le concierge du khan, sous
prétexte de s'entretenir avec lui, et il en avait un
fort naturel qu'il n'était pas besoin d'amener de bien
loin. Il lui dit qu'il venait de voir le palais d'Aladdin,
et après lui avoir exagéré tout ce qu'il y avait remarqué de plus surprenant et tout ce qui l'avait
frappé davantage, et qui frappait généralement
tout le monde : « — Ma curiosité, ajouta-t-il, va
plus loin, et je ne serai pas satisfait que je n'aie
vu le maître à qui appartient un édifice si merveilleux. — Il ne vous sera pas difficile de le voir, reprit le concierge ; il n'y a presque pas de jour qu'il
n'en donne occasion quand il est dans la ville, mais
il y a trois jours qu'il est dehors pour une grande
chasse qui en doit durer huit. »

Le magicien africain ne voulut pas en savoir davantage ; il prit congé du concierge, et en se retirant : « — Voilà le temps d'agir, dit-il en lui-même ;
je ne dois pas le laisser échapper. » — Il alla à la boutique d'un faiseur et vendeur de lampes. « — Maître,
lui dit-il, j'ai besoin d'une douzaine de lampes de
cuivre ; pouvez-vous me la fournir ? » — Le vendeur
lui dit qu'il en manquait quelques-unes, mais que
s'il voulait se donner patience jusqu'au lendemain,

il la lui fournirait complète à l'heure qu'il voudrait. Le magicien le voulut bien. Il lui recommanda qu'elles fussent propres et bien polies, et après lui avoir promis qu'il le payerait bien, il se retira dans son khan.

Le lendemain, la douzaine de lampes fut livrée au magicien africain, qui les paya au prix qui lui en fut demandé sans en rien diminuer. Il les mit dans un panier dont il s'était pourvu exprès, et avec ce panier au bras il alla vers le palais d'Aladdin, et quand il s'en fut approché, il se mit à crier : « — Qui veut changer de vieilles lampes pour des neuves ? » — A mesure qu'il avançait, et d'aussi loin que les petits enfants qui jouaient sur la place l'entendirent, ils accoururent et ils s'assemblèrent autour de lui, avec de grandes huées, et le regardèrent comme un fou. Les passants riaient même de sa bêtise, à ce qu'ils s'imaginaient. « — Il faut, disaient-ils, qu'il ait perdu l'esprit pour offrir de changer des lampes neuves contre des vieilles.

Le magicien africain ne s'étonna ni des huées des enfants ni de tout ce qu'on pouvait dire de lui ; et pour débiter sa marchandise, il continua de crier : « — Qui veut changer de vieilles lampes pour des neuves ? » — Il répéta si souvent la même chose en allant et venant dans la place, devant le palais et à l'entour, que la princesse Badroulboudour, qui était alors dans le salon aux vingt-quatre croisées, entendit la voix d'un homme. Mais comme elle ne pouvait distinguer ce qu'il criait, à cause des huées des enfants qui le suivaient, et dont le nombre augmentait de moment en moment, elle envoya une de ses femmes esclaves qui l'approchaient de plus près, pour voir ce que c'était que ce bruit.

La femme esclave ne fut pas longtemps à remonter; elle entra dans le salon en faisant de grands éclats de rire. Elle riait de si bonne grâce, que la princesse ne put s'empêcher de rire elle-même en la regardant. « — Eh bien, folle! dit la princesse, veux-tu me dire pourquoi tu ris? — Princesse, répondit la femme esclave en riant toujours, qui pourrait s'empêcher de rire en voyant un fou, avec un panier au bras, plein de belles lampes toutes neuves, qui ne demande pas à les vendre, mais à les changer contre des vieilles? Ce sont les enfants, dont il est si fort environné qu'à peine peut-il avancer, qui font tout le bruit qu'on entend en se moquant de lui. »

Sur ce récit, une autre femme esclave, en prenant la parole : « — A propos de vieilles lampes, dit-elle, je ne sais si la princesse a pris garde qu'en voilà une sur la corniche. Celui à qui elle appartient ne sera pas fâché d'en trouver une neuve au lieu de cette vieille. Si la princesse le veut bien, elle peut avoir le plaisir d'éprouver si ce fou est véritablement assez fou pour donner une lampe neuve en échange d'une vieille sans rien demander de retour. »

La lampe dont la femme esclave parlait était la lampe merveilleuse dont Aladdin s'était servi pour s'élever au point de grandeur où il était arrivé, et il l'avait mise lui-même sur la corniche avant d'aller à la chasse, dans la crainte de la perdre, et il avait pris la même précaution toutes les fois qu'il y était allé. Mais ni les femmes esclaves, ni les eunuques, ni la princesse même n'y avaient fait attention une seule fois jusqu'alors pendant son absence. Hors du temps de la chasse, il la portait toujours sur lui. On dira que la précaution d'Aladdin était bonne, mais au moins qu'il aurait dû enfermer la lampe. Cela est vrai, mais on a fait de semblables fautes de tout temps, on en fait encore aujourd'hui, et l'on ne cessera d'en faire.

La princesse Badroulboudour, qui ignorait que la lampe fût aussi précieuse qu'elle l'était, et qu'Aladdin, sans parler d'elle-même, eût un intérêt aussi grand qu'il l'avait qu'on n'y touchât pas et qu'elle fût conservée, entra dans la plaisanterie, et elle commanda à un eunuque de la prendre et d'en aller faire l'échange. L'eunuque obéit : il descendit du salon, et il ne fut pas plutôt sorti du palais, qu'il aperçut le magicien africain. Il l'appela, et quand il fut venu à lui, et en lui montrant la vieille lampe :

« — Donne-moi, dit-il, une lampe neuve pour celle-ci. »

Le magicien africain ne douta pas que ce ne fût la lampe qu'il cherchait. Il ne pouvait pas y en avoir d'autre dans le palais d'Aladdin, où toute la vaisselle n'était que d'or et d'argent. Il la prit promptement des mains de l'eunuque, et, après l'avoir fourrée bien avant dans son sein, il lui présenta son panier et lui dit de choisir celle qui lui plairait. L'eunuque choisit, et, après avoir laissé le magicien, il porta la lampe neuve à la princesse Badroulboudour. Mais l'échange ne fut pas plus tôt fait, que les enfants firent retentir la place de plus grands éclats qu'ils n'avaient encore fait, en se moquant, selon eux, de la bêtise du magicien.

Le magicien africain les laissa criailler tant qu'ils voulurent. Mais, sans s'arrêter plus longtemps aux environs du palais d'Aladdin, il s'en éloigna insensiblement et sans bruit, c'est-à-dire sans crier et sans parler davantage de changer des lampes neuves pour des vieilles; il n'en voulait pas d'autres que celle qu'il emportait, et son silence fit que les enfants s'écartèrent et le laissèrent aller.

Dès qu'il fut hors de la place qui était entre les deux palais, il s'échappa par les rues les moins fréquentées, et comme il n'avait plus besoin des autres lampes ni du panier, il posa le panier et les lampes au milieu d'une rue où il vit qu'il n'y avait personne.

Alors, dès qu'il eut enfilé une autre rue, il pressa le pas jusqu'à ce qu'il arrivât à une des portes de la ville. En continuant son chemin par le faubourg, qui était fort long, il fit quelques provisions avant qu'il en sortît. Quand il fut dans la campagne, il se détourna du chemin, dans un lieu à l'écart hors de la vue du monde, où il resta jusqu'au moment qu'il jugea à propos pour achever d'exécuter le dessein qui l'avait amené. Il ne regretta pas le barbe qu'il laissait dans le khan où il avait pris logement; il se crut bien dédommagé par le trésor qu'il venait d'acquérir.

Le magicien africain passa le reste de la journée dans ce lieu, jusqu'à une heure de nuit que les ténèbres furent le plus obscures. Alors il tira la lampe de son sein et il la frotta. A cet appel, le génie lui apparut. « — Que veux-tu? lui demanda le génie; me voilà prêt à t'obéir comme ton esclave et de tous ceux qui ont la lampe à la main, moi et ses autres esclaves. — Je te commande, reprit le magicien africain, qu'à l'heure même tu enlèves le palais que toi ou les autres esclaves de la lampe ont bâti dans cette ville, tel qu'il est, avec tout ce qu'il y a de vivants, et que tu le transportes, avec moi et en même temps, dans un tel endroit de l'Afrique. » — Sans lui répondre, le génie, avec l'aide d'autres génies esclaves de la lampe comme lui, le transporta en très-peu de temps, lui et le palais en son entier, au propre lieu de l'Afrique qui lui avait été marqué.

Nous laisserons le magicien africain et le palais avec la princesse Badroulboudour en Afrique, pour parler de la surprise du sultan.

Dès que le sultan fut levé, il ne manqua pas, selon sa coutume, de se rendre au cabinet ouvert pour avoir le plaisir de contempler et d'admirer le palais d'Aladdin. Il jeta la vue du côté où il avait coutume de voir ce palais : il ne vit qu'une place vide, telle qu'elle était avant qu'on l'y eût bâti. Il crut qu'il se trompait et il se frotta les yeux, mais il ne vit rien plus que la première fois, quoique le temps fût serein, le ciel net, et que l'aurore, qui avait commencé à paraître, rendît tous les objets fort distincts. Il regarda par les deux ouvertures, à droite et à gauche, et il ne vit que ce qu'il avait coutume de voir par ces deux endroits. Son étonnement fut si grand, qu'il demeura longtemps dans la même place, les yeux tournés du côté où le palais avait été et où il ne le voyait plus, en cherchant ce qu'il ne pouvait comprendre, sans savoir comment il se pouvait faire qu'un palais aussi grand et aussi apparent que celui d'Aladdin, qu'il avait vu presque chaque jour depuis qu'il avait été bâti avec sa permission, et tout récemment, le jour de devant, se fût évanoui de manière qu'il n'en paraissait pas la moindre vestige. « — Je ne me trompe pas, disait-il en lui-même, il était dans la place que voilà. S'il s'était écroulé, les matériaux paraîtraient en monceaux, et si la terre l'avait englouti, on en verrait quelque marque. » — De quelque manière que cela fût arrivé, et quoique convaincu que le palais n'y était plus, il ne laissa pas néanmoins d'attendre encore quelque temps pour voir si, en effet, il ne se trompait pas. Il se retira enfin, et, après avoir regardé encore derrière lui avant de s'éloigner, il revint à son appartement; il commanda qu'on lui fît venir le grand vizir en toute diligence, et cependant il s'assit, l'esprit agité de pensées si différentes, qu'il ne savait quel parti prendre.

Le grand vizir ne fit pas attendre le sultan : il vint même avec une si grande précipitation, que lui ni ses gens ne firent réflexion, en passant, que le palais d'Aladdin n'était plus à sa place. Les portiers même, en ouvrant la porte du palais, ne s'en étaient pas aperçus.

En abordant le sultan : « — Sire, lui dit le grand vizir, l'empressement avec lequel Votre Majesté m'a fait appeler m'a fait juger que quelque chose de bien extraordinaire était arrivé, puisqu'elle n'ignore pas qu'il est aujourd'hui jour de conseil, et que je ne devais pas manquer de me rendre à mon devoir dans peu de moments. — Ce qui est arrivé est véritablement extraordinaire, comme tu dis, et tu vas en convenir. Dis-moi, où est le palais d'Aladdin? — Le palais d'Aladdin, sire! répondit le grand vizir avec étonnement; je viens de passer devant lui, il m'a semblé qu'il était à sa place. Des bâtiments aussi solides que celui-là ne changent pas de place si facilement. — Va voir au cabinet, répondit le sultan, et tu viendras me dire si tu l'auras vu. »

Le grand vizir alla au cabinet ouvert, et il lui arriva la même chose qu'au sultan. Quand il se fut bien assuré que le palais d'Aladdin n'était plus où il avait été, et qu'il n'en paraissait pas le moindre vestige, il revint se présenter au sultan. « — Eh bien, as-tu vu le palais d'Aladdin? lui demanda le sultan. — Sire, répondit le grand vizir, Votre Majesté peut se souvenir que j'ai eu l'honneur de lui dire que ce palais, qui faisait le sujet de son admiration avec ses richesses immenses, n'était qu'un ouvrage de magie et d'un magicien; mais Votre Majesté n'a pas voulu y faire attention. »

Le sultan, qui ne pouvait disconvenir de ce que le grand vizir lui représentait, entra dans une colère d'autant plus grande qu'il ne pouvait désavouer son incrédulité. « — Où est-il, dit-il, cet imposteur, ce scélérat, que je lui fasse couper la tête? — Sire, reprit le grand vizir, il y a quelques jours qu'il est venu prendre congé de Votre Majesté; il faut lui envoyer demander où est son palais, il ne doit pas l'ignorer. —

Ce serait le traiter avec trop d'indulgence, repartit le sultan ; va donner ordre à trente de mes cavaliers de me l'amener chargé de chaînes. »

Le grand vizir alla donner l'ordre du sultan aux cavaliers, et il instruisit leur officier de quelle manière ils devaient s'y prendre, afin qu'il ne leur échappât pas. Ils partirent et rencontrèrent Aladdin à cinq ou six lieues de la ville, qui revenait en chassant. L'officier lui dit en l'abordant que le sultan, impatient de le revoir, les avait envoyés pour le lui témoigner, et revenir avec lui en l'accompagnant.

Aladdin n'eut pas le moindre soupçon du véritable sujet qui avait amené ce détachement de la garde du sultan ; il continua de revenir en chassant. Mais quand il fut à une demi-lieue de la ville, ce détachement l'environna, et l'officier, en prenant la parole, lui dit : « — Prince Aladdin, c'est avec grand regret que nous vous déclarons l'ordre que nous avons du sultan de vous arrêter et de vous mener à lui en criminel d'État ; nous vous supplions de ne pas trouver mauvais que nous nous acquittions de notre devoir et de nous le pardonner. »

Cette déclaration fut un sujet de grande surprise à Aladdin, qui se sentait innocent. Il demanda à l'officier s'il savait de quel crime il était accusé, à quoi il répondit que ni lui ni ses gens n'en savaient rien.

Comme Aladdin vit que ses gens étaient de beaucoup inférieurs au détachement, et même qu'ils s'éloignaient, il mit pied à terre. « — Me voilà, dit-il, exécutez l'ordre que vous avez. Je puis dire néanmoins que je ne me sens coupable d'aucun crime, ni envers la personne du sultan, ni envers l'État. » — On lui passa aussitôt au cou une chaîne fort grosse et fort longue dont on le lia aussi par le milieu du corps, de manière qu'il n'avait pas les bras libres. Quand l'officier se fut mis à la tête de sa troupe, un cavalier prit le bout de la chaîne, et en marchant après l'officier, il mena Aladdin, qui fut obligé de suivre à pied, et dans cet état il fut conduit vers la ville.

Quand les cavaliers furent entrés dans le faubourg, les premiers qui virent qu'on menait Aladdin en criminel d'État ne doutèrent pas que ce ne fût pour lui couper la tête. Comme il était généralement aimé, les uns prirent le sabre et d'autres armes, et ceux qui n'en avaient pas s'armèrent de pierres, et ils suivirent les cavaliers. Quelques-uns, qui étaient à la queue, firent volte-face en faisant mine de vouloir les dissiper; mais bientôt ils grossirent en si grand nombre, que les cavaliers prirent le parti de dissimuler, trop heureux s'ils pouvaient arriver jusqu'au palais du sultan sans qu'on leur enlevât Aladdin. Pour y réussir, selon que les rues étaient plus ou moins larges, ils eurent grand soin d'occuper toute la largeur du terrain, tantôt en s'étendant, tantôt en se resserrant. De la sorte ils arrivèrent à la place du

palais, où ils se mirent tous sur une ligne en faisant face à la populace armée, jusqu'à ce que leur officier et le cavalier qui menait Aladdin fussent entrés dans le palais et que les portiers eussent fermé la porte pour empêcher qu'elle n'entrât.

Aladdin fut conduit devant le sultan, qui l'attendait sur un balcon, accompagné du grand vizir; et sitôt qu'il le vit il commanda au bourreau, qui avait eu ordre de se trouver là, de lui couper la tête, sans vouloir l'entendre ni tirer de lui aucun éclaircissement.

Quand le bourreau se fut saisi d'Aladdin, il lui ôta la chaîne qu'il avait au cou et autour du corps, et après avoir étendu sur la terre un cuir teint du sang d'une infinité de criminels qu'il avait exécutés, il l'y fit mettre à genoux et il lui banda les yeux. Alors il tira son sabre, il prit sa mesure, pour donner le coup, en s'asseyant et en faisant flamboyer le sabre en l'air par trois fois, et il attendit que le sultan lui donnât le signal pour trancher la tête d'Aladdin.

En ce moment, le grand vizir aperçut que la populace, qui avait forcé les cavaliers et qui avait rempli la place, venait d'escalader les murs du palais en plusieurs endroits et commençait à les démolir pour faire brèche. Avant que le sultan donnât le signal, il lui dit : «— Sire, je supplie Votre Majesté de penser mûrement à ce qu'elle va faire. Elle va courir risque de voir son palais forcé, et si ce malheur arrivait, l'événement pourrait en être funeste. — Mon palais forcé! reprit le sultan. Qui peut avoir cette audace?

— Sire, repartit le grand vizir, que Votre Majesté jette les yeux sur les murs du palais et sur la place, elle connaîtra la vérité de ce que je lui dis. »

L'épouvante du sultan fut si grande quand il eut vu une émotion si vive et si animée, que dans le moment même il commanda au bourreau de remettre son sabre dans le fourreau, d'ôter le bandeau des yeux d'Aladdin et de le laisser libre. Il donna ordre aussi aux tchaoux de crier que le sultan lui faisait grâce et que chacun eût à se retirer.

Alors tous ceux qui étaient déjà montés sur les murs du palais, témoin de ce qui venait de se passer, abandonnèrent leur dessein. Ils descendirent en peu d'instants, et, pleins de joie d'avoir sauvé la vie à un homme qu'ils aimaient véritablement, ils publièrent cette nouvelle à tous ceux qui étaient autour d'eux. Elle passa bientôt à toute la populace qui était dans la place du palais, et les cris des tchaoux, qui annonçaient la même chose du haut des terrasses où ils étaient montés, achevèrent de la rendre publique. La justice que le sultan venait de rendre à Aladdin en lui faisant grâce désarma la populace, fit cesser le tumulte, et insensiblement chacun se retira chez soi.

Quand Aladdin se vit libre, il leva la tête du côté du balcon, et comme il eut aperçu le sultan : « — Sire, dit-il en élevant sa voix d'une manière touchante, je supplie Votre Majesté d'ajouter une nouvelle grâce à celle qu'elle vient de me faire, c'est

de vouloir bien me faire connaître quel est mon crime.— Quel est ton crime, perfide ! répondit le sultan ; ne le sais-tu pas ? Monte jusqu'ici, continua-t-il, et je te le ferai connaître. »

Alladin monta, et quand il se fut présenté :
« — Suis-moi, lui dit le sultan en marchant devant

lui sans le regarder. » — Il le mena jusqu'au cabinet ouvert, et quand il fut arrivé à la porte : « — Entre, lui dit le sultan, tu dois savoir où était ton palais; regarde de tous côtés et dis-moi ce qu'il est devenu. »

Aladdin regarde et ne voit rien. Il s'aperçoit bien de tout le terrain que son palais occupait; mais comme il ne put deviner comment il avait pu disparaître, cet événement extraordinaire et surprenant le mit dans une confusion et dans un étonnement qui l'empêchèrent de pouvoir répondre un seul mot au sultan.

Le sultan impatient : « — Dis-moi donc, répéta-t-il à Aladdin, où est ton palais et où est ma fille ! » — Alors Aladdin rompit le silence. « — Sire, dit-il, je vois bien, et je l'avoue, que le palais que j'ai fait bâtir n'est plus à la place où il était, je vois qu'il a disparu, et je ne puis dire aussi à Votre Majesté où il peut être, mais je peux l'assurer que je n'ai aucune part à cet événement.

« — Je ne me mets pas en peine de ce que ton palais est devenu, reprit le sultan. J'estime ma fille un million de fois davantage : je veux que tu me la retrouves, autrement je te ferai couper la tête, et nulle considération ne m'en empêchera.

« — Sire, repartit Aladdin, je supplie Votre Majesté de m'accorder quarante jours pour faire mes diligences, et si dans cet intervalle je n'y réussis pas, je lui donne ma parole que j'apporterai ma tête au pied de son trône, afin qu'il en dispose à sa volonté. — Je t'accorde les quarante jours que tu me demandes, lui dit le sultan ; mais ne crois pas abuser de la grâce que je te fais, en pensant échapper à mon ressentiment. En quelque endroit de la terre que tu puisses être, je saurai bien te trouver. »

Aladdin s'éloigna de la présence du sultan dans une grande humiliation et dans un état à faire pitié. Il passa au travers des cours du palais la tête baissée, sans oser lever les yeux, dans la confusion où il était, et les principaux officiers de la cour, dont il n'avait pas désobligé un seul, quoique amis, au lieu de s'approcher de lui pour le consoler ou pour lui offrir une retraite chez eux, lui tournèrent le dos, autant pour ne pas le voir qu'afin qu'il ne pût pas les reconnaître. Mais, quand ils se fussent approchés de lui pour lui dire quelque chose de consolant ou pour lui faire offre de service, ils n'eussent plus reconnu Aladdin : il ne se reconnaissait pas lui-même, et il n'avait plus la liberté de son esprit. Il le fit bien connaître quand il fut hors du palais ; car, sans penser à ce qu'il faisait, il demandait de porte en porte et à tous ceux qu'il rencontrait si l'on n'avait pas vu son palais, ou si l'on ne pouvait pas lui en dire des nouvelles.

Ces demandes firent croire à tout le monde qu'Aladdin avait perdu l'esprit. Quelques-uns n'en firent que rire ; mais les gens plus raisonnables, et particulièrement ceux qui avaient eu quelque liaison d'amitié et de commerce avec lui, en furent véritablement touchés de compassion. Il demeura trois jours dans la ville en allant tantôt d'un côté, tantôt d'un autre, et ne mangeant que ce qu'on lui présentait par charité, et sans prendre aucune résolution.

Enfin, comme il ne pouvait plus, dans l'état malheureux où il se voyait, rester dans une ville où il avait fait une si belle figure, il en sortit et il prit le chemin de la campagne. Il se détourna des grandes routes, et, après avoir traversé plusieurs campagnes dans une incertitude affreuse, il arriva enfin, à l'entrée de la nuit, au bord d'une rivière. Là, il lui prit une pensée de désespoir. « — Où irai-je chercher mon palais ? dit-il en lui-même. En quelle province, en quel pays, en quelle partie du monde le trouverai-je, aussi bien que ma chère princesse, que le sultan me demande ? Jamais je n'y réussirai ; il vaut donc mieux que je me délivre de tant de fatigues qui n'aboutiraient à rien, et de tous les chagrins cuisants qui me rongent. » — Il allait se jeter dans la rivière, selon la résolution qu'il venait de prendre ; mais il crut, en bon musulman, fidèle à sa religion, qu'il ne devait pas le faire sans avoir auparavant fait sa prière. En voulant s'y préparer, il s'approcha du bord de l'eau pour se laver les mains et le visage, suivant la coutume du pays. Mais, comme cet endroit était un peu en pente et mouillé par l'eau qui y battait, il glissa, et il serait tombé dans la rivière s'il ne se fût retenu à un petit roc élevé hors de terre environ de deux pieds. Heureusement pour lui, il portait encore l'anneau que le magicien africain lui avait mis au doigt avant qu'il descendît dans le souterrain pour aller enlever la précieuse lampe qui venait de lui être enlevée. Il frotta cet anneau assez fortement contre le roc en se retenant. Dans l'instant, le même génie qui lui était apparu dans ce souterrain où le magicien africain l'avait enfermé lui apparut encore. « — Que veux-tu? lui dit le génie; me voici prêt à t'obéir comme ton esclave et de tous ceux qui ont l'anneau au doigt, moi et les autres esclaves de l'anneau. »

Aladdin, agréablement surpris par une apparition si peu attendue dans le désespoir où il était, répondit : « — Génie, sauve-moi la vie une seconde fois en m'enseignant où est le palais que j'ai fait bâtir, ou en faisant qu'il soit rapporté incessamment où il était. — Ce que tu me demandes, reprit le génie, n'est pas de mon ressort : je ne suis esclave que de l'anneau; adresse-toi à l'esclave de la lampe. — Si cela est, repartit Aladdin, je te commande donc, par la puissance de l'anneau, de me transporter jusqu'au lieu où est mon palais, en quelque endroit de la terre qu'il soit, et de me poser sous les fenêtres de la princesse Badroulboudour. » — A peine eut-il achevé de parler, que le génie le prit et le transporta en Afrique, au milieu d'une grande prairie où était le palais, peu éloigné d'une grande ville, et le posa précisément au-dessous des fenêtres de l'appartement de la princesse, où il le laissa. Tout cela se fit en un instant.

Nonobstant l'obscurité de la nuit, Aladdin reconnut fort bien son palais et l'appartement de la princesse Badroulboudour. Mais comme la nuit était avancée et que tout était tranquille dans le palais, il se retira un peu à l'écart, et s'assit au pied d'un arbre. Là, rempli d'espérance, en faisant réflexion à son bonheur, dont il était redevable à un pur hasard, il se trouva dans une situation beaucoup plus paisible que depuis qu'il avait été arrêté et conduit devant le sultan et délivré du danger présent de perdre la vie. Il s'entretint quelque temps dans ces pensées agréables ; mais enfin, comme il y avait cinq à six jours qu'il ne dormait point, il ne put s'empêcher de se laisser aller au sommeil qui l'accablait, et il s'endormit au pied de l'arbre où il était.

Le lendemain, dès que l'aurore commença à paraître, Aladdin fut éveillé agréablement, non-seulement par le ramage des oiseaux qui avaient passé la nuit sur l'arbre sous lequel il était couché, mais même sur les arbres touffus du jardin de son palais. Il jeta d'abord les yeux sur cet admirable édifice, et alors il sentit une joie inexprimable d'être sur le point de s'en revoir bientôt le maître, et en même temps de posséder encore une fois sa chère princesse Badroulboudour. Il se leva et se rapprocha de l'appartement de la princesse. Il se promena quelque temps sous les fenêtres en attendant qu'il fût jour chez elle et qu'on pût l'apercevoir. Dans cette attente, il cherchait en lui-même d'où pouvait être venue la cause de son malheur, et, après avoir bien rêvé, il ne douta plus que toute son infortune ne vînt d'avoir quitté sa lampe de vue. Il s'accusa lui-même de négligence et du peu de soin qu'il avait eu de ne pas s'en dessaisir un seul moment. Ce qui l'embarrassait davantage, c'est qu'il ne pouvait s'imaginer qui était jaloux de son bonheur. Il l'eût compris d'abord s'il eût su que lui et son palais se trouvaient alors en Afrique; mais le génie esclave de l'anneau ne lui en avait rien dit; il ne s'en était point informé lui-même. Le seul nom de l'Afrique lui eût rappelé dans sa mémoire le magicien africain, son ennemi déclaré.

La princesse Badroulboudour se levait plus matin qu'elle n'avait coutume, depuis son enlèvement et son transport en Afrique par l'artifice du magicien africain, dont jusqu'alors elle avait été contrainte de supporter la vue une fois chaque jour, parce qu'il était maître du palais; mais elle l'avait traité si durement chaque fois, qu'il n'avait encore osé prendre la hardiesse de s'y loger. Quand elle fut habillée, une de ses femmes, en regardant au travers d'une ja-

lousie, aperçoit Aladdin. Elle court aussitôt en avertir sa maîtresse. La princesse, qui ne pouvait croire cette nouvelle, vient vite se présenter à la fenêtre et aperçoit Aladdin. Elle ouvre la jalousie. Au bruit que la princesse fait en l'ouvrant, Aladdin lève la tête; il la reconnaît et il la salue d'un air qui exprimait l'excès de sa joie. « — Pour ne pas perdre de temps, lui dit la princesse, on est allé vous ouvrir la porte secrète; entrez et montez. » — Et elle referma la jalousie.

La porte secrète était au-dessous de l'appartement de la princesse; elle se trouva ouverte, et Aladdin monta à l'appartement de la princesse. Il n'est pas possible d'exprimer la joie que ressentirent ces deux époux de se revoir après s'être crus séparés pour jamais. Ils s'embrassèrent plusieurs fois et se donnèrent toutes les marques d'amour et de tendresse qu'on peut s'imaginer après une séparation aussi triste et aussi peu attendue que la leur. Après ces embrassements, mêlés de larmes de joie, ils s'assirent, et Aladdin, en prenant la parole: « Princesse, dit-il, avant de vous entretenir de toute autre chose, je vous supplie, au nom de Dieu, autant pour votre propre intérêt et pour celui du sultan, votre respectable père, que pour le mien en particulier, de me dire ce qu'est devenue une vieille lampe que j'avais mise sur la corniche du salon à vingt-quatre croisées, avant d'aller à la chasse?

« — Ah! cher époux, répondit la princesse, je m'étais bien doutée que notre malheur réciproque venait de cette lampe, et, ce qui me désole, c'est que j'en suis la cause moi-même. — Princesse, reprit Aladdin, ne vous en attribuez pas la cause, elle est toute sur moi, et je devrais avoir été plus soigneux de la conserver. Ne songeons qu'à réparer cette perte, et pour cela, faites-moi la grâce de me raconter comment la chose s'est passée et en quelles mains elle est tombée. »

Alors la princesse Badroulboudour raconta à Aladdin ce qui s'était passé dans l'échange de la lampe vieille pour la neuve, qu'elle fit apporter, afin qu'il la vît, et comment la nuit suivante, après s'être aperçue du transport du palais, elle s'était trouvée le matin dans le pays inconnu où elle lui parlait, et qui était l'Afrique, particularité qu'elle avait apprise de la bouche même du traître qui l'y avait fait transporter par son art magique.

« — Princesse, dit Aladdin en l'interrompant, vous m'avez fait connaître le traître en me marquant que je suis en Afrique avec vous. Il est le plus perfide de tous les hommes. Mais ce n'est ni le temps ni le lieu de vous faire une peinture plus ample de ses méchancetés. Je vous prie seulement de me dire ce qu'il a fait de la lampe et où il l'a mise. — Il la porte dans son sein, enveloppée bien précieusement, reprit la princesse, et je puis en rendre témoignage, puisqu'il l'en a tirée et développée en ma présence pour m'en faire un trophée.

« — Ma princesse, dit alors Aladdin, ne me sachez pas mauvais gré de tant de demandes dont je vous fatigue : elles sont également importantes pour vous et pour moi. Pour venir à ce qui m'intéresse plus particulièrement, apprenez-moi, je vous en conjure, comment vous vous trouvez du traitement d'un homme aussi méchant et aussi perfide. — Depuis que je suis en ce lieu, reprit la princesse, il ne s'est présenté devant moi qu'une fois chaque jour, et je suis bien persuadée que le peu de satisfaction qu'il tire de ses visites fait qu'il ne m'importune pas plus souvent. Tous les discours qu'il me tient chaque fois ne tendent qu'à me persuader de rompre la foi que je vous ai donnée et de le prendre pour époux, en voulant me faire entendre que je ne dois pas espérer de vous revoir jamais, que vous ne vivez plus, et que le sultan mon père vous a fait couper la tête. Il ajoute, pour se justifier, que vous êtes un ingrat, que votre fortune n'est venue que de lui, et mille autres choses que je lui laisse dire. Et comme il ne reçoit de moi pour réponse que mes plaintes douloureuses et mes larmes, il est contraint de se retirer aussi peu satisfait que quand il arrive. Je ne doute pas néanmoins que son intention ne soit de laisser passer mes plus vives douleurs, dans l'espérance que je changerai de sentiment. Mais, cher époux, votre présence a déjà dissipé mes inquiétudes.

« — Princesse, interrompit Aladdin, j'ai confiance que ce n'est pas en vain, puisqu'elles sont dissipées et que je crois avoir trouvé le moyen de vous délivrer de votre ennemi et du mien. Mais pour cela il est nécessaire que j'aille à la ville. Je serai de retour vers le midi, et alors je vous communiquerai quel est mon dessein et ce qu'il faudra que vous fassiez pour contribuer à le faire réussir. Mais afin que vous en soyez avertie, ne vous étonnez pas de me voir revenir avec un autre habit, et donnez ordre qu'on ne me fasse pas attendre à la porte secrète au premier coup que je frapperai. » — La princesse lui promit qu'on l'attendrait à la porte et que l'on serait prompt à lui ouvrir.

Quand Aladdin fut descendu de l'appartement de la princesse et qu'il fut sorti par la même porte, il regarda de côté et d'autre, et il aperçut un paysan qui prenait le chemin de la campagne.

Comme le paysan allait au delà du palais et qu'il était un peu éloigné, Aladdin pressa le pas, et quand il l'eut joint, il lui proposa de changer d'habit, et il fit tant que le paysan y consentit. L'échange se fit à la faveur d'un buisson, et quand ils se furent séparés, Aladdin prit le chemin de la ville. Dès qu'il y fut entré, il enfila la rue qui aboutissait à la porte, et en se détournant par les rues les plus fréquentées, il arriva à l'endroit où chaque sorte de marchands et d'artisans avait sa rue particulière. Il entra dans celle des droguistes, et en s'adressant à la boutique la plus grande et la mieux fournie, il demanda au marchand s'il avait une certaine poudre qu'il lui nomma.

Le marchand, qui s'imagina qu'Aladdin était pauvre, à le regarder par son habit, et qu'il n'avait pas assez d'argent pour le payer, lui dit qu'il en avait, mais qu'elle était chère. Aladdin pénétra dans la pensée du marchand; il tira sa bourse, et en faisant voir de l'or, il demanda une demi-drachme de cette poudre. Le marchand la pesa, l'enveloppa, et en la présentant à Aladdin, il en demanda une pièce d'or. Aladdin la lui mit entre les mains, et sans s'arrêter dans la ville qu'autant de temps qu'il en fallut pour prendre un peu de nourriture, il revint à son palais. Il n'attendit pas à la porte secrète, elle lui fut ouverte d'abord, et il monta à l'appartement de la princesse Badroulboudour. « — Princesse, lui dit-il, l'aversion que vous avez pour votre ravisseur, comme vous me l'avez témoigné, fera peut-être que vous aurez de la peine à suivre le conseil que j'ai à vous donner. Mais permettez-moi de vous dire qu'il est à propos que vous dissimuliez et même que vous vous fassiez violence, si vous voulez vous délivrer de sa persécution, et donner au sultan votre père et monseigneur la satisfaction de vous revoir.

« Si vous voulez donc suivre mon conseil, continua Aladdin, vous commencerez dès à présent à vous habiller d'un de vos plus beaux habits, et quand le magicien africain viendra, ne faites pas de difficulté de le recevoir avec tout le bon accueil possible, sans affectation et sans contrainte, avec un visage ouvert, de manière néanmoins que s'il y reste quelque nuage d'affliction, il puisse apercevoir qu'il se dissipera avec le temps. Dans la conversation, donnez-lui à connaître que vous faites vos efforts pour m'oublier, et afin qu'il soit persuadé davantage de votre sincérité, invitez-le à souper avec vous, et marquez-lui que vous seriez bien aise de goûter du meilleur vin de son pays. Il ne manquera pas de vous quitter pour en aller chercher. Alors, en attendant qu'il revienne, quand le buffet sera mis, mettez dans un des gobelets pareils à celui dans lequel vous avez coutume de boire, la poudre que voici, et en le mettant à part, avertissez celle de vos femmes qui vous donne à boire de vous l'apporter plein de vin, au signal que vous lui ferez, dont vous conviendrez avec elle, et de prendre bien garde de ne pas se tromper. Quand le magicien sera revenu, et que vous serez à table, après avoir mangé et bu autant de coups que vous jugerez à propos, faites-vous apporter le gobelet où sera la poudre, et changez votre gobelet avec le sien. Il trouvera la faveur que vous lui ferez si grande, qu'il ne la refusera pas. Il boira même sans rien laisser dans le gobelet, et à peine l'aura-t-il vidé, que vous le verrez tomber à la renverse. Si vous avez de la répugnance à boire dans son gobelet, faites semblant de boire, vous le pouvez sans crainte : l'effet de la poudre sera si prompt, qu'il n'aura pas le temps de faire réflexion si vous buvez ou si vous ne buvez pas. »

Quand Aladdin eut achevé : « — Je vous avoue, lui dit la princesse, que je me fais une grande violence en consentant de faire au magicien des avances que je vois bien qu'il est nécessaire que je fasse. Mais quelle résolution ne peut-on pas prendre contre un cruel ennemi? Je ferai donc ce que vous me conseillez, puisque de là mon repos ne dépend pas moins que le vôtre. » — Ces mesures prises avec la princesse, Aladdin prit congé d'elle et alla passer le reste du jour aux environs du palais en attendant la nuit, qu'il se rapprocha de la porte secrète.

La princesse Badroulboudour, inconsolable non-seulement de se voir séparée d'Aladdin, son cher époux, qu'elle avait aimé d'abord et qu'elle continuait d'aimer encore, plus par inclination que par devoir, mais même d'avec le sultan son père, qu'elle chérissait et dont elle était tendrement aimée, était toujours demeurée dans une grande négligence de sa personne depuis le moment de cette douloureuse séparation. Elle avait même, pour ainsi dire, oublié la propreté qui sied si bien aux personnes de son sexe, particulièrement après que le magicien africain se fut présenté à elle la première fois, et qu'elle eut appris par ses femmes, qui l'avaient reconnu, que c'était lui qui avait pris la vieille lampe en échange de la neuve, et que par cette fourberie insigne il lui fut devenu en horreur. Mais l'occasion d'en prendre vengeance comme il le méritait, et plus tôt qu'elle n'avait osé l'espérer, fit qu'elle résolut de contenter Aladdin. Ainsi, dès qu'il se fut retiré, elle se mit à sa toilette, se fit coiffer par ses femmes de la manière qui lui était la plus avantageuse, et elle prit un habit le plus riche et le plus convenable à son dessein. La ceinture dont elle se ceignit n'était qu'or et que diamants enchâssés, les plus gros et les mieux assortis, et elle accompagna la ceinture d'un collier de treize perles seulement, dont les six de chaque côté étaient d'une telle proportion avec celle du milieu, qui était la plus grosse et la plus précieuse, que les plus grandes sultanes et les plus grandes reines se seraient estimées heureuses d'en avoir un complet de la grosseur des deux plus petites de celui de la princesse. Les bracelets, entremêlés de diamants et de rubis, répondaient merveilleusement à la richesse de la ceinture et du collier.

Quand la princesse Badroulboudour fut entièrement habillée, elle consulta son miroir, prit l'avis de ses femmes sur tout son ajustement, et après qu'elle eut vu qu'il ne lui manquait aucun des charmes qui pouvaient flatter la folle passion du magicien africain, elle s'assit sur son sofa, en attendant qu'il arrivât.

Le magicien ne manqua pas de venir à son heure ordinaire. Dès que la princesse le vit entrer dans son salon aux vingt-quatre croisées, où elle l'attendait, elle se leva avec tout son appareil de beauté et de charmes, et elle lui montra de la main la place honorable où elle attendait qu'il se mît pour s'asseoir en même temps que lui, civilité distinguée qu'elle ne lui avait pas encore faite.

Le magicien africain, plus ébloui des beaux yeux de la princesse que du brillant des pierreries dont elle était ornée, fut fort surpris. Son air majestueux et un certain air gracieux dont elle l'accueillait, si opposé aux rebuts avec lesquels elle l'avait reçu

jusqu'alors, le rendirent confus. D'abord il voulut prendre place sur le bord du sofa; mais comme il vit que la princesse ne voulait pas s'asseoir dans la sienne qu'il ne se fût assis où elle souhaitait, il obéit.

Quand le magicien africain fut placé, la princesse, pour le tirer de l'embarras où elle le voyait, prit la parole en le regardant d'une manière à lui faire croire qu'il ne lui était plus odieux comme elle l'avait fait paraître auparavant, et elle lui dit : « — Vous vous étonnerez sans doute de me voir aujourd'hui tout autre que vous ne m'avez vue jusqu'à présent, mais vous n'en serez plus surpris quand je vous dirai que je suis d'un tempérament si opposé à la tristesse, à la mélancolie, aux chagrins et aux inquiétudes, que je cherche à les éloigner le plus tôt possible dès que je trouve que le sujet en est passé. J'ai fait réflexion sur ce que vous m'avez représenté du destin d'Aladdin, et, de l'humeur dont je connais mon père, je suis persuadée comme vous qu'il n'a pu éviter l'effet terrible de son courroux. Ainsi, quand je m'opiniâtrerais à le pleurer toute ma vie, je vois bien que mes larmes ne le feraient pas revivre. C'est pour cela qu'après lui avoir rendu, même jusque dans le tombeau, les devoirs que mon amour demandait que je lui rendisse, il m'a paru que je devais chercher tous les moyens de me consoler. Voilà les motifs du changement que vous voyez en moi. Pour commencer donc à éloigner tout sujet de tristesse, résolue à la bannir entièrement, et persuadée que vous voudrez bien me tenir compagnie, j'ai commandé qu'on nous préparât à souper. Mais comme je n'ai que du vin de la Chine, et que je me trouve en Afrique, il m'a pris une envie de goûter de celui qu'elle produit, et j'ai cru, s'il y en a, que vous en trouverez du meilleur. »

Le magicien africain, qui avait regardé comme une chose impossible le bonheur de parvenir si promptement et si facilement à entrer dans les bonnes grâces de la princesse Badroulboudour, lui marqua qu'il ne trouvait pas de termes assez forts pour lui témoigner combien il était sensible à ses bontés; et, en effet, pour finir au plus tôt un entretien dont il eût eu peine à se tirer s'il s'y fût engagé plus avant, il se jeta sur le vin d'Afrique, dont elle venait de lui parler, et lui dit que parmi les avantages dont l'Afrique pouvait se glorifier, celui de produire d'excellent vin était un des principaux, particulièrement dans la partie où elle se trouvait; qu'il en avait une pièce de sept ans, qui n'était pas encore entamée, et que, sans le trop priser, c'était un vin qui surpassait en bonté les vins les plus excellents du monde. « — Si ma princesse, ajouta-t-il, veut me le permettre, j'irai en prendre deux bouteilles, et je serai de retour incessamment. — Je serais fâchée de vous donner cette peine, lui dit la princesse; il vaudrait mieux que vous y envoyassiez quelqu'un. — Il est nécessaire que j'y aille moi-même, repartit le magicien africain ; personne que moi ne sait où est la clef du magasin, et personne que moi aussi n'a le secret de l'ouvrir. — Si cela est ainsi, dit la princesse, allez donc, et revenez promptement. Plus vous mettrez de temps, plus j'aurai d'impatience de vous revoir ; et songez que nous nous mettrons à table dès que vous serez de retour. »

Le magicien africain, plein d'espérance de son prétendu bonheur, ne courut pas chercher son vin de sept ans, il y vola plutôt, et il revint fort promptement. La princesse, qui n'avait pas douté qu'il ne fît diligence, avait jeté elle-même la poudre qu'Aladdin lui avait apportée dans un gobelet qu'elle avait mis à part, et elle venait de faire servir. Ils se mirent à table vis-à-vis l'un de l'autre, de manière que le magicien avait le dos tourné au buffet. En lui présentant de ce qu'il y avait de meilleur, la princesse lui dit : « — Si vous voulez, je vous donnerai le plaisir des instruments et des voix ; mais comme nous ne sommes que vous et moi, il me semble que la conversation nous donnera plus de plaisir. » — Et le magicien regarda ce choix de la princesse comme une nouvelle faveur.

Après qu'ils eurent mangé quelques morceaux, la princesse demanda à boire. Elle but à la santé du magicien; et quand elle eut bu : « — Vous aviez raison, dit-elle, de faire l'éloge de votre vin; jamais je n'en ai bu de si délicieux. — Charmante princesse, répondit-il en tenant à la main le gobelet qu'on venait de lui présenter, mon vin acquiert une nouvelle bonté par l'approbation que vous lui donnez. — Buvez à ma santé, reprit la princesse, vous trouverez vous-même que je m'y connais. » — Il but à la santé de la princesse. Et en regardant le gobelet : « — Princesse, dit-il, je me tiens heureux d'avoir réservé cette pièce pour une si bonne occasion; j'avoue moi-même que je n'en ai bu de ma vie de si excellent en plus d'une manière. »

Quand ils eurent continué de manger et de boire trois autres coups, la princesse, qui avait achevé de charmer le magicien africain par ses honnêtetés et par ses manières tout obligeantes, donna enfin le signal à la femme qui lui donnait à boire, en disant en même temps qu'on lui apportât son gobelet plein de vin, qu'on emplît de même celui du magicien africain, et qu'on le lui présentât. Quand ils eurent chacun le gobelet à la main : « — Je ne sais, dit-elle au magicien africain, comment on en use chez vous quand on s'aime bien et qu'on boit ensemble comme nous le faisons. Chez nous, à la Chine, l'époux et l'épouse se présentent réciproquement à chacun leur gobelet, et de la sorte ils boivent à la santé l'un de l'autre. » En même temps elle lui présenta le gobelet qu'elle tenait, en avançant l'autre main pour recevoir le sien.

Le magicien africain se hâta de faire cet échange, avec d'autant plus de plaisir qu'il regarda cette faveur comme la marque la plus certaine de la conquête entière du cœur de la princesse, ce qui le mit au comble de son bonheur. Avant qu'il bût : « — Princesse, dit-il le gobelet à la main, il s'en faut beaucoup que nos Africains soient aussi raffinés que les Chinois, et en m'instruisant d'une leçon que j'ignorais, j'apprends aussi à quel point je dois être sensible à la grâce que je reçois. Jamais je ne l'oublierai, aimable princesse, d'avoir retrouvé, en buvant dans votre gobelet, une vie dont votre cruauté m'eût fait perdre l'espérance si elle eût continué. »

La princesse Badroulboudour, qui s'ennuyait du discours à perte de vue du magicien africain : « — Buvons, dit-elle en l'interrompant, vous reprendrez après ce que vous voulez me dire. » — En même temps elle porta à la bouche le gobelet, qu'elle ne toucha que du bout des lèvres, pendant que le magicien africain se pressa si fort de la prévenir qu'il vida le sien sans en laisser une goutte. En achevant de le vider, comme il avait un peu penché la tête en arrière pour montrer sa diligence, il demeura quelque temps en cet état, jusqu'à ce que la princesse, qui avait toujours le bord du gobelet sur ses lèvres, vit que les yeux lui tournaient et qu'il tomba sur le dos sans sentiment.

La princesse n'eut pas besoin de commander qu'on allât ouvrir la porte secrète à Aladdin. Ses femmes, qui avaient le mot, s'étaient disposées d'espace en espace, depuis le salon jusqu'au bas de l'escalier, de manière que le magicien africain ne fut pas plus tôt tombé à la renverse que la porte lui fut ouverte presque dans le moment.

Aladdin monta et il entra dans le salon. Dès qu'il eut vu le magicien africain étendu sur le sofa, il arrêta la princesse Badroulboudour, qui s'était levée et qui s'avançait pour lui témoigner sa joie en l'embrassant. « — Princesse, dit-il, il n'est pas encore temps; obligez-moi de vous retirer à votre appartement, et faites qu'on me laisse seul pendant que je vais travailler à vous faire retourner à la Chine avec la même diligence que vous en avez été éloignée. »

En effet, quand la princesse fut hors du salon avec ses femmes et ses eunuques, Aladdin ferma la porte, et après qu'il se fut approché du cadavre du magicien africain, qui était demeuré sans vie, il ouvrit sa veste et il en retira la lampe enveloppée de la manière que la princesse lui avait marquée. Il la développa et il la frotta. Aussitôt le génie se présenta avec son compliment ordinaire. « — Génie, lui dit Aladdin, je t'ai appelé pour t'ordonner, de la part de la lampe, ta bonne maîtresse, que tu vois, de faire que ce palais soit reporté incessamment à la Chine, au même lieu et à la même place d'où il a été apporté ici. » — Le génie, après avoir marqué par une inclination de tête qu'il allait obéir, disparut. En effet, le transport se fit, et on ne le sentit que par deux agitations fort légères, l'une quand il fut enlevé du lieu où il était en Afrique, et l'autre quand il fut posé dans la Chine vis-à-vis le palais du sultan, ce qui se fit dans un intervalle de très-peu de durée.

Aladdin descendit à l'appartement de la princesse, et alors, en l'embrassant : « — Princesse, dit-il, je puis vous assurer que votre joie et la mienne seront complètes demain matin. » — Comme la princesse n'avait pas achevé de souper et qu'Aladdin avait besoin de manger, la princesse fit apporter du salon aux vingt-quatre croisées des mets qu'on y avait servis et auxquels on n'avait presque pas touché. La princesse et Aladdin mangèrent ensemble et burent du bon vin vieux du magicien africain; après quoi, sans parler de leur entretien, qui ne pouvait être que très-satisfaisant, ils se retirèrent dans leur appartement.

Depuis l'enlèvement du palais d'Aladdin et de la princesse Badroulboudour, le sultan, père de cette princesse, était inconsolable de l'avoir perdue, comme il se l'était imaginé. Il ne dormait presque ni nuit ni jour, et, au lieu d'éviter tout ce qui pouvait l'entretenir dans son affliction, c'était au contraire ce qu'il cherchait avec plus de soin. Ainsi, au lieu qu'auparavant il n'allait que le matin au cabinet ouvert de son palais pour se satisfaire par l'agrément de cette vue, dont il ne pouvait se rassasier, il y allait plusieurs fois le jour renouveler ses larmes et se plonger de plus en plus dans ses profondes douleurs, par l'idée de ne plus voir ce qui lui avait tant plu, et d'avoir perdu ce qu'il avait de plus cher au monde. L'aurore ne faisait encore que de paraître lorsque le sultan vint à ce cabinet, le même matin que le palais d'Aladdin venait d'être rapporté à sa place. En y entrant, il était si recueilli en lui-même et si pénétré de sa douleur, qu'il jeta les yeux d'une manière triste du côté de la place, où il ne croyait voir que l'air vide sans apercevoir le palais. Mais comme il vit que ce vide était rempli, il s'imagina d'abord que c'était l'effet d'un brouillard. Il regarde avec plus d'attention, et il connaît, à n'en pas douter, que c'était le palais d'Aladdin. Alors, la joie et l'épanouissement du cœur succédèrent aux chagrins et à la tristesse. Il retourne à son appartement en pressant le pas, et il commande qu'on lui selle et qu'on lui amène un cheval. On le lui amène, il le monte, il part, et il lui semble qu'il n'arrivera pas assez tôt au palais d'Aladdin.

Aladdin, qui avait prévu ce qui pouvait arriver, s'était levé dès la pointe du jour, et dès qu'il eut pris un des habits les plus magnifiques de sa garde-robe, il était monté au salon aux vingt-quatre croisées, d'où il aperçut que le sultan venait. Il descendit, et il fut assez à temps pour le recevoir au bas du grand escalier et pour l'aider à mettre pied à terre. « — Aladdin, lui dit le sultan, je ne puis vous parler que je n'aie vu et embrassé ma fille. »

Aladdin conduisit le sultan à l'appartement de la princesse Badroulboudour. Et la princesse, qu'Aladdin en se levant avait avertie de se souvenir qu'elle n'était plus en Afrique, mais dans la Chine et dans la ville capitale du sultan son père, voisine de son palais, venait d'achever de s'habiller. Le sultan l'embrassa à plusieurs fois, le visage baigné de larmes de joie, et la princesse, de son côté, lui donna toutes les marques du plaisir extrême qu'elle avait de le voir.

Le sultan fut quelque temps sans pouvoir ouvrir la bouche pour parler, tant il était attendri d'avoir retrouvé sa chère fille, après l'avoir pleurée sincèrement comme perdue; et la princesse, de son côté, était tout en larmes de la joie de revoir le sultan son père.

Le sultan prit enfin la parole : « — Ma fille, dit-il, je veux croire que c'est la joie que vous avez de me revoir qui fait que vous me paraissez aussi peu changée que s'il ne vous était rien arrivé de fâcheux. Je suis persuadé néanmoins que vous avez beaucoup souffert. On n'est pas transporté dans un palais tout entier, aussi subitement que vous l'avez été, sans de grandes alarmes et de terribles angoisses. Je veux que vous me racontiez ce qui en est et que vous ne me cachiez rien. »

La princesse se fit un plaisir de donner au sultan son père la satisfaction qu'il demandait. « — Sire, dit la princesse, si je parais si peu changée, je supplie Votre Majesté de considérer que je commençai à respirer dès hier de grand matin, par la présence d'Aladdin, mon cher époux et mon libérateur, que j'avais regardé et pleuré comme perdu pour moi, et que le bonheur que je viens d'avoir de l'embrasser me remet à peu près dans la même assiette qu'auparavant.

« Toute ma peine néanmoins, à proprement parler, n'a été que de me voir arrachée à Votre Majesté et à mon cher époux, non-seulement par rapport à mon inclination à l'égard de mon époux, mais même par l'inquiétude où j'étais sur les tristes effets du courroux de Votre Majesté, auquel je ne doutais pas qu'il ne dût être exposé, tout innocent qu'il était. J'ai moins souffert de l'insolence de mon ravisseur, qui m'a tenu des discours qui ne me plaisaient pas. Je les ai arrêtés par l'ascendant que j'ai su prendre sur lui. D'ailleurs, j'étais aussi peu contrainte que je le suis présentement. Pour ce qui regarde le fait de mon enlèvement, Aladdin n'y a aucune part : j'en suis la cause moi seule, mais très-innocente. » — Pour persuader au sultan qu'elle disait la vérité, elle lui fit le détail du déguisement du magicien africain en marchand de lampes neuves à changer contre des vieilles, et du divertissement qu'elle s'était donné en faisant l'échange de la lampe d'Aladdin, dont elle ignorait le secret et l'importance, de l'enlèvement du palais et de sa personne après cet échange, et du transport de l'un et de l'autre en Afrique avec le magicien africain, qui avait été reconnu par deux de ses femmes et par l'eunuque qui avait fait l'échange de la lampe, quand il avait pris la hardiesse de venir se présenter à elle la première fois après le succès de son audacieuse entreprise, et de lui faire la proposition de l'épouser; enfin de la persécution qu'elle avait soufferte jusqu'à l'arrivée d'Aladdin, des mesures qu'ils avaient prises conjointement pour lui enlever la lampe qu'il portait sur lui, comment ils y avaient réussi, elle particulièrement, en prenant le parti de dissimuler avec lui, et enfin de l'inviter à souper avec elle, jusqu'au gobelet mixtionné qu'elle lui avait présenté. « — Quant au reste, ajouta-t-elle, je laisse à Aladdin à vous en rendre compte. »

Aladdin eut peu de chose à dire au sultan. « — Quand, dit-il, on m'eut ouvert la porte secrète, que j'eus monté au salon aux vingt-quatre croisées, et que j'eus vu le traître étendu mort sur le sofa par la violence de la poudre, comme il ne convenait pas que la princesse restât davantage, je la priai de descendre à son appartement avec ses femmes et ses eunuques. Je restai seul, et, après avoir tiré la lampe du sein du magicien, je me servis du même secret dont il s'était servi pour enlever ce palais en ravissant la princesse. J'ai fait en sorte que le palais se trouve en sa place, et j'ai eu le bonheur de ramener la princesse à Votre Majesté, comme elle me l'avait commandé. Je n'en impose pas à Votre Majesté, et, si elle veut se donner la peine de monter au salon elle verra le magicien puni comme il le méritait. »

Pour s'assurer entièrement de la vérité, le sultan se leva et monta, et quand il eut vu le magicien africain mort, le visage déjà livide par la violence du poison, il embrassa Aladdin avec beaucoup de tendresse, en lui disant : « — Mon fils, ne me sachez pas mauvais gré du procédé dont j'ai usé contre vous ; l'amour paternel m'y a forcé, et je mérite que vous me pardonniez l'excès où je me suis porté. — Sire, reprit Aladdin, je n'ai pas le moindre sujet de plainte contre la conduite de Votre Majesté, elle n'a fait que ce qu'elle devait faire. Ce magicien, cet infâme, ce dernier des hommes, est la cause unique de ma disgrâce. Quand Votre Majesté en aura le loisir, je lui ferai le récit d'une autre malice qu'il m'a faite, non moins noire que celle-ci, dont j'ai été préservé par une grâce de Dieu toute particulière. — Je prendrai ce loisir exprès, repartit le sultan, et bientôt. Mais songeons à nous réjouir, et faites ôter cet objet odieux. »

Aladdin fit enlever le cadavre du magicien africain,

avec ordre de le jeter à la voirie pour servir de pâture aux animaux et aux oiseaux. Le sultan cependant après avoir commandé que les tambours, les timbales, les trompettes et les autres instruments annonçassent la joie publique, fit proclamer une fête de dix jours en réjouissance du retour de la princesse Badroulboudour et d'Aladdin avec son palais.

C'est ainsi qu'Aladdin échappa pour la seconde fois au danger presque inévitable de perdre la vie; mais ce ne fut pas le dernier; il en courut un troisième, dont nous allons rapporter les circonstances.

Le magicien africain avait un frère cadet qui n'était pas moins habile que lui dans l'art magique; on peut même dire qu'il le surpassait en méchanceté et en artifices pernicieux. Comme ils ne demeuraient pas toujours ensemble ou dans la même ville, et que souvent l'un se trouvait au levant pendant que l'autre était au couchant, chacun de son côté ils ne manquaient pas chaque année de s'instruire, par la géomance, en quelle partie du monde ils étaient, en quel état ils se trouvaient, et s'ils n'avaient pas besoin du secours l'un de l'autre.

Quelque temps après que le magicien africain eut succombé dans son entreprise contre le bonheur d'Aladdin, son cadet, qui n'avait pas eu de ses nouvelles depuis un an, et qui n'était pas en Afrique, mais dans un pays très-éloigné, voulut savoir en quel endroit de la terre il était, comment il se portait et ce qu'il y faisait. En quelque lieu qu'il allât, il portait toujours avec lui son carré géomantique, aussi bien que son frère. Il prend ce carré, il accommode le sable, il jette les points, il en tire les figures, et enfin il forme l'horoscope. En parcourant chaque maison, il trouve que son frère n'était plus au monde; dans une autre maison, qu'il avait été empoisonné et qu'il était mort subitement; dans une autre, que cela était arrivé dans la Chine; et dans une autre, que c'était dans une capitale de la Chine, située en tel endroit; et enfin que celui par qui il avait été empoisonné était un homme de basse naissance qui avait épousé une princesse fille d'un sultan.

Quand le magicien eut appris de la sorte quelle avait été la triste destinée de son frère, il ne perdit pas de temps à des regrets qui ne lui eussent pas redonné la vie. La résolution prise sur-le-champ de venger sa mort, il monte à cheval, et il se met en chemin en prenant sa route vers la Chine. Il traverse plaines, rivières, montagnes, déserts, et après une longue traite, sans s'arrêter en aucun endroit, avec des fatigues incroyables, il arriva enfin à la Chine, et peu de temps après à la capitale que la géomance lui avait enseignée. Certain qu'il ne s'était pas trompé et qu'il n'avait pas pris un royaume pour un autre, il s'arrête dans cette capitale et y prend logement.

Le lendemain de son arrivée, le magicien sort, et en se promenant par la ville, non pas tant pour en remarquer les beautés, qui lui étaient fort indifférentes, que dans l'intention de commencer à prendre des mesures pour l'exécution de son dessein pernicieux, il s'introduit dans les lieux les plus fréquentés et il prête l'oreille à ce que l'on disait. Dans un lieu où l'on passait le temps à jouer à plusieurs sortes de jeux, et où, pendant que les uns jouaient, d'autres s'entretenaient, les uns de nouvelles et des affaires du temps, d'autres de leurs propres affaires, il entendit qu'on s'entretenait et qu'on racontait des merveilles de la vertu et de la piété d'une femme retirée du monde, nommée Fatime, et même de ses miracles. Comme il crut que cette femme pouvait lui être utile à quelque chose dans ce qu'il méditait, il prit à part un de ceux de la compagnie, et il le pria de vouloir bien lui dire plus particulièrement quelle était cette sainte femme et quelle sorte de miracles elle faisait.

« — Quoi! lui dit cet homme, vous n'avez pas encore vu cette femme ni entendu parler d'elle? Elle fait l'admiration de toute la ville par ses jeûnes, par ses austérités et par le bon exemple qu'elle donne. A la réserve du lundi et du vendredi, elle ne sort pas de son petit ermitage, et les jours qu'elle se fait voir par la ville, elle fait des biens infinis, il n'y a personne affligé du mal de tête qui ne reçoive la guérison par l'imposition de ses mains.

Le magicien ne voulut pas en savoir davantage sur

cet article; il demanda seulement au même homme en quel quartier de la ville était l'ermitage de cette sainte femme. Cet homme le lui enseigna; sur quoi, après avoir conçu et arrêté le dessein détestable dont nous allons parler bientôt, afin de le savoir plus sûrement il observa toutes ses démarches le premier jour qu'elle sortit, après avoir fait cette enquête, sans la perdre de vue jusqu'au soir, qu'il la vit rentrer dans son ermitage. Quand il eut bien remarqué l'endroit, il se retira dans un des lieux que nous avons dits, où l'on buvait d'une certaine boisson chaude et où l'on pouvait passer la nuit si l'on voulait, particulièrement dans les grandes chaleurs, que l'on aime mieux en ces pays-là coucher sur la natte que dans un lit.

Le magicien, après avoir contenté le maître du lieu en lui payant le peu de dépense qu'il avait faite, sortit vers le minuit, et il alla droit à l'ermitage de Fatime, la sainte femme, nom sous lequel elle était connue dans toute la ville. Il n'eut pas de peine à ouvrir la porte, elle n'était fermée qu'avec un loquet. Il la referma sans faire de bruit quand il fut entré, et il aperçut Fatime, à la clarté de la lune, couchée à l'air, et qui dormait sur un sofa garni d'une méchante natte et appuyé contre sa cellule. Il s'approcha d'elle, et après avoir tiré un poignard qu'il portait au côté, il l'éveilla.

En ouvrant les yeux, la pauvre Fatime fut fort étonnée de voir un homme prêt à la poignarder. En lui appuyant le poignard contre le cœur, prêt à le lui enfoncer : « — Si tu cries, dit-il, ou si tu fais le moindre bruit, je te tue. Mais lève-toi, et fais ce que je te dirai. »

Fatime, qui était couchée dans son habit, se leva en tremblant de frayeur. « — Ne crains pas, lui dit le magicien, je ne demande que ton habit ; donne-le-moi et prends le mien. » — Ils firent l'échange d'habits, et quand le magicien se fut habillé de celui de Fatime, il lui dit : « — Colore-moi le visage comme le tien, de manière que je te ressemble, et que la couleur ne s'efface pas. » — Comme il vit qu'elle tremblait encore, pour la rassurer, et afin qu'elle fît ce qu'il souhaitait avec plus d'assurance, il lui dit : « — Ne crains pas, te dis-je encore une fois ; je te jure par le nom de Dieu que je te donne la vie. » — Fatime le fit entrer dans sa cellule, elle alluma sa lampe, et en prenant d'une certaine liqueur dans un vase avec un pinceau, elle lui en frotta le visage et elle lui assura que la couleur ne changerait pas, et qu'il avait le visage de la même couleur qu'elle sans différence ; elle lui mit ensuite sa propre coiffure sur la tête, avec un voile dont elle lui enseigna comment il fallait qu'il s'en cachât le visage en allant par la ville. Enfin, après qu'elle lui eut mis autour du cou un gros chapelet, qui lui pendait par devant jusqu'au milieu du corps, elle lui mit à la main le même bâton qu'elle avait coutume de porter, et en lui présentant un miroir : « — Regardez, dit-elle, vous verrez que vous me ressemblez on ne peut pas mieux. » — Le magicien se trouva comme il l'avait souhaité, mais il ne tint pas à la bonne Fatime le serment qu'il lui

avait fait si solennellement. Afin qu'on ne vît pas de sang en la perçant de son poignard, il l'étrangla, et quand il vit qu'elle avait rendu l'âme, il traîna son cadavre par les pieds jusqu'à la citerne de l'ermitage, et il la jeta dedans.

Le magicien, déguisé ainsi en Fatime la sainte femme, passa le reste de la nuit dans l'ermitage, après s'être souillé d'un meurtre si détestable. Le lendemain matin, à une heure ou deux de jour, quoique dans un jour où la sainte femme n'avait pas coutume de sortir, il ne laissa pas de le faire, bien persuadé qu'on ne l'interrogerait pas là-dessus, et au cas qu'on l'interrogeât, prêt à répondre. Comme une des premières choses qu'il avait faites en arrivant avait été d'aller reconnaître le palais d'Aladdin, et que c'était là qu'il avait projeté de jouer son rôle, il prit son chemin de ce côté-là.

Dès qu'on eut aperçu la sainte femme, comme tout le peuple se l'imagina, le magicien fut bientôt environné d'une grande affluence de monde. Les uns se recommandaient à ses prières, d'autres lui baisaient la main; d'autres, plus réservés, ne lui baisaient que le bas de sa robe; et d'autres, soit qu'ils eussent mal à la tête ou que leur intention fût seulement d'en être préservés, s'inclinaient devant lui afin qu'il leur imposât les mains, ce qu'il faisait en marmottant quelques paroles en guise de prières, et il imitait si bien la sainte femme, que tout le monde le prenait pour elle. Après s'être arrêté souvent pour satisfaire ces sortes de gens, qui ne recevaient ni bien ni mal de cette sorte d'imposition de mains, il arriva enfin dans la place du palais d'Aladdin, où, comme l'affluence fut plus grande, l'empressement fut aussi plus grand à qui s'approcherait de lui. Les plus forts et les plus zélés fendaient la foule pour se faire place, et de là s'émurent des querelles dont le bruit se fit entendre du salon aux vingt-quatre croisées, où était la princesse Badroulboudour.

La princesse demanda ce que c'était que ce bruit, et comme personne ne put lui en rien dire, elle commanda qu'on allât voir et qu'on vînt lui en rendre compte. Sans sortir du salon, une de ses femmes regarda par une jalousie, et elle revint lui dire que le bruit venait de la foule du monde qui environnait la sainte femme pour se faire guérir du mal de tête par l'imposition de ses mains.

La princesse, qui depuis longtemps avait entendu dire beaucoup de bien de la sainte femme, mais qui ne l'avait pas encore vue, eut la curiosité de la voir et de s'entretenir avec elle. Comme elle en eut témoigné quelque chose, le chef de ses eunuques, qui était présent, lui dit que si elle le souhaitait, il était aisé de la faire venir, et qu'elle n'avait qu'à commander. La princesse y consentit, et aussitôt il détacha quatre eunuques avec ordre d'amener la prétendue sainte femme.

Dès que les eunuques furent sortis de la porte du palais d'Aladdin, et qu'on eut vu qu'ils venaient du côté où était le magicien déguisé, la foule se dissipa, et quand il fut libre et qu'il eut vu qu'ils venaient à lui, il fit une partie du chemin avec d'autant plus de joie qu'il voyait que sa fourberie prenait un bon chemin. Celui des eunuques qui prit la parole lui

dit : « — Sainte femme, la princesse veut vous voir; venez, suivez-nous. — La princesse me fait bien de l'honneur, reprit la feinte Fatime : je suis prête à lui obéir. » Et en même temps elle suivit les eunuques, qui avaient déjà repris le chemin du palais.

Quand le magicien, qui sous un habit de sainteté cachait un cœur diabolique, eut été introduit dans le salon aux vingt-quatre croisées, et qu'il eut aperçu la princesse, il débuta par une prière qui contenait une longue énumération de vœux et de souhaits pour sa santé, pour sa prospérité et pour l'accomplissement de tout ce qu'elle pouvait désirer. Il déploya ensuite toute sa rhétorique d'imposteur et d'hypocrite pour s'insinuer dans l'esprit de la princesse sous le manteau d'une grande piété ; il lui fut d'autant plus aisé de réussir, que la princesse, qui était bonne naturellement, était persuadée que tout le monde était bon comme elle, ceux et celles particulièrement qui faisaient profession de servir Dieu dans la retraite.

Quand la fausse Fatime eut achevé sa longue harangue : « — Ma bonne mère, lui dit la princesse, je vous remercie de vos bonnes prières, j'y ai grande confiance, et j'espère que Dieu les exaucera. Approchez-vous et asseyez-vous près de moi. » La fausse Fatime s'assit avec une modestie affectée, et alors, en reprenant la parole : « — Ma bonne mère, dit la princesse, je vous demande une chose qu'il faut que vous m'accordiez ; ne me refusez pas, je vous en prie : c'est que vous demeuriez avec moi, afin que vous m'entreteniez de votre vie, et que j'apprenne de vous et par vos bons exemples comment je dois servir Dieu. — Princesse, lui dit alors la feinte Fatime, je vous supplie de ne pas exiger de moi une chose à laquelle je ne puis consentir sans me détourner et me distraire de mes prières et de mes exercices de dévotion. — Que cela ne vous fasse pas de peine, reprit la princesse; j'ai plusieurs appartements qui ne sont

pas occupés; vous choisirez celui qui vous conviendra le mieux, et vous y ferez tous vos exercices avec la même liberté que dans votre ermitage. »

Le magicien, qui n'avait d'autre but que de s'introduire dans le palais d'Aladdin, où il lui serait bien plus aisé d'exécuter la méchanceté qu'il méditait, en y demeurant sous les auspices et la protection de la princesse, que s'il eût été obligé d'aller et de venir de l'ermitage au palais et du palais à l'ermitage, ne fit pas de plus grandes instances pour s'excuser d'accepter l'offre obligeante de la princesse. « — Princesse, dit-il, quelque résolution qu'une femme pauvre et misérable comme je le suis ait faite de renoncer au monde, à ses pompes et à ses grandeurs, je n'ose prendre la hardiesse de résister à la volonté et au commandement d'une princesse si pieuse et si charitable. »

Sur cette réponse du magicien, la princesse, en se levant elle-même, lui dit : « — Levez-vous et venez avec moi, que je vous fasse voir les appartements vides que j'ai, afin que vous choisissiez. » Il suivit la princesse Badroulboudour, et de tous les appartements qu'elle lui fit voir, qui étaient très-propres et très-bien meublés, il choisit celui qui lui parut l'être moins que les autres, en disant par hypocrisie qu'il était trop bon pour lui, et qu'il ne le choisissait que pour complaire à la princesse.

La princesse voulut ramener le fourbe au salon aux vingt-quatre croisées pour le faire dîner avec elle. Mais comme pour manger il eût fallu qu'il se découvrit le visage, qu'il avait toujours eu voilé jusqu'alors, et qu'il craignit que la princesse ne reconnût qu'il n'était pas Fatime la sainte femme, comme elle le croyait, il la pria avec tant d'instances de l'en dispenser, en lui représentant qu'il ne mangeait que du pain et quelques fruits secs, et de lui permettre de prendre son petit repas dans son appartement, qu'elle le lui accorda. « — Ma bonne mère, lui dit-elle, vous êtes libre, faites comme si vous étiez dans votre ermitage : je vais vous faire apporter à manger ; mais souvenez-vous que je vous attends dès que vous aurez pris votre repas. »

La princesse dîna, et la fausse Fatime ne manqua pas de venir la retrouver dès qu'elle eut appris, par un eunuque qu'elle avait prié de l'en avertir, qu'elle était sortie de table. « — Ma bonne mère, lui dit la princesse, je suis ravie de posséder une sainte femme comme vous, qui va faire la bénédiction de ce palais. A propos de ce palais, comment le trouvez-vous ? Mais avant que je vous le fasse voir pièce par pièce, dites-moi premièrement ce que vous pensez de ce salon. »

Sur cette demande, la fausse Fatime, qui, pour mieux jouer son rôle, avait affecté jusqu'alors d'avoir la tête baissée, sans même la détourner pour regarder d'un côté ou de l'autre, la leva enfin, et parcourut le salon des yeux d'un bout jusqu'à l'autre, et quand elle l'eut bien considéré : « — Princesse, dit-elle, ce salon est véritablement admirable et d'une grande beauté. Autant néanmoins qu'en peut juger une solitaire, qui ne s'entend pas à ce qu'on trouve de beau dans le monde, il me semble qu'il y manque une chose. — Quelle chose, ma bonne mère? reprit la princesse Badroulboudour; apprenez-le-moi, je vous en conjure. Pour moi, j'ai cru, et je l'avais entendu dire ainsi, qu'il n'y manquait rien; s'il y manque quelque chose, j'y ferai remédier. — Princesse, repartit la fausse Fatime avec une grande dissimulation, pardonnez-moi la liberté que je prends. Mon avis, s'il peut être de quelque importance, serait que si, au haut et au milieu de ce dôme, il y avait un œuf de roc suspendu, ce salon n'aurait point de pareil dans les quatre parties du monde, et votre palais serait la merveille de l'univers. — Ma bonne mère, demanda la princesse, quel oiseau est-ce le roc, et où pourrait-on en trouver un œuf? — Princesse, répondit la fausse Fatime, c'est un oiseau d'une grandeur prodigieuse qui habite au plus haut du mont Caucase, et l'architecte de votre palais peut vous en trouver un.

Après avoir remercié la fausse Fatime de son bon avis, à ce qu'elle croyait, la princesse Badroulboudour continua de s'entretenir avec elle sur d'autres sujets; mais elle n'oublia pas l'œuf de roc, qui fit qu'elle compta bien en parler à Aladdin dès qu'il serait revenu de la chasse. Il y avait six jours qu'il y était allé, et le magicien, qui ne l'avait pas ignoré, avait voulu profiter de son absence. Il revint le même jour sur le soir, dans le temps que la fausse Fatime venait de prendre congé de la princesse et de se retirer à son appartement. En arrivant, il monta à l'appartement de la princesse, qui venait d'y rentrer. Il la salua et il l'embrassa; mais il lui parut qu'elle le recevait avec un peu de froideur. « — Ma princesse, dit-il, je ne retrouve pas en vous la même gaieté que j'ai coutume d'y trouver. Est-il arrivé quelque chose pendant mon absence qui vous ait déplu et causé du chagrin ou du mécontentement? Au nom de Dieu, ne me le cachez pas : il n'y a rien que je ne fasse pour vous le faire dissiper, s'il est en mon pouvoir. — C'est peu de chose, reprit la princesse, et cela me donne si peu d'inquiétude, que je n'ai pas cru qu'il eût rejailli sur mon visage pour vous en faire apercevoir. Mais puisque, contre mon attente, vous y apercevez quelque altération, je ne vous en dissimulerai pas la cause, qui est de très-peu de conséquence. J'avais cru avec vous, continua la princesse Badroulboudour, que notre palais était le plus superbe, le plus magnifique et le plus accompli qu'il y ait au monde. Je vous dirai néanmoins ce qui m'est venu dans la pensée après avoir bien examiné le salon aux vingt-quatre croisées.

Ne trouvez-vous pas, comme moi, qu'il n'y aurait plus rien à désirer si un œuf de roc était suspendu au milieu de l'enfoncement du dôme ? — Princesse, repartit Aladdin, il suffit que vous trouviez qu'il y manque un œuf de roc pour y trouver le même défaut. Vous verrez, par la diligence que je vais apporter à le réparer, qu'il n'y a rien que je ne fasse pour l'amour de vous. »

Dans le moment, Aladdin quitta la princesse Badroulboudour ; il monta au salon aux vingt-quatre croisées, et là, après avoir tiré de son sein la lampe, qu'il portait toujours sur lui, en quelque lieu qu'il allât, depuis le danger qu'il avait couru pour avoir négligé de prendre cette précaution, il la frotta. Aussitôt le génie se présenta devant lui. « — Génie, lui dit Aladdin, il manque à ce dôme un œuf de roc suspendu au milieu de l'enfoncement : je te demande, au nom de la lampe que je tiens, que tu fasses en sorte que ce défaut soit réparé. »

Aladdin n'eut pas achevé de prononcer ces paroles, que le génie fit un cri si bruyant et si épouvantable, que le salon en fut ébranlé et qu'Aladdin en chancela, prêt à tomber de son haut. « — Quoi ! misérable, lui dit le génie d'une voix à faire trembler l'homme le plus assuré, ne te suffit-il pas que, mes compagnons et moi, nous ayons fait toute chose en ta considération, pour me demander, par une ingratitude qui n'a pas de pareille, que je t'apporte mon maître, et que je le pende au milieu de la voûte de ce dôme! Cet attentat mériterait que vous fussiez réduits en cendres sur-le-champ, toi, ta femme et ton palais. Mais tu es heureux de n'en être pas l'auteur et que la demande ne vienne pas directement de ta part. Apprends quel en est le véritable auteur : c'est le frère du magicien africain, ton ennemi, que tu as exterminé comme il le méritait. Il est dans ton palais, déguisé sous l'habit de Fatime la sainte femme, qu'il a assassinée, et c'est lui qui a suggéré à ta femme de faire la demande pernicieuse que tu m'as faite. Son dessein est de te tuer, c'est à toi d'y prendre garde. » — Et en achevant il disparut.

Aladdin ne perdit pas une des dernières paroles du génie. Il avait entendu parler de Fatime la sainte femme, et il n'ignorait pas de quelle manière elle guérissait le mal de tête, à ce que l'on prétendait. Il revint à l'appartement de la princesse, et, sans parler de ce qui venait de lui arriver, il s'assit en disant qu'un grand mal de tête venait de le prendre tout à coup et en s'appuyant la main contre le front. La princesse commanda aussitôt qu'on fît venir la sainte femme, et pendant qu'on alla l'appeler, elle raconta à Aladdin à quelle occasion elle se trouvait dans le palais, où elle lui avait donné un appartement.

La fausse Fatime arriva, et dès qu'elle fut entrée :

« — Venez, ma bonne mère, dit Aladdin ; je suis bien aise de vous voir et de ce que mon bonheur veut que vous vous trouviez ici. Je suis tourmenté d'un furieux mal de tête qui vient de me saisir. Je de-

mande votre secours par la confiance que j'ai en vos bonnes prières, et j'espère que vous ne me refuserez pas la grâce que vous faites à tant d'affligés de ce mal. » — En achevant ces paroles, il se leva en baissant la tête, et la fausse Fatime s'avança de son côté, mais en portant la main sur un poignard qu'elle avait à sa ceinture, sous sa robe. Aladdin, qui l'observait, lui saisit la main avant qu'elle l'eût tiré, et en lui perçant le cœur du sien, il la jeta morte sur le plancher.

« — Mon cher époux, qu'avez-vous fait? s'écria la princesse dans sa surprise; vous avez tué la sainte femme. — Non, ma princesse, répondit Aladdin sans s'émouvoir, je n'ai pas tué Fatime, mais un scélérat qui m'allait assassiner si je ne l'eusse prévenu. C'est ce méchant homme que vous voyez, ajouta-t-il en le dévoilant, qui a étranglé Fatime, que vous avez cru regretter en m'accusant de sa mort, et qui s'était déguisé sous son habit pour me poignarder. Et afin que vous le connaissiez mieux, il était frère du magicien africain votre ravisseur. » — Aladdin lui raconta ensuite par quelle voie il avait appris ces particularités, après quoi il fit enlever le cadavre.

C'est ainsi qu'Aladdin fut délivré de la persécution des deux frères magiciens. Peu d'années après, le sultan mourut dans une grande vieillesse. Comme il ne laissa pas d'enfants mâles, la princesse Badroulboudour, en qualité de légitime héritière, lui succéda, et communiqua la puissance suprême à Aladdin. Ils régnèrent ensemble de longues années et laissèrent une illustre postérité.

Sire, dit la sultane Scheherazade en achevant l'histoire des aventures arrivées à l'occasion de la lampe merveilleuse, Votre Majesté, sans doute, aura remarqué dans la personne du magicien africain un homme abandonné à la passion démesurée de posséder des trésors par des voies condamnables, qui lui en découvrirent d'immenses, dont il ne jouit point parce qu'il s'en rendit indigne. Dans Aladdin elle voit au contraire un homme qui d'une basse naissance s'élève jusqu'à la royauté, en se servant des mêmes trésors, qui lui viennent sans les chercher, seulement à mesure qu'il en a besoin pour parvenir à la fin qu'il s'est proposée. Dans le sultan elle aura appris combien un monarque bon, juste et équitable court de dangers et risque même d'être détrôné lorsque, par une injustice criante et contre toutes les règles de l'équité, il ose, par une promptitude déraisonnable, condamner à mort un innocent sans vouloir l'entendre dans sa justification. Enfin elle aura eu horreur des abominations de deux scélérats de magiciens, dont l'un sacrifie sa vie pour posséder des trésors, et l'autre sa vie et sa religion à la vengeance d'un scélérat comme lui, et qui, comme lui aussi, reçoit le châtiment de sa méchanceté.

Le sultan des Indes témoigna à la sultane Scheherazade son épouse qu'il était très-satisfait des prodiges qu'il venait d'entendre de la lampe merveilleuse, et que les contes qu'elle lui faisait chaque nuit lui faisaient beaucoup de plaisir. En effet, ils étaient divertissants, et presque toujours assaisonnés d'une bonne morale. Il voyait bien que la sultane les faisait adroitement succéder les uns aux autres, et il n'était pas fâché qu'elle lui donnât occasion par ce moyen de tenir en suspens à son égard l'exécution du serment qu'il avait fait si solennellement de ne garder une femme qu'une nuit et de la faire mourir le lendemain. Il n'avait même presque plus d'autre pensée que de voir s'il ne viendrait point à bout de lui en faire tarir le fonds.

Dans cette intention, après avoir entendu la fin de l'histoire d'Aladdin et de Badroulboudour, toute différente de ce qui lui avait été raconté jusqu'alors, dès qu'il fut éveillé, il prévint Dinarzade et il l'éveilla elle-même en demandant à la sultane, qui venait de s'éveiller aussi, si elle était à la fin de ses contes.

— A la fin de mes contes, sire ! répondit la sultane en se récriant sur la demande, j'en suis bien éloignée : le nombre en est si grand, qu'il ne me serait pas possible à moi-même d'en dire le compte précisément à Votre Majesté. Ce que je crains, sire, c'est qu'à la fin Votre Majesté ne s'ennuie et ne se lasse de m'entendre, plutôt que je manque de quoi l'entretenir sur cette matière.

— Otez-vous cette crainte de l'esprit, reprit le sultan, et voyons ce que vous avez de nouveau à me raconter.

La sultane Scheherazade, encouragée par ces paroles du sultan des Indes, commença à lui raconter une nouvelle histoire en ces termes : « — Sire, dit-elle, j'ai entretenu plusieurs fois Votre Majesté de quelques aventures arrivées au fameux calife Haroun Alraschid. Il lui en est arrivé un grand nombre d'autres, dont celle que voici n'est pas moins digne de votre curiosité.

AVENTURES DU CALIFE HAROUN ALRASCHID

Quelquefois, comme Votre Majesté ne l'ignore pas, et comme elle peut l'avoir expérimenté par elle-même, nous sommes dans des transports de joie si extraordinaires, que nous communiquons d'abord cette passion à ceux qui nous approchent, ou que nous participons aisément à la leur. Quelquefois aussi nous sommes dans une mélancolie si profonde, que nous sommes insupportables à nous-mêmes, et que, bien loin d'en pouvoir dire la cause si on nous la demandait, nous ne pourrions la trouver nous-mêmes si nous la cherchions.

Le calife était un jour dans cette situation d'esprit, quand Giafar, son grand vizir fidèle et aimé, vint se présenter devant lui. Ce ministre le trouva seul, ce qui lui arrivait rarement; et comme il s'aperçut, en s'avançant, qu'il était enseveli dans une humeur sombre, et même qu'il ne levait pas les yeux pour le regarder, il s'arrêta en attendant qu'il daignât les jeter sur lui.

Le calife enfin leva les yeux et regarda Giafar; mais il les détourna aussitôt, en demeurant dans la même posture et aussi immobile qu'auparavant.

Comme le grand vizir ne remarqua rien de fâcheux dans les yeux du calife qui le regardât personnellement, il prit la parole. « — Commandeur des croyants, dit-il, Votre Majesté me permet-elle de lui demander d'où peut venir la mélancolie qu'elle fait paraître et dont il m'a toujours paru qu'elle était si peu susceptible?

« — Il est vrai, vizir, répondit le calife en changeant de situation, que j'en suis peu susceptible, et sans toi, je ne me serais pas aperçu de celle où tu me trouves et dans laquelle je ne veux pas demeurer davantage. S'il n'y a rien de nouveau qui t'ait obligé de venir, tu me feras plaisir d'inventer quelque chose pour me la faire dissiper.

« — Commandeur des croyants, reprit le grand vizir Giafar, mon devoir seul m'a obligé de me rendre ici, et je prends la liberté de faire souvenir Votre Majesté qu'elle s'est imposé elle-même un devoir de s'éclaircir en personne de la bonne police qu'elle veut être observée dans sa capitale et aux environs.

C'est aujourd'hui le jour qu'elle a bien voulu se prescrire pour s'en donner la peine, et c'est l'occasion la plus propre qui s'offre d'elle-même pour dissiper les nuages qui offusquent sa gaieté ordinaire.

« — Je l'avais oublié, répliqua le calife, et tu m'en fais souvenir fort à propos : va donc changer d'habit pendant que je ferai la même chose de mon côté. »

Ils prirent chacun un habit de marchand étranger, et, sous ce déguisement, ils sortirent seuls par une porte secrète du jardin du palais qui donnait à la campagne. Ils firent une partie du circuit de la ville, par les dehors, jusqu'aux bords de l'Euphrate, à une distance assez éloignée de la porte de la ville qui était de ce côté-là, sans avoir rien observé qui fût contre le bon ordre. Ils traversèrent ce fleuve sur le premier bateau qui se présenta, et après avoir achevé le tour de l'autre partie de la ville opposée à celle qu'ils venaient de quitter, ils reprirent le chemin du pont qui en faisait la communication.

Ils passèrent ce pont, au bout duquel ils rencontrèrent un aveugle assez âgé qui demandait l'aumône. Le calife se détourna et lui mit une pièce de monnaie d'or dans la main.

L'aveugle à l'instant lui prit la main et l'arrêta.

« — Charitable personne, dit-il, qui que vous soyez, que Dieu a inspirée de me faire l'aumône, ne me refusez pas la grâce que je vous demande de me donner un soufflet : je l'ai mérité et même un plus grand châtiment. » — En achevant ces paroles, il quitta la main du calife pour lui laisser la liberté de lui donner le soufflet; mais, de crainte qu'il ne passât outre sans le faire, il le prit par son habit.

Le calife, surpris de la demande et de l'action de l'aveugle : « — Bonhomme, dit-il, je ne puis t'accorder ce que tu me demandes; je me garderai bien d'effacer le mérite de mon aumône par le mauvais traitement que tu prétends que je te fasse. » — Et en achevant ces paroles, il fit un effort pour faire quitter prise à l'aveugle.

L'aveugle, qui s'était douté de la répugnance de son bienfaiteur par l'expérience qu'il en avait depuis longtemps, fit un plus grand effort pour le retenir. « — Seigneur, reprit-il, pardonnez-moi ma hardiesse et mon importunité ; donnez-moi, je vous prie, un soufflet, ou reprenez votre aumône ; je ne puis la recevoir qu'à cette condition, sans contrevenir à un serment solennel que j'en ai fait devant Dieu ; et si vous en saviez la raison, vous tomberiez d'accord avec moi que la peine en est très-légère. »

Le calife, qui ne voulait pas être retardé plus longtemps, céda à l'importunité de l'aveugle, et il lui donna un soufflet assez léger. L'aveugle quitta prise aussitôt en le remerciant et en le bénissant. Le calife continua son chemin avec le grand vizir. Mais à quelques pas de là il dit au grand vizir : « — Il faut que le sujet qui a porté cet aveugle à se conduire ainsi avec tous ceux qui lui font l'aumône soit un sujet grave. Je serais bien aise d'en être informé ; ainsi, retourne, et dis-lui qui je suis, qu'il ne manque pas de se trouver demain au palais au temps de la prière de l'après-dînée, et que je veux lui parler. »

Le grand vizir retourna sur ses pas, fit son aumône à l'aveugle, et après lui avoir donné un soufflet, il lui donna l'ordre, et il vint rejoindre le calife.

Ils rentrèrent dans la ville, et, avant que le calife arrivât au palais, dans une rue par où il y avait longtemps qu'il n'avait passé, il remarqua un édifice nouvellement bâti qui lui parut être l'hôtel de quelque seigneur de sa cour. Il demanda au grand vizir s'il savait à qui il appartenait. Le grand vizir répondit qu'il l'ignorait, mais qu'il allait s'en informer.

En effet, il interrogea un voisin, qui lui dit que cette maison appartenait à Cogia Hassan, surnommé Alhabbal à cause de la profession de cordier qu'il lui avait vu lui-même exercer dans une grande pauvreté, et que, sans savoir par quel endroit la fortune l'avait favorisé, il avait acquis de si grands biens, qu'il soutenait fort honorablement et splendidement la dépense qu'il avait faite à la faire bâtir.

Le grand vizir alla rejoindre le calife et lui rendit compte de ce qu'il venait d'apprendre. « — Je veux voir ce Cogia Hassan Alhabbal, lui dit le calife ; va lui dire qu'il se trouve aussi demain à mon palais. » — Le grand vizir ne manqua pas d'exécuter les ordres du calife.

Le lendemain, après la prière de l'après-dînée, le calife rentra dans son appartement, et le grand vizir y introduisit aussitôt les deux personnages dont nous avons parlé, et les présenta au calife.

Ils se prosternèrent tous deux devant le trône du commandeur des croyants, et quand ils furent relevés, le calife demanda à l'aveugle comment il s'appelait : « — Je me nomme Baba-Abdalla, répondit l'aveugle. — Baba-Abdalla, reprit le calife, ta manière de demander l'aumône me parut hier si étrange, que si je n'eusse été retenu par de certaines considérations, je me fusse bien gardé d'avoir la complaisance que j'eus pour toi. Je t'aurais empêché de donner dès lors au public le scandale que tu lui donnes. Je t'ai donc fait venir ici pour savoir de toi quel est le motif qui t'a poussé à faire un serment aussi indiscret que le tien, et sur ce que tu vas me dire, je jugerai si tu as bien fait, et si je dois te permettre de continuer une pratique qui me paraît d'un très-mauvais exemple. Dis-moi donc sans rien me déguiser d'où t'est venue cette pensée extravagante. Ne me cache rien, je veux le savoir absolument. »

Baba-Abdalla, intimidé par cette réprimande, se prosterna une seconde fois le front contre terre devant le trône du calife, et après s'être relevé : « — Commandeur des croyants, dit-il aussitôt, je demande très-humblement pardon à Votre Majesté de la hardiesse avec laquelle j'ai osé exiger d'elle et la forcer de faire une chose qui, à la vérité, paraît hors de bon sens. Je reconnais mon crime; mais comme je ne connaissais pas alors Votre Majesté, j'implore sa clémence, et j'espère qu'elle aura égard à mon ignorance.

Quant à ce qu'il lui plaît de traiter ce que je fais d'extravagance, j'avoue que c'en est une, et mon action doit paraître telle aux yeux des hommes. Mais à l'égard de Dieu, c'est une pénitence très-modique d'un péché énorme dont je suis coupable, et que je n'expierais pas quand tous les mortels m'accableraient de soufflets, les uns après les autres. C'est de quoi Votre Majesté sera le juge elle-même quand, par le récit de mon histoire, que je vais lui raconter en obéissant à ses ordres, je lui aurai fait connaître quelle est cette faute énorme. »

HISTOIRE DE L'AVEUGLE BABA-ABDALLA

« Commandeur des croyants, continua Baba-Abdalla, je suis né à Bagdad, avec quelques biens dont je devais hériter de mon père et de ma mère, qui moururent tous deux à peu de jours l'un de l'autre. Quoique je fusse dans un âge peu avancé, je n'en usai pas néanmoins en jeune homme qui les eût dissipés en peu de temps par des dépenses inutiles et dans la débauche. Je n'oubliai rien au contraire pour les augmenter par mon industrie, par mes soins et par les peines que je me donnais. Enfin, j'étais devenu assez riche pour posséder à moi seul quatre-vingts chameaux, que je louais aux marchands des caravanes, et qui me valaient de grosses sommes chaque voyage que je faisais en différents endroits de l'étendue de l'empire de Votre Majesté, où je les accompagnais.

« Au milieu de ce bonheur, et avec un puissant désir de devenir encore plus riche, un jour, comme je revenais de Balsora à vide avec mes chameaux, que j'y avais conduits chargés de marchandises d'embarquement pour les Indes, et que je les faisais paître dans un lieu fort éloigné de toute habitation, et où le bon pâturage m'avait fait arrêter, un derviche à pied, qui allait à Balsora, vint m'aborder et s'assit auprès de moi pour se délasser. Je lui demandai d'où il venait et où il allait. Il me fit les mêmes demandes, et après que nous eûmes satisfait notre curiosité de part et d'autre, nous mîmes nos provisions en commun et nous mangeâmes ensemble.

« En faisant notre repas, après nous être entretenus de plusieurs choses indifférentes, le derviche me dit que dans un lieu peu éloigné de celui où nous étions, il avait connaissance d'un trésor plein de tant de richesses immenses, que quand mes quatre-vingts chameaux seraient chargés de l'or et des pierreries qu'on en pouvait tirer, il ne paraîtrait presque pas qu'on en eût rien enlevé.

« Cette bonne nouvelle me surprit et me charma en même temps. La joie que je ressentis en moi-même faisait que je ne me possédais plus. Je ne croyais pas le derviche capable de m'en faire ac-

croire. Aussi, je me jetai à son cou, en lui disant : « — Bon derviche, je vois bien que vous vous souciez peu des biens du monde : ainsi, à quoi peut vous servir la connaissance de ce trésor ? Vous êtes seul, et vous ne pouvez en emporter que très-peu de chose ; enseignez-moi où il est, j'en chargerai mes quatre-vingts chameaux, et je vous en ferai présent d'un en reconnaissance du bien et du plaisir que vous m'aurez faits. »

« J'offrais peu de chose, il est vrai, mais c'était beaucoup, à ce qu'il me paraissait, par rapport à l'excès d'avarice qui s'était emparé tout à coup de mon cœur depuis qu'il m'avait fait cette confidence, et je regardais les soixante-dix-neuf charges qui me devaient rester comme presque rien en comparaison de celle dont je me priverais en la lui abandonnant.

« Le derviche, qui vit ma passion étrange pour les richesses, ne se scandalisa pourtant pas de l'offre déraisonnable que je venais de lui faire. « — Mon frère, me dit-il sans s'émouvoir, vous voyez bien vous-même que ce que vous m'offrez n'est pas proportionné au bienfait que vous demandez de moi. Je pouvais me dispenser de vous parler de ce trésor et garder mon secret. Mais ce que j'ai bien voulu vous en dire peut vous faire connaître la bonne intention que j'avais, et que j'ai encore, de vous obliger et de vous donner lieu de vous souvenir de moi à jamais en faisant votre fortune et la mienne. J'ai donc une autre proposition plus juste et plus équitable à vous faire : c'est à vous de voir si elle vous accommode.

« Vous dites, continua le derviche, que vous avez quatre-vingts chameaux : je suis prêt à vous mener où est le trésor ; nous les chargerons, vous et moi, d'autant d'or et de pierreries qu'ils en pourront porter, à condition que, quand nous les aurons chargés, vous m'en céderez la moitié avec leur charge, et que vous retiendrez pour vous l'autre moitié ; après quoi nous nous séparerons et les emmènerons où bon nous semblera, vous de votre côté et moi du mien. Vous voyez que le partage n'a rien qui ne soit dans l'équité, et que si vous me faites grâce de quarante chameaux, vous aurez aussi par mon moyen de quoi en acheter un millier d'autres. »

« Je ne pouvais disconvenir que la condition que le derviche me proposait ne fût très-équitable. Sans avoir égard néanmoins aux grandes richesses qui pouvaient m'en revenir en l'acceptant, je regardais comme une grande perte la cession de la moitié de mes chameaux, particulièrement quand je considérais que le derviche ne serait pas moins riche que moi. Enfin je payais déjà d'ingratitude un bienfait purement gratuit que je n'avais pas encore reçu du derviche. Mais il n'y avait pas à balancer, il fallait accepter la condition ou me résoudre à me repentir toute ma vie d'avoir, par ma faute, perdu l'occasion de me faire une haute fortune.

« Dans le moment même je rassemblai mes chameaux et nous partîmes ensemble. Après avoir marché quelque temps, nous arrivâmes dans un vallon assez spacieux, mais dont l'entrée était fort étroite. Mes chameaux n'y purent passer qu'un à un ; mais comme le terrain s'élargissait, ils trouvèrent moyen d'y tenir tous ensemble sans s'embarrasser. Les deux montagnes qui formaient ce vallon en se terminant en un demi-cercle à l'extrémité, étaient si élevées, si escarpées et si impraticables, qu'il n'y avait pas à craindre qu'aucun mortel nous pût jamais apercevoir.

« Quand nous fûmes arrivés entre ces deux montagnes : « — N'allons pas plus loin, me dit le derviche; arrêtez vos chameaux et faites-les coucher sur le ventre dans l'espace que vous voyez, afin que nous n'ayons pas de peine à les charger, et quand vous aurez fait, je procéderai à l'ouverture du trésor.

« Je fis ce que le derviche m'avait dit, et je l'allai rejoindre aussitôt. Je le trouvai un fusil à la main, qui amassait un peu de bois sec pour faire du feu. Sitôt qu'il en eut fait, il y jeta du parfum en prononçant quelques paroles dont je ne compris pas bien le sens, et aussitôt une grosse fumée s'éleva en l'air. Il sépara cette fumée, et dans le moment, quoique le roc qui était entre les deux montagnes et qui s'élevait fort haut en ligne perpendiculaire parût n'avoir aucune espèce d'ouverture, il s'en fit néanmoins une comme une espèce de porte à deux battants, pratiquée dans le même roc et de la même matière avec un artifice admirable.

« Cette ouverture exposa à nos yeux, dans un grand enfoncement creusé dans ce roc, un palais magnifique, pratiqué plutôt par le travail des génies que par celui des hommes, car il ne paraissait pas que des hommes eussent pu même s'aviser d'une entreprise si hardie et si surprenante.

« Mais, commandeur des croyants, c'est après coup que je fais cette observation à Votre Majesté, car je ne la fis pas dans ce moment. Je n'admirai pas même les richesses infinies que je voyais de tous côtés, et sans m'arrêter à observer l'économie qu'on avait gardée dans l'arrangement de tant de trésors, comme l'aigle fond sur sa proie, je me jetai sur le premier tas de monnaie d'or qui se présenta devant moi, et je commençai à en mettre dans un sac, dont je m'étais déjà saisi, autant que je jugeai pouvoir en porter. Les sacs étaient grands, et je les eusse volontiers emplis tous, mais il fallait les proportionner aux forces de mes chameaux.

Le derviche fit la même chose que moi, mais je m'aperçus qu'il s'attachait plutôt aux pierreries, et comme il m'en eut fait comprendre la raison, je suivis son exemple, et nous enlevâmes beaucoup plus de pierres précieuses que d'or monnayé. Nous achevâmes enfin d'emplir tous nos sacs et nous en chargeâmes les chameaux. Il ne restait plus qu'à fermer le trésor et à nous en aller.

« Avant que de partir, le derviche rentra dans le trésor, et comme il y avait plusieurs grands vases d'orfèvrerie de toutes sortes de façons et d'autres matières précieuses, j'observai qu'il prit dans un de ces vases une petite boîte d'un certain bois qui m'était inconnu, et qu'il la mit dans son sein, après m'avoir fait voir qu'il n'y avait qu'une espèce de pommade.

« Le derviche fit la même cérémonie pour fermer le trésor qu'il avait faite pour l'ouvrir, et, après avoir prononcé certaines paroles, la porte du trésor se referma et le rocher nous parut aussi entier qu'auparavant.

« Alors nous partageâmes nos chameaux, que nous fîmes lever avec leurs charges. Je me mis à la tête des quarante que je m'étais réservés, et le derviche à la tête des autres que je lui avais cédés.

« Nous défilâmes par où nous étions entrés dans le vallon, et nous marchâmes ensemble jusqu'au grand chemin, où nous devions nous séparer, le derviche pour continuer sa route vers Balsora, et moi pour revenir à Bagdad. Pour le remercier d'un si grand bienfait, j'employai les termes les plus forts et ceux qui pouvaient lui marquer davantage ma reconnaissance de m'avoir préféré à tout autre mortel pour me faire part de tant de richesses. Nous nous embrassâmes tous deux avec bien de la joie, et après nous être dit adieu, nous nous éloignâmes chacun de notre côté.

« Je n'eus pas fait quelques pas pour rejoindre mes chameaux, qui marchaient toujours dans le chemin où je les avais mis, que le démon de l'ingratitude et de l'envie s'empara de mon cœur; je déplorais la perte de mes quarante chameaux et encore plus les richesses dont ils étaient chargés. «—Le derviche n'a pas besoin de toutes ces richesses, disais-je en moi-même; il est le maître des trésors, il en aura tant qu'il voudra. » — Ainsi je me livrai à la plus noire ingratitude, et je me déterminai tout à coup à lui enlever ses chameaux avec leur charge.

« Pour exécuter mon dessein, je commençai par faire arrêter mes chameaux. Ensuite je courus après le derviche, que j'appelai de toute ma force pour lui faire comprendre que j'avais encore quelque chose à lui dire, et je lui fis signe de faire aussi arrêter les siens et de m'attendre. Il entendit ma voix et il s'arrêta.

« Quand je l'eus rejoint : « — Mon frère, lui dis-je, je ne vous ai pas eu plutôt quitté, que j'ai considéré une chose à laquelle je n'avais pas pensé auparavant et à laquelle peut-être n'avez-vous pas pensé vous-même. Vous êtes un bon derviche accoutumé à vivre tranquillement, dégagé du soin des choses du monde et sans autre embarras que celui de servir Dieu. Vous ne savez peut-être pas à quelle peine vous vous êtes engagé en vous chargeant d'un si grand nombre de chameaux. Si vous vouliez me croire, vous n'en emmèneriez que trente, et je crois que vous aurez encore bien de la difficulté à les gouverner. Vous pouvez vous en rapporter à moi, j'en ai l'expérience.

« — Je crois que vous avez raison, reprit le derviche, qui ne se voyait pas en état de pouvoir me rien disputer, et j'avoue, ajouta-t-il, que je n'y avais pas fait réflexion. Je commençais déjà à être inquiet sur ce que vous me représentez. Choisissez donc les dix qu'il vous plaira, emmenez-les et allez à la garde de Dieu. »

« J'en mis à part dix, et, après les avoir détournés, je les mis en chemin pour aller se mettre à la suite des miens. Je ne croyais pas trouver dans le derviche une si grande facilité à se laisser persuader. Cela augmenta mon avidité, et je me flattai que je n'aurais pas plus de peine à en obtenir encore dix autres.

« En effet, au lieu de le remercier du riche présent qu'il venait de me faire : « — Mon frère, lui dis-je encore, par l'intérêt que je prends à votre repos, je ne puis me résoudre à me séparer d'avec vous sans vous prier de considérer encore une fois combien trente chameaux chargés sont difficiles à mener à un homme comme vous particulièrement, qui n'êtes pas accoutumé à ce travail. Vous vous trouveriez beaucoup mieux si vous me faisiez une grâce pareille à celle que vous venez de me faire. Ce que je vous en dis, comme vous le voyez, n'est pas tant pour l'amour de moi et pour mon intérêt que pour vous faire un grand plaisir : soulagez-vous donc de ces dix autres chameaux sur un homme comme moi, à qui il ne coûte pas plus de prendre soin de cent que d'un seul. »

« Mon discours fit l'effet que je souhaitais, et le derviche me céda sans aucune résistance les dix chameaux que je lui demandais, de manière qu'il ne lui en resta plus que vingt, et je me vis maître de soixante charges, dont la valeur surpassait les richesses de beaucoup de souverains. Il semble après cela que je devais être content.

« Mais, commandeur des croyants, semblable à un hydropique, qui plus il boit, plus il a soif, je me sentis plus enflammé qu'auparavant de l'envie de me procurer les vingt autres qui restaient encore au derviche.

« Je redoublai mes sollicitations, mes prières et mes importunités pour faire condescendre le derviche à m'en accorder encore dix des vingt. Il se rendit de bonne grâce, et quant aux dix autres qui lui restaient, je l'embrassai, je le baisai et je lui fis tant de caresses, en le conjurant de ne me les pas refuser et de mettre par là le comble à l'obligation que je lui aurais éternellement, qu'il me combla de joie en m'annonçant qu'il y consentait. « — Faites-en bon usage, mon frère, ajouta-t-il, et souvenez-vous que Dieu peut nous ôter les richesses comme il nous les donne, si nous ne nous en servons à secourir les pauvres, qu'il se plaît à laisser dans l'indigence exprès pour donner lieu aux riches de mériter par leurs aumônes une plus grande récompense dans l'autre monde. »

« Mon aveuglement était si grand, que je n'étais pas en état de profiter d'un conseil si salutaire. Je ne me contentai pas de me revoir possesseur de mes quatre-vingts chameaux et de savoir qu'ils étaient chargés d'un trésor inestimable qui devait me rendre le plus fortuné des hommes. Il me vint dans l'esprit que la petite boîte de pommade dont le derviche s'était saisi et qu'il m'avait montrée pouvait être quelque chose de plus précieux que toutes les richesses dont je lui étais redevable. L'endroit où le derviche l'a prise, disais-je en moi-même, et le soin qu'il a eu de s'en saisir, me font croire qu'elle enferme quelque chose de mystérieux. Cela me détermina à faire en sorte de l'obtenir. Je venais de l'embrasser en lui disant adieu. « — A propos, lui dis-je en retournant à lui, que voulez-vous faire de cette petite boîte de pommade? Elle me paraît si peu de chose, ajoutai-je, qu'elle ne vaut pas la peine que vous l'emportiez ; je vous prie de m'en faire présent : aussi bien, un derviche, comme vous, qui a renoncé aux vanités du monde, n'a pas besoin de pommade. »

« Plût à Dieu qu'il me l'eût refusée, cette boîte ! Mais quand il l'aurait voulu faire, je ne me possédais plus, j'étais plus fort que lui et bien résolu à la lui enlever par force, afin que, pour mon entière satisfaction, il ne fût pas dit qu'il eût emporté la moindre chose du trésor, quelque grande que fût l'obligation que je lui avais.

« Loin de me la refuser, le derviche la tira d'abord de son sein, et en me la présentant de la meilleure grâce du monde : « — Tenez, mon frère, me dit-il, la voilà; qu'à cela ne tienne que vous ne soyez content; si je puis faire davantage pour vous, vous n'avez qu'à demander, je suis prêt à vous satisfaire. »

« Quand j'eus la boîte entre les mains, je l'ouvris, et en considérant la pommade : « — Puisque vous êtes de si bonne volonté, lui dis-je, et que vous ne vous lassez pas de m'obliger, je vous prie de vouloir bien me dire quel est l'usage particulier de cette pommade.

« — L'usage en est surprenant et merveilleux, repartit le derviche. Si vous appliquez un peu de cette pommade autour de l'œil gauche et sur la paupière, elle fera paraître devant vos yeux tous les trésors qui sont cachés dans le sein de la terre ; mais si vous en appliquez de même à l'œil droit, elle vous rendra aveugle. »

« Je voulais avoir moi-même l'expérience d'un effet si admirable. « — Prenez la boîte, dis-je au derviche en la lui présentant, et appliquez-moi vous-même de cette pommade à l'œil gauche. Vous entendez cela mieux que moi ; je suis dans l'impatience d'avoir l'expérience d'une chose qui me paraît incroyable. »

« Le derviche voulut bien se donner cette peine, il me fit fermer l'œil gauche et m'appliqua la pommade. Quand il eut fait, j'ouvris l'œil, et j'éprouvai qu'il m'avait dit la vérité. Je vis en effet un nombre infini de trésors, remplis de richesses si prodigieuses et si diversifiées, qu'il ne me serait pas possible d'en faire un détail au juste. Mais comme j'étais obligé de tenir l'œil droit fermé avec la main et que cela me fatiguait, je priai le derviche de m'appliquer aussi de cette pommade autour de cet œil. »

« — Je suis prêt à le faire, me dit le derviche ; mais vous devez vous souvenir, ajouta-t-il, que je vous ai averti que si vous en mettez sur l'œil droit vous deviendrez aveugle aussitôt. Telle est la vertu de cette pommade, il faut que vous vous y accommodiez. »

« Loin de me persuader que le derviche me dît la vérité, je m'imaginai au contraire qu'il y avait encore

quelque nouveau mystère qu'il voulait me cacher :
« — Mon frère, repris-je en souriant, je vois bien que vous voulez m'en faire accroire : il n'est pas naturel que cette pommade fasse deux effets si opposés l'un à l'autre.

« — La chose est pourtant comme je vous le dis, repartit le derviche en prenant le nom de Dieu à témoin, et vous devez m'en croire sur ma parole, car je ne sais point déguiser la vérité. »

« Je ne voulus pas me fier à la parole du derviche, qui me parlait en homme d'honneur. L'envie insurmontable de contempler à mon aise tous les trésors de la terre, et peut-être d'en jouir toutes les fois que je voudrais m'en donner le plaisir, fit que je ne voulus pas écouter ses remontrances ni me persuader d'une chose qui cependant n'était que trop vraie, comme je l'expérimentai bientôt après, à mon grand malheur.

« Dans la prévention où j'étais, j'allais m'imaginer que si cette pommade avait la vertu de me faire voir tous les trésors de la terre en l'appliquant sur l'œil gauche, elle avait peut-être la vertu de les mettre à ma disposition en l'appliquant sur le droit. Dans cette pensée, je m'obstinai à presser le derviche de m'en appliquer lui-même autour de l'œil droit, mais il refusa constamment de le faire. « — Après vous avoir fait un si grand bien, mon frère, me dit-il, je ne puis me résoudre à vous faire un si grand mal. Considérez bien vous-même quel malheur est celui d'être privé de la vue, et ne me réduisez pas à la nécessité fâcheuse de vous complaire dans une chose dont vous aurez à vous repentir toute votre vie. »

« Je poussai mon opiniâtreté jusqu'au bout. « — Mon frère, lui dis-je assez fermement, je vous prie de passer par-dessus toutes les difficultés que vous me faites. Vous m'avez accordé fort généreusement tout ce que je vous ai demandé jusqu'à présent : voulez-vous que je me sépare de vous mal satisfait pour une chose de si peu de conséquence? Au nom de Dieu, accordez-moi cette dernière faveur. Quoi qu'il en arrive, je ne m'en prendrai pas à vous, et la faute en sera sur moi seul. »

« Le derviche fit toute la résistance possible; mais comme il vit que j'étais en état de l'y forcer : « — Puisque vous le voulez absolument, me dit-il, je vais vous contenter. » — Il prit un peu de cette pommade fatale, et me l'appliqua donc sur l'œil droit, que je tenais fermé; mais, hélas! quand je vins à l'ouvrir, je ne vis que ténèbres épaisses de mes deux yeux, et je demeurai aveugle comme vous me voyez.

« — Ah! malheureux derviche! m'écriai-je dans le moment, ce que vous m'avez prédit n'est que trop vrai. Fatale curiosité, ajoutai-je, désir insatiable des richesses, dans quel abîme de malheur m'allez-vous jeter! je sens bien à présent que je me les suis

attirés; mais vous, cher frère, m'écriai-je encore en m'adressant au derviche, qui êtes si charitable et si bienfaisant, entre tant de secrets merveilleux dont vous avez la connaissance, n'en avez-vous pas quelqu'un pour me rendre la vue? — Malheureux! me répondit alors le derviche, il n'a pas tenu à moi que tu n'aies évité ce malheur, mais tu n'as que ce que tu mérites, et c'est l'aveuglement du cœur qui t'a attiré celui du corps. Il est vrai que j'ai des secrets, tu l'as pu connaître dans le peu de temps que j'ai été avec toi; mais je n'en ai pas pour te rendre la vue. Adresse-toi à Dieu, si tu crois qu'il y en ait un. Il n'y a que lui qui puisse te la rendre. Il t'avait donné des richesses dont tu étais indigne; il te les a ôtées, et il va les donner par mes mains à des hommes qui n'en seront pas méconnaissants comme toi.

« Le derviche ne m'en dit pas davantage, et je n'avais rien à lui répliquer. Il me laissa seul, accablé de confusion et plongé dans un excès de douleur qu'on ne peut exprimer; et après avoir rassemblé mes quatre-vingts chameaux, il les emmena et poursuivit son chemin jusqu'à Balsora.

« Je le priai de ne me point abandonner en cet état malheureux et de m'aider du moins à me conduire jusqu'à la première caravane, mais il fut sourd à mes prières et à mes cris. Ainsi privé de la vue et de tout ce que je possédais au monde, je serais mort d'affliction et de faim si, le lendemain, une caravane qui revenait de Balsora ne m'eût bien voulu recevoir charitablement et me ramener à Bagdad.

« D'un état à m'égaler à des princes, sinon en forces et en puissance, au moins en richesse et en magnificence, je me vis réduit à la mendicité sans aucune ressource. Il fallut donc me résoudre à demander l'aumône, et c'est ce que j'ai fait jusqu'à présent. Mais, pour expier mon crime envers Dieu, je m'imposai en même temps la peine d'un soufflet de la part de chaque personne charitable qui aurait compassion de ma misère.

« Voilà enfin, commandeur des croyants, le motif de ce qui parut hier si étrange à Votre Majesté et de ce qui doit m'avoir fait encourir son indignation. Je lui en demande pardon encore une fois, comme son esclave, en me soumettant à recevoir le châtiment que j'ai mérité, et si elle daigne prononcer sur la pénitence que je me suis imposée, je suis persuadé qu'elle la trouvera légère et beaucoup au-dessous de mon crime. »

Quand l'aveugle eut achevé son histoire, le calife lui dit : « — Baba-Abdalla, ton péché est grand ; mais Dieu soit loué de ce que tu en as connu l'énormité, et de la pénitence publique que tu en as faite jusqu'à présent ! C'est assez, il faut que dorénavant tu la continues dans le particulier, en ne cessant de demander pardon à Dieu dans chacune des prières auxquelles tu es obligé chaque jour par ta religion. Et afin que tu n'en sois pas détourné par le soin de demander ta vie, je te fais une aumône, ta vie durant, de quatre drachmes d'argent par jour de ma monnaie, que mon grand vizir te fera donner. Ainsi ne t'en retourne pas et attends qu'il ait exécuté mon ordre. »

A ces paroles, Baba-Abdalla se prosterna devant le trône du calife, et en se relevant il lui fit son remerciment en lui souhaitant toute sorte de bonheur et de prospérité.

Le calife Haroun Alraschid, content de l'histoire de Baba-Abdalla et du derviche, s'adressa au second personnage, que le grand vizir Giafar avait fait venir. « — Cogia Hassan, lui dit-il, en passant hier devant ton hôtel, il me parut si magnifique, que j'eus la curiosité de savoir à qui il appartenait. J'appris que tu l'avais fait bâtir après avoir fait profession d'un métier qui te produisait à peine de quoi vivre. On me dit aussi que tu ne te méconnaissais pas, que tu faisais un bon usage des richesses que Dieu t'a données, et que tes voisins disaient mille biens de toi.

« Tout cela m'a fait plaisir, ajouta le calife, et je suis bien persuadé que les voies dont il a plu à la Providence de te gratifier de ces dons sont extraordinaires. Je suis curieux de les apprendre par toi-même, et c'est pour me donner cette satisfaction que je t'ai fait venir. Parle-moi donc avec sincérité, afin que je me réjouisse en prenant part à ton bonheur avec plus de connaissance. Et afin que ma curiosité ne te soit pas suspecte, et que tu ne croies pas que j'y prenne autre intérêt que celui que je viens de te dire, je te déclare que, loin d'y avoir aucune prétention, je te donne ma protection pour en jouir en toute sûreté. »

Sur ces assurances du calife, Cogia Hassan se prosterna devant son trône, frappa de son front le tapis dont il était couvert, et après qu'il se fut relevé : « — Commandeur des croyants, dit-il, tout autre que moi, qui ne se serait pas senti la conscience aussi pure et aussi nette que je me la sens, aurait pu être troublé en recevant l'ordre de venir paraître devant le trône de Votre Majesté ; mais comme je n'ai jamais eu pour elle que des sentiments de respect et de vénération, et que je n'ai rien commis contre l'obéissance que je lui dois, ni contre les lois, qui ait pu m'attirer son indignation, la seule chose qui m'ait fait de la peine est la juste crainte dont j'ai été saisi de n'en pouvoir soutenir l'éclat. Néanmoins, sur la bonté avec laquelle la renommée publie que Votre Majesté reçoit et écoute le moindre de ses sujets, je me suis rassuré, et je n'ai pas douté qu'elle ne me donnât elle-même le courage et la confiance de lui procurer la satisfaction qu'elle pourrait exiger de moi. C'est, commandeur des croyants, ce que Votre Majesté vient de me faire expérimenter en m'accordant sa puissante protection sans savoir si je la mérite. J'espère néanmoins qu'elle demeurera dans un sentiment qui m'est si avantageux, quand, pour satisfaire à son commandement, je lui aurai fait le récit de mes aventures. »

Après ce petit compliment pour se concilier la bienveillance et l'attention du calife, et après avoir, pendant quelques moments, rappelé dans sa mémoire ce qu'il avait à dire, Cogia Hassan reprit la parole en ces termes :

HISTOIRE DE COGIA HASSAN ALHABBAL

« Commandeur des croyants, dit-il, pour mieux faire entendre à Votre Majesté par quelles voies je suis parvenu au grand bonheur dont je jouis, je dois, avant toute chose, commencer par lui parler de deux amis intimes, citoyens de cette même ville de Bagdad, qui vivent encore, et qui peuvent rendre témoignage de la vérité, auxquels j'en suis redevable après Dieu, le premier auteur de tout bien et de tout bonheur.

« Ces deux amis s'appellent, l'un Saadi et l'autre

Saad. Saadi, qui est puissamment riche, a toujours été du sentiment qu'un homme ne peut être heureux en ce monde qu'autant qu'il a des biens et de grandes richesses pour vivre hors de la dépendance de qui que ce soit.

« Saad est d'un autre sentiment : il convient qu'il faut véritablement avoir des richesses autant qu'elles sont nécessaires à la vie ; mais il soutient que la vertu doit faire le bonheur des hommes, sans d'autre attache aux biens du monde que par rapport aux besoins qu'ils peuvent en avoir et que pour en faire des libéralités selon leur pouvoir. Saad est de ce nombre, et il vit très-heureux et très-content dans l'état où il se trouve. Quoique Saadi, pour ainsi dire, se trouve infiniment plus riche que lui, leur amitié néanmoins est très-sincère, et le plus riche ne s'estime pas plus que l'autre. Ils n'ont jamais eu de contestation que sur ce seul point : en toute autre chose, leur union a toujours été très-uniforme.

« Un jour, dans leur entretien, à peu près sur la même matière, comme je l'ai appris d'eux-mêmes, Saadi prétendait que les pauvres n'étaient pauvres que parce qu'ils étaient nés dans la pauvreté, ou que, nés avec des richesses, ils les avaient perdues ou par débauche ou par quelqu'une des fatalités imprévues qui ne sont pas extraordinaires. « — Mon opinion, disait-il, est que ces pauvres ne le sont que parce qu'ils ne peuvent parvenir à amasser une somme d'argent assez grosse pour se tirer de la misère en employant leur industrie à la faire valoir, et mon sentiment est que, s'ils venaient à ce point et qu'ils fissent un usage convenable de cette somme, ils ne deviendraient pas seulement riches, mais même très-opulents avec le temps. »

« Saad ne convint pas de la proposition de Saadi.

« — Le moyen que vous proposez, reprit-il, pour faire qu'un pauvre devienne riche ne me paraît pas aussi certain que vous le croyez. Ce que vous en pensez est fort équivoque, et je pourrais appuyer mon sentiment contre le vôtre de plusieurs bonnes raisons qui nous mèneraient trop loin. Je crois au moins, avec autant de probabilité, qu'un pauvre peut devenir riche par tout autre moyen qu'avec une somme d'argent. On fait souvent, par hasard, une fortune plus grande et plus surprenante qu'avec une somme d'argent telle que vous le prétendez, quelque ménagement et quelque économie que l'on apporte pour la faire multiplier par un négoce bien conduit.

« — Saad, reprit Saadi, je vois bien que je ne gagnerai rien avec vous en persistant à soutenir mon opinion contre la vôtre. Je veux en faire l'expérience pour vous en convaincre, en donnant, par exemple, en pur don une somme telle que je me l'imagine, à un de ces artisans pauvres de père en fils, qui vivent au jour la journée, et qui meurent aussi gueux que quand ils sont nés. Si je ne réussis pas, nous verrons si vous réussirez mieux de la manière que vous l'entendez. »

« Quelques jours après cette contestation, il arriva que les deux amis, en se promenant, passèrent par le quartier où je travaillais de mon métier de cordier, que j'avais appris de mon père, et qu'il avait appris lui-même de mon aïeul, et ce dernier, de nos ancêtres. A voir mon équipage et mon habillement, ils n'eurent pas de peine à juger de ma pauvreté.

« Saad, qui se souvint de l'engagement de Saadi, lui dit : « — Si vous n'avez pas oublié à quoi vous vous êtes engagé avec moi, voilà un homme, ajouta-t-il en me désignant, qu'il y a longtemps que je vois faisant le métier de cordier et toujours dans le même état de pauvreté. C'est un sujet digne de votre libéralité et tout propre à faire l'expérience dont vous parliez l'autre jour. — Je m'en souviens si bien, reprit Saadi, que je porte sur moi de quoi faire l'expérience que vous dites, et je n'attendais que l'occasion que nous nous trouvassions ensemble et que vous fussiez témoin. Abordons-le, et sachons si véritablement il en a besoin. »

« Les deux amis vinrent à moi, et comme je vis

qu'ils voulaient me parler, je cessai mon travail. Ils me donnèrent l'un et l'autre le salut ordinaire du souhait de paix, et Saadi, en prenant la parole, me demanda comment je m'appelais.

« Je leur rendis le même salut, et pour répondre à la demande de Saadi : « — Seigneur, lui dis-je, mon nom est Hassan ; à cause de ma profession, je suis connu communément sous le nom de Hassan Alhabbal. — Hassan, reprit Saadi, comme il n'y a pas de métier qui ne nourrisse son maître, je ne doute pas que le vôtre ne vous fasse gagner de quoi vivre à votre aise, et même je m'étonne que, depuis le temps que vous l'exercez, vous n'ayez pas fait quelque épargne, et que vous n'ayez pas acheté une bonne provision de chanvre pour faire plus de travail, tant par vous-même que par des gens à gages que vous auriez pris pour vous aider et pour vous mettre insensiblement plus au large. — Seigneur, lui repartis-je, vous cesserez de vous étonner que je ne fasse pas d'épargne, et que je ne prenne pas le chemin que vous dites pour devenir riche, quand vous saurez qu'avec tout le travail que je puis faire depuis le matin jusqu'au soir, j'ai de la peine à gagner de quoi me nourrir, moi et ma famille, de pain et de quelques légumes. J'ai une femme et cinq enfants, dont pas un n'est en âge de m'aider en la moindre chose : il faut les entretenir et les habiller, et dans un ménage, si petit qu'il soit, il y a toujours mille choses nécessaires dont on ne peut se passer. Quoique le chanvre ne soit pas cher, il faut néanmoins de l'argent pour en acheter, et c'est le premier que je mets à part de la vente de mes ouvrages. Sans cela il ne me serait pas possible de fournir à la dépense de ma maison. Jugez, seigneur, ajoutai-je, s'il est possible que je fasse des épargnes pour me mettre plus au large moi et ma famille. Il nous suffit que nous soyons contents du peu que Dieu nous donne, et qu'il nous ôte la connaissance et le désir de ce qui nous manque; mais nous ne trouvons pas que rien nous manque quand nous avons pour vivre ce que nous avons accoutumé d'avoir, et que nous ne sommes pas dans la nécessité d'en demander à personne. »

« Quand j'eus fait tout ce détail à Saadi : « — Hassan, me dit-il, je ne suis plus dans l'étonnement où j'étais, et je comprends toutes les raisons qui vous obligent à vous contenter de l'état où vous vous trouvez. Mais si je vous faisais présent d'une bourse de deux cents pièces d'or, n'en feriez-vous pas un bon usage, et ne croyez-vous pas qu'avec cette somme vous deviendriez bientôt au moins aussi riche que les principaux de votre profession? — Seigneur, repris-je, vous me paraissez un si honnête homme, que je suis persuadé que vous ne voudriez pas vous divertir de moi, et que l'offre que vous me faites est sérieuse. J'ose donc vous dire, sans trop présumer de moi, qu'une somme beaucoup moindre me suffirait, non-seulement pour devenir aussi riche que les principaux de ma profession, mais même pour le devenir en peu de temps plus moi seul qu'ils ne le sont tous ensemble dans cette ville de Bagdad, aussi grande et aussi peuplée qu'elle est. »

« Le généreux Saadi me fit voir sur-le-champ qu'il m'avait parlé sérieusement. Il tira la bourse de son sein, et en me la mettant entre les mains : « — Prenez, me dit-il, voilà la bourse : vous y trouverez les deux cents pièces d'or bien comptées. Je prie Dieu qu'il vous donne sa bénédiction et qu'il vous fasse la grâce d'en faire le bon usage que je souhaite, et croyez que mon ami Saad, que voici, et moi, nous aurons un très-grand plaisir quand nous apprendrons qu'elles vous auront servi à vous rendre plus heureux que vous ne l'êtes. »

« Commandeur des croyants, quand j'eus reçu la bourse et que d'abord je l'eus mise dans mon sein, je fus dans un transport de joie si grand, et je fus si fort pénétré de reconnaissance, que la parole me manqua et qu'il ne me fut pas possible d'en donner autre marque à mon bienfaiteur que d'avancer la main pour lui prendre le bord de sa robe et la baiser.

Mais il la retira en s'éloignant, et ils continuèrent leur chemin, lui et son ami.

« En reprenant mon ouvrage après leur éloignement, la première pensée qui me vint fut d'aviser où je mettrais la bourse pour être en sûreté. Je n'avais dans ma petite et pauvre maison ni coffre, ni armoire qui fermât, ni aucun lieu où je pusse m'assurer qu'elle ne serait pas découverte si je l'y cachais.

« Dans cette perplexité, comme j'avais coutume, avec les pauvres gens de ma sorte, de cacher le peu de monnaie que j'avais dans les plis de mon turban, je quittai mon ouvrage et je rentrai chez moi sous prétexte de le raccommoder. Je pris si bien mes précautions, que, sans que ma femme et mes enfants s'en aperçussent, je tirai dix pièces d'or de la bourse, que je mis à part pour les dépenses les plus pressées, et j'enveloppai le reste dans les plis de la toile qui entourait mon bonnet.

« La principale dépense que je fis dès le même jour fut d'acheter une bonne provision de chanvre. Ensuite, comme il y avait longtemps qu'on n'avait vu de viande dans ma famille, j'allai à la boucherie et j'en achetai pour le souper.

« En m'en revenant, je tenais ma viande à la main, lorsqu'un milan affamé, sans que je pusse me défendre, fondit dessus, et me l'eût arrachée de la main si je n'eusse tenu ferme contre lui. Mais, hélas ! j'aurais bien mieux fait de la lui lâcher pour ne pas perdre ma bourse. Plus il trouvait en moi de la résistance, plus il s'opiniâtrait à la vouloir avoir. Il me traînait d'un côté et d'autre, pendant qu'il se soutenait en l'air sans quitter prise ; mais il arriva malheureusement que dans les efforts que je faisais mon turban tomba à terre.

« Aussitôt le milan quitta prise et se jeta sur mon turban avant que j'eusse eu le temps de le ramasser, et l'enleva. Je poussai des cris si perçants, que les hommes, femmes et enfants du voisinage en furent effrayés, et joignirent leurs cris aux miens, pour tâcher de faire lâcher prise au milan.

« On réussit souvent par ce moyen à forcer ces sortes d'oiseaux voraces à lâcher ce qu'ils ont enlevé. Mais les cris n'épouvantèrent pas le milan ; il emporta mon turban si loin, que nous le perdîmes tous de vue avant qu'il l'eût lâché. Ainsi, il eût été inutile de me donner la peine et la fatigue de courir après pour le recouvrer.

« Je retournai chez moi fort triste de la perte que je venais de faire de mon turban et de mon argent. Il fallut cependant en racheter un autre, ce qui fit une nouvelle diminution aux dix pièces d'or que j'avais tirées de la bourse. J'en avais déjà dépensé pour l'achat du chanvre, et ce qui me restait ne suffisait pas pour me donner lieu de remplir les belles espérances que j'avais conçues.

« Ce qui me fit le plus de peine fut le peu de satisfaction que mon bienfaiteur aurait d'avoir si mal placé sa libéralité, quand il apprendrait le malheur qui m'était arrivé, qu'il regarderait peut-être comme incroyable, et par conséquent comme une vaine excuse.

« Tant que dura le peu des dix pièces d'or qui me restait, nous nous en ressentîmes, ma petite famille et moi ; mais je retombai bientôt dans le même état et dans la même impuissance de me tirer hors de misère qu'auparavant. Je n'en murmurai pourtant pas. — Dieu, disais-je, a voulu m'éprouver en me donnant du bien dans le temps que je m'y attendais le moins; il me l'a ôté presque dans le même temps parce qu'il lui a plu ainsi et qu'il était à lui ; qu'il en soit loué comme je l'avais loué jusqu'alors des bienfaits dont il m'avait favorisé, tel qu'il lui avait plu aussi ! je me soumets à sa volonté.

« J'étais dans ces sentiments pendant que ma femme, à qui je n'avais pu m'empêcher de faire part de la perte que j'avais faite et par quel endroit elle m'était venue, était inconsolable. Il m'était échappé aussi, dans le trouble où j'étais, de dire à mes voisins qu'en perdant mon turban je perdais une bourse de cent quatre-vingt-dix pièces d'or; mais comme ma pauvreté leur était connue et qu'ils ne pouvaient pas comprendre que j'eusse gagné une si grosse somme par mon travail, ils ne firent qu'en rire, et les enfants plus qu'eux.

« Il y avait environ six mois que le milan m'avait causé le malheur que je viens de raconter à Votre Majesté, lorsque les deux amis passèrent peu loin du quartier où je demeurais. Le voisinage fit que Saad se souvint de moi. Il dit à Saadi : « — Nous ne sommes pas loin de la rue où demeure Hassan Alhabbal ; passons-y et voyons si les deux cents pièces d'or que vous lui avez données ont contribué pour quelque chose à le mettre en chemin de faire au moins une fortune meilleure que celle dans laquelle nous l'avons vu. — Je le veux bien, reprit Saadi ; il y a quelques jours, ajouta-t-il, que je pensais à lui en me faisant un grand plaisir de la satisfaction que j'aurais en vous rendant témoin de la preuve de ma proposition. Vous allez voir un grand changement en lui, et je m'attends que nous aurons de la peine à le reconnaître. »

« Les deux amis s'étaient déjà retournés, et ils entraient dans la rue en même temps que Saadi parlait encore. Saad, qui m'aperçut de loin le premier, dit à son ami : « — Il me semble que vous preniez gain de cause trop tôt. Je vois Hassan Alhabbal, mais il ne me paraît aucun changement en sa personne : il est aussi mal habillé qu'il l'était quand nous lui avons parlé ensemble ; la différence que j'y vois, c'est que son turban est un peu moins malpropre : voyez vous-même si je me trompe. »

« En approchant, Saadi, qui m'avait aperçu aussi, vit bien que Saad avait raison, et il ne savait sur quoi fonder le peu de changement qu'il voyait en ma personne. Il en fut de même si fort étonné, que ce ne fut pas lui qui me parla quand ils m'eurent abordé. Saad, après m'avoir donné le salut ordinaire : « — Eh bien ! Hassan, me dit-il, nous ne vous demandons pas comment vont vos petites affaires depuis que nous ne vous avons vu ; elles ont pris sans doute un meilleur train ; les deux cents pièces d'or doivent y avoir contribué. — Seigneurs, repris-je en m'adressant à tous les deux, j'ai une grande mortification d'avoir à vous apprendre que vos souhaits, vos vœux et vos espérances, aussi bien que les miens, n'ont pas eu le succès que vous aviez lieu d'attendre et que je m'étais promis moi-même. Vous aurez de la peine à ajouter foi à l'aventure extraordinaire qui m'est arrivée ; je vous assure néanmoins en homme d'honneur, et vous devez me croire, que rien n'est plus véritable que ce que vous allez entendre. » — Alors, je leur racontai mon aventure avec les mêmes circonstances que je viens d'avoir l'honneur de l'exposer à Votre Majesté.

« Saadi rejeta mon discours bien loin. « — Hassan, dit-il, vous vous moquez de moi, et vous voulez me tromper ; ce que vous me dites est une chose incroyable : les milans n'en veulent pas aux turbans ; ils ne cherchent que de quoi contenter leur avidité. Vous avez fait comme tous les gens de votre sorte ont coutume de faire : s'ils font un gain extraordinaire ou que quelque bonne fortune qu'ils n'attendaient pas leur arrive, ils abandonnent leur travail, ils se divertissent, ils se régalent, ils font bonne chère tant que dure l'argent, et dès qu'ils ont tout mangé ils se retrouvent dans la même nécessité et dans les mêmes besoins qu'auparavant. Vous ne croupissez dans votre misère que parce que vous le méritez et que vous vous rendez vous-même indigne du bien que l'on vous fait. — Seigneur, repris-je, je souffre tous ces reproches, et je suis prêt d'en souffrir encore d'autres bien plus atroces que vous pourriez me faire ; mais je les souffre avec d'autant plus de patience que je ne crois pas en avoir mérité aucun. La chose est si publique dans le quartier, qu'il n'y a personne qui ne vous en rende témoignage. Informez-vous-en vous-même, vous trouverez que je ne vous en impose pas. J'avoue que je n'avais pas entendu dire que les milans eussent enlevé des turbans ; mais la chose m'est arrivée comme une infinité d'autres qui ne sont jamais arrivées et qui cependant arrivent tous les jours. »

« Saad prit mon parti, et il raconta à Saadi tant d'autres histoires de milans non moins surprenantes, dont quelques-unes ne lui étaient pas inconnues, qu'à la fin il tira sa bourse de son sein : il m'en compta deux cents pièces d'or dans la main, que je mis à mesure dans mon sein, faute de bourse.

« Quand Saadi eut achevé de me compter cette somme : « — Hassan, me dit-il, je veux bien vous faire encore présent de ces deux cents pièces d'or ;

mais prenez garde de les mettre dans un lieu si sûr qu'il ne vous arrive pas de les perdre aussi malheureusement que vous avez perdu les autres, et de faire en sorte qu'elles vous procurent l'avantage que les premières devaient vous avoir procuré. » — Je lui témoignai que l'obligation que je lui avais de cette seconde grâce était d'autant plus grande que je ne la méritais pas après ce qui m'était arrivé, et que je n'oublierais rien pour profiter de son bon conseil. Je voulais poursuivre, mais il ne m'en donna pas le temps; il me quitta et il continua sa promenade avec son ami.

« Je ne repris pas mon travail après leur départ : je rentrai chez moi, où ma femme ni mes enfants ne se trouvaient pas alors. Je mis à part dix pièces d'or des deux cents, et j'enveloppai les cent quatre vingt-dix autres dans un linge que je nouai. Il s'agissait de cacher le linge dans un lieu de sûreté. Après y avoir bien songé, je m'avisai de le mettre au fond d'un grand vase de terre plein de son qui était dans un coin, où je m'imaginai bien que ma femme ni mes enfants n'iraient pas le chercher. Ma femme revint peu de temps après, et comme il ne me restait que très-peu de chanvre, sans lui parler des deux amis, je lui dis que j'allais en acheter. »

La sultane Scheherazade n'ayant pu, le jour précédent, finir l'histoire de Cogia Hassan Alhabbal, à laquelle elle sentait que le sultan des Indes, son époux, prenait un singulier plaisir, ne manqua pas, aussitôt qu'elle fut éveillée par sa sœur Dinarzade, de la reprendre ainsi :

SUITE DE L'HISTOIRE DE COGIA HASSAN ALHABBAL

« Commandeur des croyants, vous venez d'entendre comment Saadi me fit encore présent de deux cents autres pièces d'or pour tâcher de rétablir ma petite fortune. Je vous ai dit que sans reprendre mon travail je rentrai chez moi, que je pris dix pièces d'or, et ayant mis le reste, enveloppé dans un linge, au fond d'un grand pot rempli de son, à l'insu de ma femme et de mes enfants, je leur dis que j'allais acheter du chanvre.

« Je sortis; mais pendant que j'étais allé faire cette emplette, un vendeur de terre à décrasser, dont les femmes se servent au bain, vint à passer par la rue et se fit entendre par son cri.

« Ma femme, qui n'avait plus de cette terre, appelle le vendeur, et comme elle n'avait pas d'argent, elle lui demande s'il voulait lui donner de sa terre en échange pour son son. Le vendeur demande à voir le son. Ma femme lui montre le vase. Le marché se fait, il se conclut. Elle reçoit la terre à décrasser, et le vendeur emporte le vase avec le son.

« Je revins chargé de chanvre autant que j'en pouvais porter, suivi de cinq porteurs, chargés comme moi de la même marchandise, dont j'emplis une soupente que j'avais ménagée dans ma maison. Je satisfis les porteurs de leur peine, et après qu'ils furent partis, je pris quelques moments pour me remettre de ma lassitude ; alors, je jetai les yeux du côté où j'avais laissé le vase de son, et je ne le vis plus.

« Je ne puis exprimer à Votre Majesté quelle fut ma surprise ni l'effet qu'elle produisit en moi dans ce moment. Je demandai à ma femme avec précipitation ce qu'il était devenu, et elle me raconta le marché qu'elle en avait fait comme une chose en quoi elle croyait avoir beaucoup gagné.

« — Ah ! femme infortunée ! m'écriai-je, vous ignorez le mal que vous nous avez fait, à moi, à vous-même et à vos enfants, en faisant un marché qui nous perd sans ressource. Vous avez cru ne vendre que du son, et avec ce son vous avez enrichi votre vendeur de terre à décrasser de cent quatre-vingt-dix pièces d'or dont Saadi, accompagné de son ami, venait de me faire présent pour la seconde fois. »

« Il s'en fallut peu que ma femme ne se désespérât quand elle eut appris la grande faute qu'elle avait commise par son ignorance. Elle se lamenta, se frappa la poitrine, s'arracha les cheveux, et, déchirant l'habit dont elle était revêtue : « — Malheureuse que je suis ! s'écria-t-elle, suis-je digne de vivre après une méprise si cruelle ! Où chercherai-je ce vendeur de terre ? je ne le connais pas, il n'a passé par notre rue que cette seule fois, et peut-être ne le reverrai-je jamais ! Ah ! mon mari, ajouta-t-elle, vous avez un grand tort : pourquoi avez-vous été si réservé à mon égard dans une affaire de cette importance ? Cela ne fût pas arrivé si vous m'eussiez fait part de votre secret. » — Je ne finirais pas si je rapportais à Votre Majesté tout ce que la douleur lui mit alors dans la bouche. Elle n'ignore pas combien les femmes sont éloquentes dans leurs afflictions.

« — Ma femme, lui dis-je, modérez-vous ; vous ne comprenez pas que vous nous allez attirer tout le voisinage par vos cris et par vos pleurs. Il n'est pas besoin qu'ils soient informés de nos disgrâces. Bien loin de prendre part à notre malheur ou de nous donner de la consolation, ils se feraient un plaisir de se railler de votre simplicité et de la mienne. Le parti le meilleur que nous ayons à prendre, c'est de dissimuler cette perte, de la supporter patiemment, de manière qu'il n'en paraisse pas la moindre chose, et de nous soumettre à la volonté de Dieu. Bénissons-le, au contraire, de ce que de deux cents pièces d'or qu'il nous avait données, il n'en a tiré que cent quatre-vingt-dix, et qu'il nous en a laissé dix par sa libéralité, dont l'emploi que je viens de faire ne laisse pas de nous apporter quelque soulagement. »

« Quelque bonnes que fussent mes raisons, ma femme eut bien de la peine à les goûter d'abord. Mais le temps, qui adoucit les maux les plus grands et qui paraissent les moins supportables, fit qu'à la fin elle s'y rendit.

« — Nous vivons pauvrement, lui dis-je, il est vrai ; mais qu'ont les riches que nous n'ayons pas? Ne respirons-nous pas le même air? Ne jouissons-nous pas de la même lumière et de la même chaleur du soleil? Quelques commodités qu'ils ont de plus que nous pourraient nous faire envier leur bonheur s'ils ne mouraient pas comme nous mourons. A le bien prendre, munis de la crainte de Dieu, que nous devons avoir sur toute chose, l'avantage qu'ils ont plus que nous est si peu considérable, que nous ne devons pas nous y arrêter. »

« Je n'ennuierai pas Votre Majesté plus longtemps par mes réflexions morales. Nous nous consolâmes, ma femme et moi, et je continuai mon travail, l'esprit aussi libre que si je n'eusse pas fait deux pertes si mortifiantes à peu de temps l'une de l'autre.

« La seule chose qui me chagrinait, et cela arrivait souvent, c'était quand je me demandais à moi-même comment je pourrais soutenir la présence de Saadi lorsqu'il viendrait me demander compte de l'emploi de ses deux cents pièces d'or et de l'avancement de ma fortune par le moyen de sa libéralité, et que je n'y voyais autre remède que de me résoudre à la confusion que j'en aurais, quoique cette seconde fois, non plus que la première, je n'eusse en rien contribué à ce malheur par ma faute.

« Les deux amis furent plus longtemps à revenir apprendre des nouvelles de mon sort que la première fois. Saad en avait parlé souvent à Saadi ; mais Saadi avait toujours différé. « — Plus nous différerons, disait-il, plus Hassan se sera enrichi, et plus la satisfaction que j'en aurai sera grande. »

« Saad n'avait pas la même opinion de l'effet de la libéralité de son ami. « — Vous croyez donc, reprenait-il, que votre présent aura été mieux employé par Hassan cette fois que la première? Je ne vous conseille pas de vous en flatter, de crainte que votre mortification n'en fût plus sensible, si vous trouviez que le contraire fût arrivé. — Mais, répétait Saadi, il n'arrive pas tous les jours qu'un milan emporte un turban. Hassan y a été attrapé, il aura pris ses précautions pour ne pas l'être une seconde fois. — Je n'en doute pas, répliqua Saad ; mais, ajouta-t-il, tout autre accident que nous ne pouvons imaginer, ni vous, ni moi, pourra être arrivé. Je vous le dis encore une fois, modérez votre joie et n'inclinez pas plus à vous prévenir sur le bonheur de Hassan que sur son malheur. Pour vous dire ce que j'en pense et ce que j'en ai toujours pensé, quelque mauvais gré que vous puissiez me savoir de ma persuasion, j'ai un pressentiment que vous n'aurez pas réussi, et que je réussirai mieux que vous à prouver qu'un pauvre homme peut devenir riche de toute autre manière qu'avec de l'argent. »

« Un jour enfin que Saad se trouvait chez Saadi, après une longue contestation semblable : « — C'en est trop, dit Saadi, je veux être éclairci dès aujourd'hui de ce qui en est ; voilà le temps de la promenade ; ne le perdons pas, et allons savoir lequel de nous deux aura perdu la gageure. »

« Les deux amis partirent, et je les vis venir de loin : j'en fus tout ému, et je fus sur le point de quitter mon ouvrage et d'aller me cacher pour ne point paraître devant eux. Attaché à mon travail, je fis semblant de ne pas les avoir aperçus, et je ne levai les yeux pour les regarder que quand ils furent près de moi et que, m'ayant donné le salut de paix, je ne pus honnêtement m'en dispenser. Je les baissai aussitôt, et en leur contant ma dernière disgrâce dans toutes ses circonstances, je leur fis connaître pourquoi ils me trouvaient aussi pauvre que la dernière fois qu'ils m'avaient vu.

« Quand j'eus achevé : « — Vous pouvez me dire, ajoutai-je, que je devais cacher les cent quatre-vingt-dix pièces d'or ailleurs que dans un vase de son qui devait, le même jour, être emporté de ma maison.

Mais il y avait plusieurs années que ce vase y était, qu'il servait à cet usage, et que, toutes les fois que ma femme avait vendu le son à mesure qu'il en était plein, le vase était toujours resté. Pouvais-je deviner que ce jour-là même, en mon absence, un vendeur de terre à décrasser passerait à point nommé, que ma femme se trouverait sans argent, et qu'elle ferait avec lui l'échange qu'elle a fait? Vous pourriez me dire que je devais avertir ma femme; mais je ne croirai jamais que des personnes aussi sages que je suis persuadé que vous êtes m'eussent donné ce conseil. Pour ce qui est de ne les avoir pas cachées ailleurs, quelle certitude pouvais-je avoir qu'elles y eussent été en grande sûreté?

« Seigneur, dis-je en m'adressant à Saadi, il n'a pas plu à Dieu que votre libéralité servît à m'enrichir, par un de ces décrets impénétrables que nous ne devons pas approfondir. Il me veut pauvre et non pas riche. Je ne laisse pas de vous en avoir la même obligation que si elle avait eu son effet entier selon vos souhaits. »

« Je me tus, et Saadi, qui prit la parole, me dit :
« — Hassan, quand je voudrais me persuader que tout ce que vous venez de nous dire est aussi vrai que vous prétendez nous le faire croire, et que ce ne serait pas pour cacher vos débauches ou votre mauvaise économie, comme cela pourrait être, je

me garderais bien néanmoins de passer outre et de m'opiniâtrer à faire une expérience capable de me ruiner. Je ne regrette pas les quatre cents pièces d'or dont je me suis privé pour essayer de vous tirer de la pauvreté; je l'ai fait par rapport à Dieu, sans attendre autre récompense de votre part que le plaisir de vous avoir fait du bien. Si quelque chose était capable de m'en faire repentir, ce serait de m'être adressé à vous plutôt qu'à un autre, qui peut-être en aurait mieux profité. » — Et en se retournant du côté de son ami : « — Saad, continua-t-il, vous pouvez connaître, par ce que je viens de dire, que je ne vous donne pas entièrement gain de cause. Il vous est pourtant libre de faire l'expérience de ce que vous prétendez contre moi depuis si longtemps. Faites-moi voir qu'il y ait d'autres moyens que l'argent capables de faire la fortune d'un homme pauvre, de la manière que je l'entends et que vous l'entendez, et ne cherchez pas un autre sujet que Hassan. Quoi que vous puissiez lui donner, je ne puis me persuader qu'il devienne plus riche qu'il n'a pu faire avec quatre cents pièces d'or. »

« Saad tenait un morceau de plomb dans la main, qu'il montrait à Saadi : « — Vous m'avez vu, reprit-il, ramasser à mes pieds ce morceau de plomb; je vais le donner à Hassan, vous verrez ce qu'il lui vaudra. »

« Saadi fit un éclat de rire en se moquant de Saad.
« — Un morceau de plomb ! s'écria-t-il : eh ! que peut-il valoir à Hassan qu'une obole, et que fera-t-il avec une obole ? » — Saad, en me présentant le morceau de plomb, me dit : « — Laissez rire Saadi et ne laissez pas de le prendre ; vous nous direz un jour des nouvelles du bonheur qu'il vous aura porté. »

« Je crus que Saad ne parlait pas sérieusement, et que ce qu'il en faisait n'était que pour se divertir.

15

Je ne laissai pas de recevoir le morceau de plomb, en le remerciant, et, pour le contenter, je le mis dans ma veste, comme par manière d'acquit. Les deux amis me quittèrent pour achever leur promenade, et je continuai mon travail.

« Le soir, comme je me déshabillais pour me coucher, et après que j'eus ôté ma ceinture, le morceau de plomb que Saad m'avait donné, auquel je n'avais plus songé depuis, tomba par terre ; je le ramassai et le mis dans le premier endroit que je trouvai.

« La même nuit, il arriva qu'un pêcheur de mes voisins, en accommodant ses filets, trouva qu'il y manquait un morceau de plomb : il n'en avait pas d'autre pour le remplacer, et il n'était pas l'heure d'en envoyer acheter, les boutiques étant fermées. Il fallait cependant, s'il voulait avoir pour vivre le lendemain, lui et sa famille, qu'il allât à la pêche deux heures avant le jour. Il témoigne son chagrin à sa femme et il l'envoie en demander dans le voisinage pour y suppléer.

« La femme obéit à son mari ; elle va de porte en porte, des deux côtés de la rue, et ne trouve rien. Elle rapporte cette réponse à son mari, qui lui demande, en lui nommant plusieurs de ses voisins, si elle avait frappé à leur porte. Elle répondit que oui.

« — Et chez Hassan Alhabbal, ajouta-t-il, je gage que

vous n y avez pas été? — Il est vrai, reprit la femme, je n'ai pas été jusque-là parce qu'il y a trop loin, et quand j'en aurais pris la peine, croyez-vous que j'en eusse trouvé? Quand on n'a besoin de rien, c'est justement chez lui qu'il faut aller : je le sais par expérience. — Cela n'importe, reprit le pêcheur; vous êtes une paresseuse, je veux que vous y alliez. Vous avez été cent fois chez lui sans trouver ce que vous cherchiez, vous y trouverez peut-être aujourd'hui le plomb dont j'ai besoin : encore une fois, je veux que vous y alliez. »

« La femme du pêcheur sortit en murmurant et en grondant, et vint frapper à ma porte. Il y avait déjà quelque temps que je dormais; je me réveillai en demandant ce qu'on voulait : « — Hassan Alhabbal, dit la femme en haussant la voix, mon mari a besoin d'un peu de plomb pour accommoder ses filets. Si par hasard vous en avez, il vous prie de lui en donner. »

« La mémoire du morceau de plomb que Saad m'avait donné m'était si récente, surtout après ce qui m'était arrivé en me déshabillant, que je ne pouvais pas l'avoir oublié. Je répondis à la voisine que j'en avais, qu'elle attendît un moment, et que ma femme allait lui en donner un morceau.

« Ma femme, qui s'était aussi éveillée au bruit, se lève, trouve à tâtons le plomb où je lui avais enseigné qu'il était, entr'ouvre la porte et le donne à la voisine.

« La femme du pêcheur, ravie de n'être pas venue en vain : « — Voisine, dit-elle à ma femme, le plaisir que vous nous faites, à mon mari et à moi, est si grand, que je vous promets tout le poisson que mon mari amènera du premier jet de ses filets, et je vous assure qu'il ne me dédira pas. »

« Le pêcheur, ravi d'avoir trouvé, contre son espérance, le plomb qui lui manquait, approuva la promesse que sa femme nous avait faite. « — Je vous sais bon gré, dit-il, d'avoir suivi en cela mon intention. » — Il acheva d'accommoder ses filets, et il alla à la pêche deux heures avant le jour, selon sa coutume. Il n'amena qu'un seul poisson du premier jet de ses filets, mais long de plus d'une coudée et gros à proportion. Il en fit ensuite plusieurs autres qui furent tous heureux ; mais il s'en fallut de beaucoup que, de tout le poisson qu'il amena, il y en eût un seul qui approchât du premier.

« Quand le pêcheur eut achevé sa pêche et qu'il fut revenu chez lui, le premier soin qu'il eut fut de songer à moi, et je fus extrêmement surpris, comme je travaillais, de le voir se présenter devant moi, chargé de ce poisson. « — Voisin, me dit-il, ma femme vous a promis cette nuit le poisson que j'amènerais du premier jet de mes filets, en reconnaissance du plaisir que vous nous avez fait, et j'ai approuvé sa promesse. Dieu ne m'a envoyé pour vous que celui-ci : je vous prie de l'agréer. S'il m'en eût envoyé plein mes filets, ils eussent de même tous été pour vous. Acceptez-le, je vous prie, tel qu'il est, comme s'il était plus considérable. — Voisin, repris-je, le morceau de plomb que je vous ai envoyé est si peu de chose, qu'il ne méritait pas que vous le missiez à un si haut prix. Les voisins doivent se secourir les uns les autres dans leurs petits besoins : je n'ai fait pour vous que ce que je pouvais en attendre dans une occasion semblable. Ainsi, je refuserais de recevoir votre présent, si je n'étais persuadé que vous me le faites de bon cœur; je croirais même vous offenser si j'en usais de la sorte. Je le reçois donc, puisque vous le voulez ainsi, et je vous en fais mon remercîment. »

« Nos civilités en demeurèrent là, et je portai le poisson à ma femme. « — Prenez, lui dis-je, ce poisson, que le pêcheur notre voisin vient de m'apporter en reconnaissance du morceau de plomb qu'il nous envoya demander la nuit dernière. C'est, je crois, tout ce que nous pouvons espérer de ce présent que Saad me fit hier en me promettant qu'il me porterait bonheur. » — Ce fut alors que je lui parlai du retour des deux amis et de ce qui s'était passé entre eux et moi.

« Ma femme fut embarrassée de voir un poisson si grand et si gros. « — Que voulez-vous, dit-elle, que nous en fassions ? Notre gril n'est propre qu'à rôtir de petits poissons, et nous n'avons pas de vase assez grand pour le faire cuire au court-bouillon. — C'est votre affaire, lui dis-je : accommodez-le comme il vous plaira ; rôti ou bouilli, j'en serai content. » — Et en disant ces paroles, je retournai à mon travail.

« En accommodant le poisson, ma femme tira avec les entrailles un gros diamant qu'elle prit pour du verre quand elle l'eut nettoyé. Elle avait bien entendu parler de diamants, et, si elle en avait vu ou manié, elle n'en avait pas assez de connaissance pour en faire la distinction. Elle le donna au plus petit de nos enfants pour en faire un jouet avec ses frères et sœurs, qui voulaient le voir et le manier tour à tour en se le donnant les uns aux autres pour en admirer la beauté, l'éclat et le brillant.

« Le soir, quand la lampe fut allumée, nos enfants, qui continuaient leur jeu en se cédant le diamant pour le considérer l'un après l'autre, s'aperçurent qu'il rendait de la lumière à mesure que ma femme leur cachait la clarté de la lampe en se donnant du mouvement pour achever de préparer le souper, et cela engageait les enfants à se l'arracher pour en faire l'expérience ; mais les petits pleuraient quand les plus grands ne le leur laissaient pas autant de temps qu'ils voulaient, et ceux-ci étaient contraints de le leur rendre pour les apaiser.

« Comme peu de chose est capable d'amuser les enfants et de causer de la dispute entre eux, et que cela leur arrive ordinairement, ni ma femme ni moi nous ne fîmes pas d'attention à ce qui faisait le sujet du bruit et du tintamarre dont ils nous étourdissaient; ils cessèrent enfin quand les plus grands se furent mis à table pour souper avec nous, et que ma femme eut donné aux plus petits chacun leur part.

« Après le souper, les enfants se rassemblèrent, et ils recommencèrent le même bruit qu'auparavant. Alors, je voulus savoir quelle était la cause de leur dispute. J'appelai l'aîné, et je lui demandai quel sujet ils avaient de faire ainsi grand bruit. Il me dit :
« — Mon père, c'est un morceau de verre qui fait de la lumière quand nous le regardons le dos tourné à la lampe. » — Je me le fis apporter et j'en fis l'expérience.

« Cela me parut extraordinaire et me fit demander à ma femme ce que c'était que ce morceau de verre. — Je ne sais, dit-elle : c'est un morceau de verre que j'ai tiré du ventre du poisson en le préparant.

« Je ne m'imaginai pas, non plus qu'elle, que ce fût autre chose que du verre. Je poussai néanmoins l'expérience plus loin. Je dis à ma femme de cacher la lampe dans la cheminée. Elle le fit, et je vis que le prétendu morceau de verre faisait une lumière si grande, que nous pouvions nous passer de la lampe pour nous coucher. Je la fis éteindre, et je mis moi-même le morceau de verre sur le bord de la cheminée pour nous éclairer. — Voici, dis-je, un autre avantage que le morceau de plomb que l'ami de Saadi m'a donné nous procure en nous épargnant d'acheter de l'huile. »

« Quand mes enfants virent que j'avais fait éteindre la lampe et que le morceau de verre y suppléait, sur cette merveille ils poussèrent des cris d'admiration si haut et avec tant d'éclat, qu'ils retentirent bien loin dans le voisinage.

« Nous augmentâmes le bruit, ma femme et moi, à force de crier pour les faire taire, et nous ne pûmes le gagner entièrement sur eux que quand ils furent couchés et qu'ils se furent endormis, après s'être entretenus un temps considérable, à leur manière, de la lumière merveilleuse du morceau de verre.

« Nous nous couchâmes après eux, ma femme et moi, et le lendemain, de grand matin, sans penser davantage au morceau de verre, j'allai travailler à mon ordinaire. Il ne doit pas être étrange que cela soit arrivé à un homme comme moi, qui étais accoutumé à voir du verre et qui n'avais jamais vu de diamants, et si j'en avais vu, je n'avais pas fait d'attention à en connaître la valeur.

« Je ferai remarquer à Votre Majesté, en cet endroit, qu'entre ma maison et celle de mon voisin la plus prochaine, il n'y avait qu'une cloison de charpente et de maçonnerie fort légère pour toute séparation. Cette maison appartenait à un juif fort riche, joaillier de profession, et la chambre où lui et sa femme couchaient joignait à la cloison. Ils étaient déjà couchés et endormis quand mes enfants avaient fait le plus grand bruit. Cela les avait éveillés, et ils avaient été longtemps à se rendormir.

« Le lendemain, la femme du juif, tant de la part de son mari qu'en son propre nom, vint porter ses plaintes à la mienne de l'interruption de leur sommeil dès le premier somme. « — Ma bonne Rachel (c'est ainsi que s'appelait la femme du juif), lui dit ma femme. je suis bien fâchée de ce qui est arrivé, et je vous en fais mes excuses. Vous savez ce que c'est que les enfants : un rien les fait rire, de même que peu de chose les fait pleurer. Entrez, et je vous montrerai le sujet qui fait celui de vos plaintes. »

« La juive entra, et ma femme prit le diamant, puisque enfin c'en était un, et un d'une grande singularité. Il était encore sur la cheminée, et, en le lui présentant : « — Voyez, dit-elle, c'est ce morceau de verre qui est cause de tout le bruit que vous avez entendu hier au soir. » — Pendant que la juive, qui avait connaissance de toute sorte de pierreries, examinait ce diamant avec admiration, elle lui raconta comment elle l'avait trouvé dans le ventre du poisson et tout ce qui en était arrivé.

« Quand ma femme eut achevé, la juive, qui savait comment elle s'appelait : « — Aischah, dit-elle en lui remettant le diamant entre les mains, je crois comme vous que ce n'est que du verre ; mais comme il est plus beau que le verre ordinaire, et que j'ai un morceau de verre à peu près semblable dont je me pare quelquefois, et qu'il y ferait un accompagnement, je l'achèterais, si vous vouliez me le vendre. »

« Mes enfants, qui entendirent parler de vendre leur jouet, interrompirent la conversation en se récriant contre, en priant leur mère de le leur garder ; ce qu'elle fut contrainte de leur promettre pour les apaiser.

« La juive, obligée de se retirer, sortit, et, avant de quitter ma femme, qui l'avait accompagnée jusqu'à la porte, elle la pria en parlant bas, si elle avait dessein de vendre le morceau de verre, de ne le faire voir à personne qu'auparavant elle ne lui en eût donné avis.

« Le juif était allé à sa boutique de grand matin, dans le quartier des joailliers ; la juive alla l'y trouver, et lui annonça la découverte qu'elle venait de faire. Elle lui rendit compte de la grosseur, du poids à peu près, de la beauté, de la belle eau et de l'éclat du diamant, et surtout de sa singularité, qui était de rendre de la lumière la nuit, sur le rapport de ma femme, d'autant plus croyable qu'il était naïf.

« Le juif renvoya sa femme avec l'ordre d'en traiter avec la mienne, de lui en offrir d'abord peu de chose, autant qu'elle le jugerait à propos, et d'augmenter à proportion de la difficulté qu'elle trouverait, et enfin, de conclure le marché à quelque prix que ce fût.

« La juive, selon l'ordre de son mari, parla à ma femme en particulier, sans attendre qu'elle se fût déterminée à vendre le diamant, et elle lui demanda si elle voulait vingt pièces d'or pour un morceau de verre, comme elle le pensait. Ma femme trouva la somme considérable; elle ne voulut répondre néanmoins ni oui ni non : elle dit seulement à la juive qu'elle ne pouvait l'écouter qu'elle ne m'eût parlé auparavant.

« Dans ces entrefaites, je venais de quitter mon travail, et je voulais rentrer chez moi pour dîner comme elles se parlaient à ma porte. Ma femme m'arrête et me demande si je ne consentais pas à vendre le morceau de verre qu'elle avait trouvé dans le ventre du poisson pour vingt pièces d'or, que la juive, notre voisine, en offrait.

« Je ne répondis pas sur-le-champ ; je fis réflexion à l'assurance avec laquelle Saad m'avait promis, en me donnant le morceau de plomb, qu'il ferait ma fortune, et la juive crut que c'était en méprisant la somme qu'elle m'avait offerte que je ne répondais rien. « — Voisin, me dit-elle, je vous en donnerai cinquante. En êtes-vous content ? »

« Comme je vis que de vingt pièces d'or, la juive augmentait si promptement jusqu'à cinquante, je tins ferme et je lui dis qu'elle était bien éloignée du prix auquel je prétendais le vendre. « — Voisin, reprit-elle, prenez-en cent pièces d'or ; c'est beaucoup, je ne sais même si mon mari m'avouera. » — A cette nouvelle augmentation, je lui dis que je voulais en avoir cent mille pièces d'or ; que je voyais bien que le diamant valait davantage ; mais que, pour lui faire plaisir à elle et à son mari, comme voisins, je me bornais à cette somme, que je voulais en avoir absolument, et s'ils le refusaient à ce prix-là, que d'autres joailliers m'en donneraient davantage.

« La juive me confirma elle-même dans ma résolution par l'empressement qu'elle témoigna de conclure le marché en m'offrant à plusieurs reprises jusqu'à cinquante mille pièces d'or, que je refusai. « — Je ne puis, dit-elle, en offrir davantage sans le consentement de mon mari. Il reviendra ce soir. La grâce que je vous demande, c'est d'avoir la patience qu'il vous ait parlé et qu'il ait vu le diamant. » — Ce que je lui promis.

« Le soir, quand le juif fut revenu chez lui, il apprit de sa femme qu'elle n'avait rien avancé avec la mienne ni avec moi, l'offre qu'elle m'avait faite de cinquante mille pièces d'or et la grâce qu'elle m'avait demandée.

« Le juif observa le temps que je quittai mon ouvrage et que je voulus rentrer chez moi. « — Voisin Hassan, dit-il en m'abordant, je vous prie de me montrer le diamant que votre femme a montré à la mienne. » — Je le fis entrer, et je lui montrai.

« Comme il faisait fort sombre, et que la lampe n'était pas encore allumée, il connut d'abord, par la lumière que le diamant rendait, et par son grand éclat au milieu de ma main, qui en était éclairée, que sa femme lui avait fait un rapport fidèle. Il le prit, et après l'avoir examiné longtemps et en ne cessant de l'admirer : « — Eh bien, voisin, dit-il, ma femme, à ce qu'elle m'a dit, vous en a offert cinquante mille pièces d'or. Afin que vous soyez content, je vous en offre vingt mille de plus. — Voisin, repris-je, votre femme a pu vous dire que je l'ai mis à cent mille : ou vous me les donnerez, ou le diamant me demeurera, il n'y a pas de milieu. » — Il marchanda longtemps, dans l'espérance que je le lui donnerais à quelque chose de moins; mais il ne put rien obtenir, et la crainte qu'il eut que je ne le fisse voir à d'autres joailliers, comme je l'eusse fait, fit qu'il ne me quitta pas sans conclure le marché au prix que je demandais. Il me dit qu'il n'avait pas les cent mille pièces d'or chez lui, mais que le lendemain il me consignerait toute la somme avant qu'il fût la même heure, et il m'en apporta le même jour deux sacs, chacun de mille, pour que le marché fût conclu.

« Le lendemain, je ne sais si le juif emprunta de ses amis, ou s'il fit société avec d'autres joailliers; quoi qu'il en soit, il me fit la somme de cent mille pièces d'or, qu'il m'apporta dans le temps qu'il m'en avait donné parole, et je lui mis le diamant entre les mains.

« La vente du diamant ainsi terminée, et riche

infiniment au-dessus de mes espérances, je remerciai Dieu de sa bonté et de sa libéralité, et je fusse allé me jeter aux pieds de Saad pour lui témoigner ma reconnaissance, si j'eusse su où il demeurait. J'en eusse usé de même à l'égard de Saadi, à qui j'avais la première obligation de mon bonheur, quoiqu'il n'eût pas réussi dans la bonne intention qu'il avait pour moi.

« Je songeai ensuite au bon usage que je devais faire d'une somme si considérable. Ma femme, l'esprit déjà rempli de la vanité ordinaire à son sexe, me proposa d'abord de riches habillements pour elle et pour ses enfants, d'acheter une maison, et de la meubler richement. « — Ma femme, lui dis-je, ce n'est point par ces sortes de dépenses que nous devons commencer. Remettez-vous-en à moi; ce que vous demandez viendra avec le temps. Quoique l'argent ne soit fait que pour le dépenser, il faut néanmoins y procéder de manière qu'il produise un fonds dont on puisse tirer sans qu'il tarisse : c'est à quoi je pense, et dès demain je commencerai à établir ce fonds. »

« Le jour suivant, j'employai la journée à aller chez une bonne partie des gens de mon métier qui n'étaient pas plus à leur aise que je ne l'avais été jusqu'alors, et, en leur donnant de l'argent d'avance, je les engageai à travailler pour moi à différentes sortes d'ouvrages de corderie, chacun selon son habileté et son pouvoir, avec promesse de ne les pas faire attendre et d'être exact à les bien payer de leur travail à mesure qu'ils m'apporteraient de leurs ouvrages. Le jour d'après j'achevai d'engager de même les autres cordiers de ce rang à travailler pour moi, et depuis ce temps-là, tout ce qu'il y en a dans Bagdad continuent ce travail, très-contents de mon exactitude à leur tenir la parole que je leur ai donnée.

« Comme ce grand nombre d'ouvriers devait produire des ouvrages à proportion, je louai des magasins en différents endroits, et dans chacun j'établis un commis, tant pour les recevoir que pour la vente en gros et en détail, et bientôt, par cette économie, je me fis un gain et un revenu considérables.

« Ensuite, pour réunir en un seul endroit tant de magasins dispersés, j'achetai une grande maison qui occupait un grand terrain, mais qui tombait en ruine; je la fis mettre à bas, et à la place je fis bâtir celle que Votre Majesté vit hier. Mais quelque apparence qu'elle ait, elle n'est composée que de magasins qui me sont nécessaires, et de logements qu'autant que j'en ai besoin pour moi et pour ma famille.

« Il y avait déjà quelque temps que j'avais abandonné mon ancienne et petite maison pour venir m'établir dans cette nouvelle, quand Saadi et Saad, qui n'avaient plus pensé à moi jusqu'alors, s'en souvinrent. Ils convinrent d'un jour de promenade, et en passant par la rue où ils m'avaient vu, ils furent dans un grand étonnement de ne m'y pas voir occupé à mon petit train de corderie, comme ils m'y avaient vu. Ils demandèrent ce que j'étais devenu, si j'étais mort ou vivant. Leur étonnement augmenta quand ils eurent appris que celui qu'ils demandaient était devenu un gros marchand, et qu'on ne l'appelait plus simplement Hassan, mais Cogia Hassan Alhabbal, c'est-à-dire le marchand Hassan le cordier, et qu'il s'était fait bâtir, dans une rue qu'on leur nomma, une maison qui avait l'apparence d'un palais.

« Les deux amis vinrent me chercher dans cette rue, et dans le chemin, comme Saadi ne pouvait s'imaginer qu'un morceau de plomb que Saad m'avait donné fût la cause d'une si haute fortune : « — J'ai une joie parfaite, dit-il à Saad, d'avoir fait la fortune de Hassan Alhabbal; mais je ne puis approuver qu'il m'ait fait deux mensonges pour me tirer quatre cents pièces d'or au lieu de deux cents; car, d'attribuer sa fortune au morceau de plomb que vous lui donnâtes, c'est ce que je ne puis et personne non plus que moi ne l'y attribuerait. — C'est votre pensée, reprit Saad, mais ce n'est pas la mienne, et je ne vois pas pourquoi vous voulez faire à Cogia Hassan l'injustice de le prendre pour un menteur. Vous me permettrez de croire qu'il nous a dit la vérité, qu'il n'a pensé à rien moins qu'à nous la déguiser, et que c'est le morceau de plomb que je lui donnai qui est la cause unique de son bonheur. C'est de quoi Cogia Hassan va bientôt nous éclaircir vous et moi. »

« Ces deux amis arrivèrent dans la rue où est ma maison en tenant de semblables discours. Ils demandèrent où elle était ; on la leur montra, et, à en considérer la façade, ils eurent de la peine à croire que ce fût elle. Ils frappèrent à ma porte, et mon portier ouvrit.

« Saadi, qui craignait de commettre une incivilité s'il prenait la maison de quelque seigneur de marque pour celle qu'il cherchait, dit au portier : « — On nous a enseigné cette maison pour celle de Cogia Hassan Alhabbal ; dites-nous si nous ne nous trompons pas. — Non, seigneur, vous ne vous trompez pas, répondit le portier en ouvrant la porte plus grande : c'est elle-même. Entrez, il est dans la salle, et vous trouverez parmi ses esclaves quelqu'un qui vous annoncera. »

« Les deux amis me furent annoncés, et je les reconnus dès que je les vis paraître. Je me levai de ma place, je courus à eux, et voulus leur prendre le bord de la robe pour la baiser. Ils m'en empêchèrent, et il fallut que je souffrisse malgré moi qu'ils m'embrassassent. Je les invitai à monter sur un grand sofa, en leur en montrant un plus petit à quatre personnes qui avançait sur mon jardin. Je les priai de prendre place, et ils voulaient que je me misse à la place d'honneur. « — Seigneurs, leur dis-je, je n'ai pas oublié que je suis le pauvre Hassan Alhabbal, et quand je serais tout autre que je ne suis et que je ne vous aurais pas les mêmes obligations que je vous ai, je sais ce qui vous est dû. Je vous prie de ne pas me couvrir plus longtemps de confusion. » — Ils prirent la place qui leur était due, et je pris la mienne vis-à-vis d'eux.

« Alors Saadi, en prenant la parole et en me l'adressant : « — Cogia Hassan, dit-il, je ne puis exprimer combien j'ai de joie de vous voir à peu près dans l'état que je souhaitais quand je vous fis présent, sans vous en faire un reproche, des deux cents pièces d'or, tant la première que la seconde fois, et je suis persuadé que les quatre cents pièces ont fait en vous le changement merveilleux de votre fortune, que je vois avec plaisir. Une seule chose me fait de la peine, qui est que je ne comprends pas quelle raison vous pouvez avoir eue de me déguiser la vérité deux fois, en alléguant des pertes arrivées par des contre-temps qui m'ont paru et me paraissent encore incroyables. Ne serait-ce pas que, quand nous vous vîmes la dernière fois, vous aviez encore si peu avancé vos petites affaires, tant avec les deux cents premières qu'avec les deux cents dernières pièces d'or, que vous eûtes honte d'en faire aveu ? Je veux le croire ainsi par avance, et je m'attends que vous aller me confirmer dans mon opinion. »

« Saad entendit ce discours de Saadi avec grande impatience, pour ne pas dire indignation, et il le témoigna les yeux baissés en branlant la tête. Il le laissa parler néanmoins jusqu'à la fin sans ouvrir la bouche. Quand il eut achevé : « — Saadi, reprit-il, pardonnez si, avant que Cogia Hassan vous réponde, je le préviens pour vous dire que j'admire votre prévention contre sa sincerité, et que vous persistiez à ne vouloir pas ajouter foi aux assurances qu'il vous en a données ci-devant. Je vous ai déjà dit, et je vous le répète, que je l'ai cru d'abord, sur le simple récit des deux accidents qui lui sont arrivés, et quoi que vous en puissiez dire, je suis persuadé qu'ils sont véritables ; mais laissons-le parler : nous allons être éclaircis par lui-même qui de nous deux lui rend justice. »

« Après le discours de ces deux amis, je pris la parole, et en la leur adressant également : « — Seigneurs, leur dis-je, je me condamnerais à un silence perpétuel sur l'éclaircissement que vous me demandez, si je n'étais certain que la dispute que vous avez à mon occasion n'est pas capable de rompre le nœud d'amitié qui unit vos cœurs. Je vais donc m'expliquer, puisque vous l'exigez de moi ; mais auparavant je vous proteste que c'est avec la même sincérité que je vous ai exposé ci-devant ce qui m'était arrivé. » — Alors, je leur racontai la chose de point en point, comme Votre Majesté l'a entendue, sans oublier la moindre circonstance.

« Mes protestations ne firent pas d'impression sur l'esprit de Saadi. Pour le guérir de sa prévention, quand j'eus cessé de parler : « — Cogia Hassan, reprit-il, l'aventure du poisson et du diamant trouvé dans son ventre à point nommé me paraît aussi peu croyable que l'enlèvement de votre turban par un milan, et que le vase de son échange pour de la terre à décrasser. Quoi qu'il en puisse être, je n'en suis pas moins convaincu que vous n'êtes plus pauvre, mais riche, comme mon intention était que vous le devinssiez par mon moyen, et je m'en réjouis très-sincèrement. »

« Comme il était tard, il se leva pour prendre congé, et Saad en même temps que lui. Je me levai de même, et en les arrêtant : « — Seigneurs, leur dis-je, trouvez bon que je vous demande une grâce, et que je vous supplie de ne me la pas refuser : c'est de souffrir que j'aie l'honneur de vous donner un souper frugal, et ensuite à chacun un lit, pour vous mener demain par eau à une petite maison de campagne que j'ai achetée pour y prendre l'air de temps en temps, d'où je vous ramènerai par terre le même jour, chacun sur un cheval de mon écurie. — Si Saad n'a pas d'affaire qui l'appelle ailleurs, dit Saadi, j'y consens de bon cœur. — Je n'en ai point, reprit Saad, dès qu'il s'agit de jouir de votre compagnie. Il faut donc, continua-t-il, envoyer chez vous et chez moi avertir qu'on ne nous attende pas. » — Je leur fis venir un esclave, et, pendant qu'ils le chargèrent de cette commission, je pris le temps de donner ordre pour le souper.

« En attendant l'heure du souper, je fis voir ma

maison à mes bienfaiteurs, qui la trouvèrent bien entendue par rapport à mon état. Je les appelle mes bienfaiteurs l'un et l'autre, sans distinction, parce que, sans Saadi, Saad ne m'eût point donné le morceau de plomb, et que sans Saad, Saadi ne se fût point adressé à moi pour me donner les quatre cents pièces d'or, à quoi je rapporte la source de mon bonheur. Je les ramenai dans la salle, où ils me firent plusieurs questions sur le détail de mon négoce, et je leur répondis de manière qu'ils parurent contents de ma conduite.

« On vint enfin m'avertir que le souper était servi. Comme la table était mise dans une autre salle, je les y fis passer. Ils se récrièrent sur l'illumination dont elle était éclairée, sur la propreté du lieu, sur le buffet et sur les mets, qu'ils trouvèrent à leur goût. Je les régalai aussi d'un concert de voix et d'instruments pendant le repas, et quand on eut desservi, d'une troupe de danseurs et danseuses et d'autres divertissements, en tâchant de leur faire connaître, autant qu'il m'était possible, combien j'étais pénétré de reconnaissance à leur égard.

« Le lendemain, comme j'avais fait convenir Saadi et Saad de partir de grand matin, afin de jouir de la fraîcheur, nous nous rendîmes sur le bord de la rivière avant que le soleil fût levé. Nous nous embarquâmes sur un bateau très-propre et garni de tapis qu'on nous tenait prêt, et à la faveur de six bons rameurs et du courant de l'eau, environ en une heure et demie de navigation, nous abordâmes à ma maison de campagne.

« En mettant pied à terre, les deux amis s'arrêtèrent, moins pour en considérer la beauté par le dehors que pour en admirer la situation avantageuse par les belles vues, ni trop bornées ni trop étendues, qui la rendaient agréable de tous les côtés. Je les menai dans tous les appartements ; je leur en fis remarquer les accompagnements, les dépendances et les commodités, qui la leur firent trouver toute riante et très-charmante.

« Nous entrâmes ensuite dans le jardin, où ce qui leur plut davantage fut une forêt d'orangers et de citronniers de toute sorte d'espèces, chargés de fruits et de fleurs dont l'air était embaumé, plantés par allées à distance égale, et arrosés par une rigole perpétuelle, d'arbre en arbre, d'une eau vive détournée de la rivière. L'ombrage, la fraîcheur dans la plus grande ardeur du soleil, le doux murmure de l'eau, le ramage harmonieux d'une infinité d'oiseaux et plusieurs autres agréments, les frappèrent de manière qu'ils s'arrêtaient presque à chaque pas, tantôt pour me témoigner l'obligation qu'ils m'avaient de les avoir amenés dans un lieu si délicieux, tantôt pour me féliciter de l'acquisition que j'avais faite, et pour me faire d'autres compliments obligeants.

« Je les menai jusqu'au bout de cette forêt, qui est fort longue et fort large, où je leur fis remarquer

un bois de grands arbres qui termine mon jardin. Je les menai jusqu'à un cabinet ouvert de tous les côtés, mais ombragé par un bouquet de palmiers qui n'empêchaient pas qu'on y eût la vue libre, et je les invitai à y entrer et à s'y reposer sur un sofa garni de tapis et de coussins.

« Deux de mes fils, que nous avions trouvés dans la maison, et que j'y avais envoyés depuis quelque temps avec leur précepteur pour y prendre l'air, nous avaient quittés pour entrer dans le bois, et comme ils cherchaient des nids d'oiseaux, ils en aperçurent un entre les branches d'un grand arbre. Ils tentèrent d'abord d'y monter, mais comme ils n'avaient ni la force, ni l'adresse, pour l'entreprendre, ils le montrèrent à un esclave que je leur avais donné, qui ne les abandonnait pas, et ils lui dirent de leur dénicher les oiseaux.

« L'esclave monta sur l'arbre, et quand il fut arrivé jusqu'au nid, il fut étonné de voir qu'il était pratiqué dans un turban. Il enlève le nid tel qu'il était, descend de l'arbre, et fait remarquer le turban à mes enfants ; mais, comme il ne douta pas que ce ne fût une chose que je serais bien aise de voir, il le leur témoigna, et il le donna à l'aîné pour me l'apporter.

« Je les vis venir de loin avec la joie ordinaire aux enfants qui ont trouvé un nid, et en me le présentant : « — Mon père, me dit l'aîné, voyez-vous ce nid dans un turban ? »

« Saadi et Saad ne furent pas moins surpris que

moi de la nouveauté, mais je le fus bien plus qu'eux en reconnaissant que le turban était celui que le

milan m'avait enlevé. Dans mon étonnement, après l'avoir bien examiné et tourné de tous les côtés, je demandai aux deux amis : « — Seigneurs, avez-vous la mémoire assez bonne pour vous souvenir que c'est là le turban que je portais le jour que vous me fîtes l'honneur de m'aborder pour la première fois? — Je ne pense pas, répondit Saad, que Saadi y ait fait attention, non plus que moi; mais ni lui, ni moi, nous ne pouvons en douter si les cent quatre-vingt-dix pièces d'or s'y trouvent. — Seigneur, repris-je, ne doutez pas que ce ne soit le même turban : outre que je le reconnais fort bien, je m'aperçois aussi à la pesanteur que ce n'en est pas un autre, et vous vous en apercevrez vous-même si vous prenez la peine de le manier. » — Je le lui présentai après en avoir ôté les oiseaux, que je donnai à mes enfants. Il le prit entre ses mains, et le présenta à Saadi pour juger du poids qu'il pourrait avoir.

« — Je veux croire que c'est votre turban, me dit Saadi; j'en serai néanmoins mieux convaincu quand je verrai les cent quatre-vingt-dix pièces d'or en espèces. — Au moins, seigneur, ajoutai-je quand j'eus repris le turban, observez bien, je vous en supplie, avant que j'y touche, que ce n'est pas d'aujourd'hui qu'il s'est trouvé sur l'arbre, et que l'état où vous le voyez, et le nid qui y est si proprement accommodé, sans que main d'homme y ait touché, sont des marques certaines qu'il s'y trouvait depuis le jour que le milan me l'a emporté, et qu'il l'a laissé tomber ou posé sur cet arbre, dont les branches ont empêché qu'il ne fût tombé jusqu'à terre ; et ne trouvez pas mauvais que je vous fasse faire cette remarque, j'ai un trop grand intérêt à vous ôter tout soupçon de fraude de ma part. »

« Saad me seconda dans mon dessein. « — Saadi, reprit-il, cela vous regarde, et non pas moi, qui suis bien persuadé que Cogia Hassan ne nous en impose pas. »

« Pendant que Saad parlait, j'ôtai la toile qui environnait en plusieurs tours le bonnet qui faisait partie du turban, et j'en tirai la bourse, que Saadi reconnut pour la même qu'il m'avait donnée. Je la vidai sur le tapis devant eux, et je leur dis : « — Seigneurs, voilà les pièces d'or, comptez-les vous-mêmes, et voyez si le compte n'y est pas. » Saad les arrangea par dizaines jusqu'au nombre de cent quatre-vingt-dix, et alors Saadi, qui ne pouvait nier une vérité si manifeste, prit la parole, et en me l'adressant : « — Cogia Hassan, dit-il, je conviens que ces cent quatre-vingt-dix pièces d'or n'ont pu servir à vous enrichir ; mais les cent quatre-vingt-dix autres que vous avez cachées dans un vase de son, comme vous voulez me le faire accroire, ont pu y contribuer. — Seigneur, repris-je, je vous ai dit la vérité aussi bien à l'égard de cette dernière somme qu'à l'égard de la première. Vous ne voudriez pas que je me rétractasse pour dire un mensonge. — Cogia Hassan, me dit Saad, laissez Saadi dans son opinion ; je consens de bon cœur qu'il croie que vous lui êtes redevable de la moitié de votre bonne fortune par le moyen de la dernière somme, pourvu qu'il tombe d'accord que j'y ai contribué de l'autre moitié par le moyen du morceau de plomb que je vous ai donné, et qu'il ne révoque pas en doute le précieux diamant trouvé dans le ventre du poisson. — Saad, reprit Saadi, je veux ce que vous voulez, pourvu que vous me laissiez la liberté de croire qu'on n'amasse de l'argent qu'avec de l'argent. — Quoi ! repartit Saad, si le hasard voulait que je trouvasse un diamant de cinquante mille pièces d'or, et qu'on m'en donnât la somme, aurais-je acquis cette somme avec de l'argent ? »

« La contestation en demeura là. Nous nous levâmes, et, en rentrant dans la maison, comme le dîner était servi, nous nous mîmes à table. Après le dîner, je laissai à mes hôtes la liberté de passer la grande chaleur du jour à se tranquilliser, pendant que j'allai donner mes ordres à mon concierge et à mon jardinier. Je les rejoignis et nous nous entretînmes de choses indifférentes jusqu'à ce que la plus grande chaleur fût passée, que nous retournâmes au jardin, où nous restâmes à la fraîcheur presque jusqu'au coucher du soleil. Alors les deux amis et moi nous montâmes à cheval, et, suivis d'un esclave, nous arrivâmes à Bagdad, environ à deux heures de nuit, avec un beau clair de lune.

« Je ne sais par quelle négligence de mes gens il était arrivé qu'il manquait d'orge chez moi pour les chevaux. Les magasins étaient fermés, et ils étaient trop éloignés pour en aller faire provision si tard.

« En cherchant dans le voisinage, un de mes esclaves trouva un vase de son dans une boutique ; il acheta le son et l'apporta avec le vase, à la charge de rapporter et de rendre le vase le lendemain. L'esclave vida le son dans l'auge, et en l'étendant, afin que les chevaux en eussent chacun leur part, il sentit sous sa main un linge lié qui était pesant. Il m'apporta le linge sans y toucher et dans l'état qu'il l'avait trouvé, et il me le présenta en me disant que c'était peut-être le linge dont il m'avait entendu parler souvent en racontant mon histoire à mes amis.

« Plein de joie, je dis à mes bienfaiteurs : « — Seigneurs, Dieu ne veut pas que vous vous sépariez d'avec moi que vous ne soyez pleinement convaincus de la vérité, dont je n'ai cessé de vous assurer. Voici, continuai-je en m'adressant à Saadi, les autres cent quatre-vingt-dix pièces d'or que j'ai reçues de votre main ; je le connais au linge. » — Je déliai le linge, et je comptai la somme devant eux. Je me fis aussi apporter le vase ; je le reconnus et je l'envoyai à ma femme pour lui demander si elle le connaissait, avec ordre de ne lui rien dire de ce qui venait d'arriver. Elle le connut d'abord, et elle m'envoya dire que c'était le même vase qu'elle avait échangé plein de son pour de la terre à décrasser.

« Saadi se rendit de bonne foi, et, revenu de son incrédulité, il dit à Saad : « — Je vous cède, et je reconnais avec vous que l'argent n'est pas toujours un moyen sûr pour en amasser d'autre et devenir riche. »

« Quand Saadi eut achevé : « — Seigneur, lui dis-je, je n'oserais vous proposer de reprendre les trois cent quatre-vingts pièces qu'il a plu à Dieu de faire reparaître aujourd'hui pour vous détromper de l'opinion de ma mauvaise foi. Je suis persuadé que vous ne m'en avez pas fait présent dans l'intention que je vous les rendisse. De mon côté, je ne prétends pas en profiter, aussi content que je le suis de ce qu'il m'a envoyé d'ailleurs. Mais j'espère que vous approuverez que je les distribue demain aux pauvres, afin que Dieu nous en donne la récompense à vous et à moi. »

« Les deux amis couchèrent encore chez moi cette nuit-là, et le lendemain, après m'avoir embrassé, ils retournèrent chacun chez soi, très-contents de la réception que je leur avais faite, et d'avoir connu que je n'abusais pas du bonheur dont je leur étais redevable après Dieu. Je n'ai pas manqué d'aller les remercier chez eux, chacun en particulier. Et depuis ce temps-là, je tiens à grand honneur la permission qu'ils m'ont donnée de cultiver leur amitié et de continuer de les voir. »

Le calife Haroun Alraschid donnait à Cogia Hassan une attention si grande, qu'il ne s'aperçut de la fin de son histoire que par son silence. Il lui dit : « — Cogia Hassan, il y avait longtemps que je n'avais rien entendu qui m'ait fait un aussi grand plaisir que les voies toutes merveilleuses par lesquelles il a plu à Dieu de te rendre heureux dans ce monde. C'est à toi de continuer à lui rendre grâces par le bon usage que tu fais de ses bienfaits. Je suis bien aise que tu saches que le diamant qui a fait ta fortune est dans mon trésor, et, de mon côté, je suis ravi d'apprendre par quel moyen il y est entré. Mais parce qu'il se peut faire qu'il reste encore quelque doute dans l'esprit de Saadi sur la singularité de ce diamant, que je regarde comme la chose la plus précieuse et la plus digne d'être admirée de tout ce que je possède, je veux que tu l'amènes avec Saad, afin que le garde de mon trésor le lui montre, et, pour peu qu'il soit encore incrédule, qu'il reconnaisse que l'argent n'est pas toujours un moyen certain à un pauvre homme pour acquérir de grandes richesses en peu de temps et sans beaucoup de peine. Je veux aussi que tu racontes ton histoire au garde de mon trésor, afin qu'il la fasse mettre par écrit, et qu'elle y soit conservée avec le diamant. »

En achevant ces paroles, comme le calife eut témoigné par une inclination de tête à Cogia Hassan et à Baba Abdallah qu'il était content d'eux, ils prirent congé en se prosternant devant son trône, après quoi ils se retirèrent.

La sultane Scheherazade voulut commencer un autre conte, mais le sultan des Indes, qui s'aperçut que l'aurore commençait à paraître, remit à lui donner audience le jour suivant.

HISTOIRE D'ALI COGIA, MARCHAND DE BAGDAD

Sous le règne du calife Haroun Alraschid, dit la sultane, il y avait à Bagdad un marchand nommé Ali Cogia, qui n'était ni des plus riches ni aussi du dernier ordre, lequel demeurait dans sa maison paternelle, sans femme et sans enfants. Depuis le temps que, libre de ses actions, il vivait content de ce que son négoce lui produisait, il eut, trois jours de suite, un songe dans lequel un vieillard vénérable lui apparut avec un regard sévère, qui le réprimandait de ce qu'il ne s'était pas encore acquitté du pèlerinage de la Mecque.

Ce songe troubla Ali Cogia et le mit dans un grand embarras. Comme bon musulman, il n'ignorait pas l'obligation où il était de faire ce pèlerinage; mais comme il était chargé d'une maison, de meubles et d'une boutique, il avait toujours cru que c'étaient des motifs assez puissants pour s'en dispenser, en tâchant d'y suppléer par des aumônes et des bonnes œuvres. Mais, depuis le songe, sa conscience le pressait si vivement, que la crainte qu'il ne lui en arrivât quelque malheur le fit résoudre de ne pas différer davantage à s'en acquitter.

Pour se mettre en état d'y satisfaire dans l'année qui courait, Ali Cogia commença par la vente de ses meubles; il vendit ensuite sa boutique et la plus grande partie de marchandises dont elle était garnie, en réservant celles qui pouvaient être de débit à la Mecque; et pour ce qui est de la maison, il trouva un locataire à qui il en fit un bail. Les choses ainsi disposées, il se trouva prêt à partir dans le temps que la caravane de Bagdad pour la Mecque se mettrait en chemin. La seule chose qui lui restait à faire était de mettre en sûreté une somme de mille pièces d'or qui l'eût embarrassé dans le pèlerinage, après avoir mis à part l'argent qu'il jugea à propos d'emporter avec lui pour sa dépense et pour d'autres besoins.

Ali Cogia choisit un vase d'une capacité convenable, il y mit les mille pièces d'or, et il acheva de le remplir d'olives. Après avoir bien bouché le vase, il le porta chez un marchand de ses amis. Il lui dit : « — Mon frère, vous n'ignorez pas que dans peu de jours je pars comme pèlerin de la Mecque avec la caravane. Je vous demande en grâce de vouloir bien vous charger d'un vase d'olives que voici et de me le conserver jusqu'à mon retour. » — Le marchand lui dit obligeamment : « — Tenez, voilà la clef de mon magasin, portez-y vous-même votre vase et mettez-le où il vous plaira, je vous promets que vous l'y retrouverez. »

Le jour du départ de la caravane de Bagdad arrivé, Ali Cogia, avec un chameau chargé des marchandises dont il avait fait choix, et qui lui servit de monture dans le chemin, s'y joignit, et il arriva heureusement à la Mecque. Il y visita avec tous les autres pèlerins le temple si célèbre et si fréquenté chaque année par toutes les nations musulmanes, qui y abondent de tous les endroits de la terre où elles sont répandues, en observant très-religieusement les cérémonies qui leur sont prescrites. Quand il se fut acquitté des devoirs de son pèlerinage, il exposa les marchandises qu'il avait apportées pour les vendre ou pour les échanger.

Deux marchands qui passaient et qui virent les marchandises d'Ali Cogia les trouvèrent si belles, qu'ils s'arrêtèrent pour les considérer, quoiqu'ils n'en eussent pas besoin. Quand ils eurent satisfait leur

curiosité, l'un dit à l'autre en se retirant : « — Si ce marchand savait le gain qu'il ferait au Caire sur ses marchandises, il les y porterait plutôt que de les vendre ici, où elles sont à bon marché. »

Ali Cogia entendit ces paroles, et comme il avait entendu parler mille fois des beautés de l'Égypte, il résolut sur-le-champ de profiter de l'occasion et d'en faire le voyage. Ainsi, après avoir rempaqueté et remballé ses marchandises, au lieu de retourner à Bagdad, il prit le chemin de l'Égypte, en se joignant à la caravane du Caire. Quand il fut arrivé au Caire, il n'eut pas lieu de se repentir du parti qu'il avait pris ; il trouva si bien son compte, qu'en très-peu de jours il eut achevé de vendre toutes ses marchandises avec un avantage beaucoup plus grand qu'il n'avait espéré. Il en acheta d'autres dans le dessein de passer à Damas ; et en attendant la commodité d'une caravane qui devait partir dans six semaines, il ne se contenta pas de voir tout ce qui était digne de sa curiosité dans le Caire, il alla admirer aussi les Pyramides, et il vit les villes les plus célèbres situées sur l'un et l'autre bord.

Dans le voyage de Damas, comme le chemin de la caravane était de passer par Jérusalem, notre marchand de Bagdad profita de l'occasion de visiter le temple, regardé par tous les musulmans comme le plus saint après celui de la Mecque, d'où cette ville prend le titre de noble sainteté.

Ali Cogia trouva la ville de Damas un lieu si délicieux par l'abondance de ses eaux, par ses prairies et par ses jardins enchantés, que tout ce qu'il avait lu de ses agréments dans nos histoires lui parut beaucoup au-dessous de la vérité, et il y fit un long séjour. Comme néanmoins il n'oubliait pas qu'il était de Bagdad, il en partit enfin, et il arriva à Alep, où il fit encore quelque séjour, et de là, après avoir passé l'Euphrate, il prit le chemin de Moussoul, dans l'intention d'abréger son retour en descendant le Tigre.

Mais quand Ali Cogia fut arrivé à Moussoul, des marchands de Perse, avec lesquels il était venu d'Alep, et avec qui il avait contracté une grande amitié, avaient pris un si grand ascendant sur son esprit par leurs honnêtetés et par leurs entretiens agréables, qu'ils n'eurent pas de peine à lui persuader de ne pas abandonner leur compagnie jusqu'à Schiraz, d'où il lui serait aisé de retourner à Bagdad avec un gain considérable. Ils le menèrent par les villes de Sultanié, de Rei, de Coam, de Caschan, d'Ispahan, et de là à Schiraz, d'où il eut encore la complaisance de les accompagner aux Indes et de revenir à Schiraz avec eux.

De la sorte, en comptant le séjour qu'il avait fait dans chaque ville, il y avait bientôt sept ans qu'Ali Cogia était parti de Bagdad, quand enfin il résolut d'en prendre le chemin. Et jusqu'alors l'ami auquel il avait confié le vase d'olives avant son départ, pour le lui garder, n'avait songé à lui ni au vase. Dans le temps qu'il était en chemin avec une caravane partie de Schiraz, un soir que ce marchand, son ami, soupait en famille, on vint à parler d'olives, et sa femme témoigna quelque désir d'en manger, en disant qu'il y avait longtemps qu'on n'en avait vu dans la maison.

« — A propos d'olives, dit le mari, vous me faites souvenir qu'Ali Cogia m'en laissa un vase en allant à la Mecque, il y a sept ans, et qu'il le mit lui-même dans mon magasin pour le reprendre à son retour. Mais où est Ali Cogia depuis qu'il est parti? Il est vrai qu'au retour de la caravane, quelqu'un me dit qu'il avait passé en Égypte. Il faut qu'il y soit mort, puisqu'il n'est pas revenu depuis tant d'années; nous pouvons désormais manger les olives si elles sont bonnes. Qu'on me donne un plat et de la lumière, j'en irai prendre, et nous en goûterons. — Mon mari, reprit la femme, gardez-vous bien, au nom de Dieu, de commettre une action si noire; vous savez que rien n'est plus sacré qu'un dépôt. Il y a sept ans, dites-vous, qu'Ali Cogia est allé à la Mecque et qu'il n'est pas revenu; mais on vous a dit qu'il était en Égypte, et d'Égypte que savez-vous s'il n'est allé plus loin? Il suffit que vous n'ayez pas de nouvelles de sa mort, il peut revenir demain, après-demain. Quelle infamie ne serait-ce pas pour vous et pour votre famille, s'il revenait et que vous ne lui rendissiez pas son vase dans le même état et tel qu'il vous l'a confié ! Je vous déclare que je n'ai pas envie de ces olives et que je n'en mangerai pas. Si j'en ai parlé, je ne l'ai fait que par manière d'entretien. De plus, croyez-vous qu'après tant de temps les olives soient encore bonnes? Elles sont pourries et gâtées. Et si Ali Cogia revient, comme un pressentiment me le dit, et qu'il s'aperçoive que vous y avez touché, quel jugement fera-t-il de votre amitié et de votre fidélité? Abandonnez votre dessein, je vous en conjure. »

La femme ne tint un si long discours à son mari que parce qu'elle lisait son obstination sur son visage. En effet, il n'écouta pas de si bons conseils, il se leva et il alla à son magasin avec de la lumière et un plat. Alors : «—Souvenez-vous au moins, lui dit sa femme, que je ne prends pas de part à ce que vous allez faire, afin que vous ne m'en attribuiez pas la faute s'il vous arrive de vous en repentir. »

Le marchand eut encore les oreilles fermées, et il persista dans son dessein. Quand il fut dans le magasin, il prend le vase, il le découvre, et il voit les olives toutes pourries. Pour s'éclaircir si le dessous était aussi gâté que le dessus, il en verse dans le plat, et de la secousse avec laquelle il les y versa, quelques pièces d'or y tombèrent avec bruit.

A la vue de ces pièces, le marchand, naturellement avide et attentif, regarde dans le vase, et aperçoit qu'il avait versé presque toutes les olives dans le plat et que le reste était tout or en belle monnaie. Il remet dans le vase ce qu'il avait versé d'olives, il le recouvre, et il revient.

« — Ma femme, dit-il en rentrant, vous aviez raison : les olives sont pourries, et j'ai rebouché le vase de manière qu'Ali Cogia ne s'apercevra pas que j'y ai touché, si jamais il revient. — Vous eussiez mieux fait de me croire, reprit la femme, et de ne pas y toucher ; Dieu veuille qu'il n'en arrive pas de mal ! »

Le marchand fut aussi peu touché de ces dernières paroles de sa femme que de la remontrance qu'elle lui avait faite. Il passa la nuit presque entière à songer au moyen de s'approprier l'or d'Ali Cogia et de faire en sorte qu'il lui demeurât, au cas qu'il revînt et qu'il lui demandât le vase. Le lendemain, de grand matin, il va acheter des olives de l'année, il revient, il jette les vieilles du vase d'Ali Cogia, il en prend l'or, il le met en sûreté, et après l'avoir rempli des olives qu'il venait d'acheter, il le recouvre du même couvercle et il le remet à la même place où Ali Cogia l'avait mis.

Environ un mois après que le marchand eut commis une action si lâche, et qui devait lui coûter cher, Ali Cogia arriva à Bagdad de son long voyage. Comme il avait loué sa maison avant son départ, il mit pied à terre dans un khan, où il prit un logement en attendant qu'il eût signifié son arrivée à son locataire et que le locataire se fût pourvu ailleurs d'un logement.

Le lendemain, Ali Cogia alla trouver le marchand son ami, qui le reçut en l'embrassant et en lui témoi-

gnant la joie qu'il avait de son retour après une absence de tant d'années, qui, disait-il, avait commencé de lui faire perdre l'espérance de jamais le revoir.

Après les compliments de part et d'autre accoutumés dans une semblable rencontre, Ali Cogia pria le marchand de vouloir bien lui rendre le vase d'olives qu'il avait confié à sa garde, et de l'excuser de la liberté qu'il avait prise de l'en embarrasser.

« — Ali Cogia, mon cher ami, reprit le marchand, vous avez tort de me faire des excuses, je n'ai été nullement embarrassé de votre vase, et dans une pareille occasion j'en eusse usé avec vous de la même manière que vous en avez usé avec moi ; tenez, voilà la clef de mon magasin, allez le prendre : vous le trouverez à la même place où vous l'avez mis. »

Ali Cogia alla au magasin du marchand, il en apporta son vase, et après lui en avoir rendu la clef, l'avoir bien remercié du plaisir qu'il en avait reçu, il retourne au khan où il avait pris logement, il découvre le vase, et en y mettant la main à la hauteur où les mille pièces d'or qu'il y avait cachées devaient être, il est dans une grande surprise de ne les y pas trouver. Il crut se tromper, et pour se tirer de peine promptement, il prend une partie des plats et autres vases de sa cuisine de voyage, et il verse tout le vase d'olives sans y trouver une seule pièce d'or. Il demeura immobile d'étonnement, et en élevant les mains et les yeux au ciel : « — Est-il possible, s'écria-t-il, qu'un homme que je regardais comme mon ami m'ait fait une infidélité si insigne ! »

Ali Cogia, sensiblement alarmé par la crainte d'avoir fait une perte considérable, revient chez le marchand. « — Mon ami, lui dit-il, ne soyez point surpris de ce que je reviens sur mes pas. J'avoue que j'ai reconnu le vase d'olives que j'ai repris dans votre magasin pour celui que j'y avais mis; avec les olives, j'y avais mis mille pièces d'or, que je n'y retrouve pas; peut-être en avez-vous eu besoin, et que vous vous en êtes servi pour votre négoce. Si cela est, elles sont à votre service; je vous prie seulement de me tirer hors de peine et de m'en donner une reconnaissance, après quoi vous me les rendrez à votre commodité. »

Le marchand, qui s'était attendu qu'Ali Cogia viendrait lui faire ce compliment, avait médité aussi ce qu'il devait lui répondre. « — Ali Cogia, mon ami, dit-il, quand vous m'avez apporté votre vase d'olives, y ai-je touché ? ne vous ai-je pas donné la clef de mon magasin ? ne l'y avez-vous pas porté vous-même et ne l'avez-vous pas retrouvé à la même place où vous l'aviez mis, dans le même état et couvert de même ? Si vous y avez mis de l'or, vous devez l'y avoir trouvé. Vous m'avez dit qu'il y avait des olives, je l'ai cru. Voilà tout ce que j'en sais; vous m'en croirez si vous voulez, mais je n'y ai pas touché. »

Ali Cogia prit toutes les voies de douceur pour faire

en sorte que le marchand se rendit justice à lui-même. « — Je n'aime, dit-il, que la paix, et je serais fâché d'en venir à des extrémités qui ne vous feraient pas honneur dans le monde, et dont je ne me servirais

qu'avec un regret extrême. Songez que des marchands comme nous doivent abandonner tout intérêt pour conserver leur bonne réputation; encore une fois, je serais au désespoir si votre opiniâtreté m'obligeait de prendre les voies de la justice, moi qui ai toujours mieux aimé perdre quelque chose de mon droit que d'y recourir. — Ali Cogia, reprit le marchand, vous convenez que vous avez mis chez moi un vase d'olives en dépôt ; vous l'avez repris, vous l'avez emporté, et vous venez me demander mille pièces d'or! M'avez-vous dit qu'elles fussent dans ce vase? J'ignore même qu'il y ait des olives, vous ne me les avez pas montrées ; je m'étonne que vous ne me demandiez des perles ou des diamants plutôt que de l'or. Croyez-moi, retirez-vous, et ne faites pas assembler le monde devant ma boutique. »

Quelques-uns s'y étaient déjà arrêtés, et ces dernières paroles du marchand, prononcées du ton d'un homme qui sortait hors des bornes de la modération, firent que non-seulement il s'y en arrêta un plus grand nombre, mais même que les marchands voisins sortirent de leurs boutiques, et vinrent pour prendre connaissance de la dispute qui était entre lui et Ali Cogia et tâcher de les mettre d'accord. Quand Ali Cogia leur eut exposé le sujet, les plus apparents demandèrent au marchand ce qu'il avait à répondre.

Le marchand avoua qu'il avait gardé le vase d'Ali Cogia dans son magasin, mais il nia qu'il y eût touché, et il fit serment qu'il ne savait qu'il y eût des olives que parce qu'Ali Cogia le lui avait dit, et qu'il les prenait tous à témoin de l'affront et de l'insulte qu'il venait lui faire jusque chez lui.

« Vous vous l'attirez vous-même, l'affront, dit alors

envoya lui signifier de se trouver aussi le lendemain à la même heure.

Le soir du même jour, le calife, avec le grand vizir Giafar et Mesrour, le chef des eunuques, l'un et l'autre déguisés comme lui, alla faire sa tournée dans la ville, comme j'ai déjà fait remarquer à Votre Majesté qu'il avait coutume de le faire de temps en temps.

En passant par une rue, le calife entendit du bruit; il pressa le pas, et il arriva à une porte qui donnait entrée dans une cour où dix ou douze enfants, qui n'étaient pas encore retirés, jouaient au clair de la lune, de quoi il s'aperçut en regardant par une fente.

Le calife, curieux de savoir à quel jeu ces enfants jouaient, s'assit sur un banc de pierre qui se trouva à propos à côté de la porte, et comme il continuait de regarder par la fente, il entendit qu'un des enfants, le plus vif et le plus éveillé de tous, dit aux autres : « — Jouons au cadi; je suis le cadi, amenez-moi Ali Cogia et le marchand qui lui a volé mille pièces d'or. »

A ces paroles de l'enfant, le calife se souvint du placet qui lui avait été présenté le même jour et qu'il avait vu, et cela lui fit redoubler son attention pour voir quel serait le succès du jugement.

Comme l'affaire d'Ali Cogia et du marchand était nouvelle et qu'elle faisait grand bruit dans la ville de Bagdad jusque parmi les enfants, les autres enfants acceptèrent la proposition avec joie, et ils convinrent du personnage que chacun devait jouer. Personne ne refusa à celui qui s'était offert de faire le cadi d'en représenter le rôle. Quand il eut pris séance, avec le

semblant et la gravité d'un cadi, un autre, comme officier compétent du tribunal, lui en présenta deux, dont il appela l'un Ali Cogia et l'autre le marchand contre qui Ali Cogia portait sa plainte.

Alors le feint cadi prit la parole, et en interrogeant gravement le feint Ali Cogia : « — Ali Cogia, dit-il, que demandez-vous au marchand que voilà? »

envoya lui signifier de se trouver aussi le lendemain à la même heure.

Le soir du même jour, le calife, avec le grand vizir Giafar et Mesrour, le chef des eunuques, l'un et l'autre déguisés comme lui, alla faire sa tournée dans la ville, comme j'ai déjà fait remarquer à Votre Majesté qu'il avait coutume de le faire de temps en temps.

En passant par une rue, le calife entendit du bruit; il pressa le pas, et il arriva à une porte qui donnait entrée dans une cour où dix ou douze enfants, qui n'étaient pas encore retirés, jouaient au clair de la lune, de quoi il s'aperçut en regardant par une fente.

Le calife, curieux de savoir à quel jeu ces enfants jouaient, s'assit sur un banc de pierre qui se trouva à propos à côté de la porte, et comme il continuait de regarder par la fente, il entendit qu'un des enfants, le plus vif et le plus éveillé de tous, dit aux autres : « — Jouons au cadi ; je suis le cadi, amenez-moi Ali Cogia et le marchand qui lui a volé mille pièces d'or. »

A ces paroles de l'enfant, le calife se souvint du placet qui lui avait été présenté le même jour et qu'il avait vu, et cela lui fit redoubler son attention pour voir quel serait le succès du jugement.

Comme l'affaire d'Ali Cogia et du marchand était nouvelle et qu'elle faisait grand bruit dans la ville de Bagdad jusque parmi les enfants, les autres enfants acceptèrent la proposition avec joie, et ils convinrent du personnage que chacun devait jouer. Personne ne refusa à celui qui s'était offert de faire le cadi d'en représenter le rôle. Quand il eut pris séance, avec le

semblant et la gravité d'un cadi, un autre, comme officier compétent du tribunal, lui en présenta deux, dont il appela l'un Ali Cogia et l'autre le marchand contre qui Ali Cogia portait sa plainte.

Alors le feint cadi prit la parole, et en interrogeant gravement le feint Ali Cogia : « — Ali Cogia, dit-il, que demandez-vous au marchand que voilà ? »

Le feint Ali Cogia, après une profonde révérence, informa le feint cadi du fait de point en point, et en achevant, il conclut en le suppliant à ce qu'il lui plût interposer l'autorité de son jugement pour empêcher qu'il ne fît une perte si considérable.

Le feint cadi, après avoir écouté le feint Ali Cogia, se tourna du côté du feint marchand, et il demanda pourquoi il ne rendait pas à Ali Cogia la somme qu'il lui demandait.

Le feint marchand apporta les mêmes raisons que le véritable avait alléguées devant le cadi de Bagdad, et il demanda de même à affirmer par serment que ce qu'il disait était vérité.

« — N'allons pas si vite, reprit le feint cadi ; avant que nous en venions à votre serment, je suis bien aise de voir le vase d'olives. Ali Cogia, ajouta-t-il en s'adressant au feint marchand de ce nom, avez-vous apporté le vase ? » — Comme il eut répondu qu'il ne l'avait pas apporté : « — Allez le prendre, reprit-il, apportez-le-moi. »

Le feint Ali Cogia disparaît pour un moment, et en revenant il feint de poser un vase devant le feint cadi en disant que c'était le même vase qu'il avait mis chez l'accusé et qu'il avait retiré de chez lui. Pour ne rien omettre de la formalité, le feint cadi demanda au feint marchand s'il le reconnaissait aussi pour le même vase ; et comme le feint marchand eut témoigné par son silence qu'il ne pouvait le nier, il commanda qu'on le découvrît. Le feint Ali Cogia fit semblant d'ôter le couvercle, et le feint cadi, en faisant semblant de regarder dans le vase : « — Voilà de belles olives, dit-il ; que j'en goûte ! » Il fit semblant d'en prendre une et d'en goûter, et il ajouta : « Elles sont excellentes. Mais, continua le feint cadi, il me semble que des olives gardées pendant sept ans ne devraient pas être si bonnes. Qu'on fasse venir des marchands d'olives, et qu'ils voient ce qui en est. »—Deux enfants lui furent présentés en qualité de marchands d'olives. « — Êtes-vous marchands d'olives ? » leur demanda le feint cadi. — Comme ils eurent répondu que c'était leur profession : « — Dites-moi, reprit-il, savez-vous combien de temps des olives accommodées par des gens qui s'y entendent peuvent se conserver bonnes à manger ? — Seigneur, répondirent les feints marchands, quelque peine qu'on prenne pour les garder, elles ne valent plus rien la troisième année, elles n'ont plus saveur ni couleur, elles ne sont bonnes qu'à jeter. — Si cela est, reprit le feint cadi, voyez le vase que voilà, et dites-moi combien il y a de temps qu'on y a mis les olives qui y sont. »

Les marchands feints firent semblant d'examiner les olives et d'en goûter, et témoignèrent au cadi qu'elles étaient récentes et bonnes. « — Vous vous trompez, reprit le feint cadi : voilà Ali Cogia qui dit qu'il les a mises dans le vase il y a sept ans. — Seigneur, repartirent les marchands appelés comme experts, ce que nous pouvons assurer, c'est que les olives sont de cette année, et nous maintenons que de tous les marchands de Bagdad, il n'y en a pas un seul qui ne rende le même témoignage que nous. »

Le feint marchand, accusé par le feint Ali Cogia, voulut ouvrir la bouche contre le témoignage des marchands experts. Mais le feint cadi ne lui en donna pas le temps. « — Tais-toi, dit-il, tu es un voleur; qu'on le pende! » — De la sorte, les enfants mirent fin à leur jeu avec grande joie, en frappant des mains et en se jetant sur le feint criminel comme pour le mener pendre.

On ne peut exprimer combien le calife Haroun Alraschid admira la sagesse et l'esprit de l'enfant qui venait de rendre un jugement si sage sur l'affaire qui devait être plaidée devant lui le lendemain. En cessant de regarder par la fente et en se levant, il demanda à son grand vizir, qui avait été attentif aussi à ce qui venait de se passer, s'il avait entendu le jugement que l'enfant venait de rendre et ce qu'il en pensait. « — Commandeur des croyants, répondit le grand vizir Giafar, on ne peut être plus surpris que je le suis d'une si grande sagesse dans un âge si peu avancé. — Mais, reprit le calife, sais-tu une chose, qui est que j'ai à prononcer demain sur la même affaire, et que le véritable Ali Cogia m'en a présenté le placet aujourd'hui? — Je l'apprends de Votre Ma-

jesté, répondit le grand vizir. — Crois-tu, reprit encore le calife, que je puisse en rendre un autre jugement que celui que nous venons d'entendre? — Si l'affaire est la même, repartit le grand vizir, il ne me paraît pas que Votre Majesté puisse y procéder d'une autre manière, ni prononcer autrement.— Remarque donc bien cette maison, lui dit le calife, et amène-moi demain l'enfant, afin qu'il juge la même affaire en ma présence. Mande aussi au cadi qui a renvoyé absous le marchand voleur de s'y trouver, afin qu'il apprenne son devoir de l'exemple d'un enfant, et qu'il se corrige. Je veux aussi que tu prennes le soin de faire avertir Ali Cogia d'apporter son vase d'olives, et que deux marchands d'olives se trouvent à mon audience. » — Le calife lui donna cet ordre en continuant sa tournée, qu'il acheva sans rencontrer autre chose qui méritât son attention.

Le lendemain, le grand vizir Giafar vint à la maison où le calife avait été témoin du jeu des enfants, et il demanda à parler au maître : au défaut du maître, qui était sorti, on lui fit parler à la maîtresse. Il lui demanda si elle avait des enfants; elle répondit qu'elle en avait trois, et elle les fit venir devant lui : « — Mes enfants, leur demanda le grand vizir, qui de vous faisait le cadi hier au soir que vous jouiez ensemble ? » Le plus grand, qui était l'aîné, répondit que c'était lui; et, comme il ignorait pourquoi il lui faisait cette demande, il changea de couleur. « — Mon fils, lui dit le grand vizir, venez avec moi, le commandeur des croyants veut vous voir. »

La mère fut dans une grande alarme quand elle vit que le grand vizir voulait emmener son fils. Elle lui demanda : « — Seigneur, est-ce pour enlever mon fils que le commandeur des croyants le demande ? » Le grand vizir la rassura, en lui promettant que son fils lui serait renvoyé en moins d'une heure, et qu'elle apprendrait, à son retour, le sujet pourquoi il était appelé, dont elle serait contente. « — Si cela est ainsi, seigneur, reprit la mère, permettez-moi qu'auparavant je lui fasse prendre un habit plus propre et qui le rende plus digne de paraître devant le commandeur des croyants. » Et elle le lui fit prendre sans perdre de temps.

Le grand vizir emmena l'enfant, et il le présenta au calife à l'heure qu'il avait donnée à Ali Cogia et au marchand pour les entendre.

Le calife, qui vit l'enfant un peu interdit et qui voulut le préparer à ce qu'il attendait de lui : « — Venez, mon fils, lui dit-il, approchez ; est-ce vous qui jugiez hier l'affaire d'Ali Cogia et du marchand qui lui a volé son or ? Je vous ai vu et je vous ai entendu, je suis bien content de vous. » — L'enfant ne se décontenança pas, il répondit modestement que c'était lui. « — Mon fils, reprit le calife, je veux vous faire voir aujourd'hui le véritable Ali Cogia et le véritable marchand : venez vous asseoir près de moi. »

Alors le calife prit l'enfant par la main, monta et

s'assit sur son trône, et quand il l'eut fait asseoir près de lui, il demanda où étaient les parties. On les fit avancer, et on les lui nomma pendant qu'ils se prosternaient et qu'ils frappaient de leur front le tapis qui couvrait le trône. Quand ils se furent relevés, le calife leur dit : « — Plaidez chacun votre cause ; l'enfant que voici vous écoutera et vous fera justice, et s'il manque en quelque chose, j'y suppléerai. »

Ali Cogia et le marchand parlèrent l'un après l'autre, et quand le marchand vint à demander à faire le même serment qu'il avait fait dans son premier jugement, l'enfant dit qu'il n'était pas encore temps, et qu'auparavant il était à propos de voir le vase d'olives.

A ces paroles, Ali Cogia présenta le vase, le posa aux pieds du calife et le découvrit. Le calife regarda les olives et il en prit une, dont il goûta. Le vase fut donné à examiner aux marchands experts qui avaient été appelés, et leur rapport fut que les olives étaient bonnes et de l'année. L'enfant leur dit qu'Ali Cogia assurait qu'elles y avaient été mises il y avait sept ans, à quoi ils firent la même réponse que les enfants feints marchands experts, comme nous l'avons vu.

Ici, quoique le marchand accusé vit bien que les deux marchands experts venaient de prononcer sa condamnation, il ne laissa pas néanmoins de vouloir alléguer quelque chose pour se justifier ; mais l'enfant se garda bien de l'envoyer pendre. Il regarda le calife : « — Commandeur des croyants, dit-il, ceci n'est pas un jeu : c'est à Votre Majesté de condamner à mort sérieusement, et non pas à moi, qui ne le fis hier que pour rire. »

Le calife, instruit pleinement de la mauvaise foi du marchand, l'abandonna aux ministres de la jus-

tice pour le faire pendre, ce qui fut exécuté après qu'il eut déclaré où il avait caché les mille pièces d'or, qui furent rendues à Ali Cogia. Ce monarque enfin, plein de justice et d'équité, après avoir averti le cadi qui avait rendu le premier jugement, lequel était présent, d'apprendre d'un enfant à être plus exact dans sa fonction, embrassa l'enfant et le renvoya avec une bourse de cent pièces d'or, qu'il lui fit donner comme marque de sa libéralité.

HISTOIRE D'ALI BABA ET DE QUARANTE VOLEURS EXTERMINÉS PAR UNE ESCLAVE

La sultane Scheherazade, éveillée par la vigilance de Dinarzade, sa sœur, raconta au sultan des Indes, son époux, l'histoire à laquelle il s'attendait.

Puissant sultan, dit-elle, dans une ville de Perse, aux confins des États de Votre Majesté, il y avait deux frères, dont l'un se nommait Cassim et l'autre Ali Baba. Comme leur père ne leur avait laissé que peu de biens, et qu'ils les avaient partagés également, il semble que leur fortune devait être égale : le hasard néanmoins en disposa autrement.

Cassim épousa une femme qui, peu de temps après leur mariage, devint héritière d'une boutique bien garnie, d'un magasin rempli de bonnes marchandises, et de biens en fonds de terre, qui le mirent tout à coup à son aise et le rendirent un des marchands les plus riches de la ville.

Ali Baba, au contraire, qui avait épousé une femme

aussi pauvre que lui, était logé fort pauvrement, et il n'avait d'autre industrie pour gagner sa vie et de quoi s'entretenir, lui et ses enfants, que d'aller couper du bois dans une forêt voisine, et de venir le vendre à la ville, chargé sur trois ânes, qui faisaient toute sa possession.

Ali Baba était un jour dans une forêt, et il achevait d'avoir coupé à peu près assez de bois pour faire la charge de ses ânes, lorsqu'il aperçut une grosse poussière qui s'élevait en l'air et qui avançait droit du côté où il était. Il regarde attentivement, et il distingue une troupe nombreuse de gens à cheval qui venaient d'un bon train.

Quoiqu'on ne parlât pas de voleur dans le pays, Ali Baba néanmoins eut la pensée que ce pouvait en être, et, sans considérer ce que deviendraient ses ânes, il songea à sauver sa personne. Il monta sur un gros arbre dont les branches, à peu de hauteur, se séparaient en rond si près les unes des autres, qu'elles n'étaient séparées que par un très-petit espace. Il se posta au milieu avec d'autant plus d'assurance qu'il pouvait voir sans être vu ; et l'arbre s'élevait au pied d'un rocher isolé de tous côtés, beaucoup plus haut que l'arbre, et escarpé de manière qu'on ne pouvait monter au haut par aucun endroit.

Les cavaliers, grands, puissants, tous bien montés

et bien armés, arrivèrent près du rocher, où ils mirent pied à terre; et Ali Baba, qui en compta quarante, à leur mine et à leur équipement ne douta pas qu'ils ne fussent des voleurs. Il ne se trompait pas: en effet, c'étaient des voleurs qui, sans faire aucun tort aux environs, allaient exercer leurs brigandages bien loin et avaient là leur rendez-vous, et ce qu'il les vit faire le confirma dans cette opinion.

Chaque cavalier débrida son cheval, l'attacha, lui passa au cou un sac plein d'orge qu'il avait apporté sur la croupe, et ils se chargèrent chacun de leur valise; et la plupart des valises parurent si pesantes à Ali Baba, qu'il jugea qu'elles étaient pleines d'or et d'argent monnayés.

Le plus apparent, chargé de sa valise comme les autres, qu'Ali Baba prit pour le capitaine des voleurs, s'approcha du rocher, fort près du gros arbre où il s'était réfugié, et après qu'il se fut fait un chemin au travers de quelques arbrisseaux, il prononça ces paroles si distinctement: — « Sésame, ouvre-toi ! » — qu'Ali Baba les entendit. Dès que le capitaine des voleurs les eut prononcées, une porte s'ouvrit, et, après qu'il eut fait passer tous ses gens devant lui, et qu'ils furent tous entrés, il entra aussi, et la porte se ferma.

Les voleurs demeurèrent longtemps dans le rocher, et Ali Baba, qui craignit que quelqu'un d'eux ou que tous ensemble ne sortissent s'il quittait son poste pour se sauver, fut contraint de rester sur l'arbre et d'attendre avec patience. Il fut tenté néanmoins de descendre pour se saisir de deux chevaux, en monter un et mener l'autre par la bride, et de gagner la ville en chassant ses trois ânes devant lui; mais l'incertitude de l'événement fit qu'il prit le parti le plus sûr.

La porte se rouvrit enfin, les quarante voleurs sortirent, et au lieu que le capitaine était entré le dernier, il sortit le premier, et après les avoir vus défiler devant lui, Ali Baba entendit qu'il fit refermer la porte en prononçant ces paroles : « — Sésame, referme-toi ! » — Chacun retourna à son cheval, le rebrida, rattacha sa valise et remonta dessus. Quand ce capitaine enfin vit qu'ils étaient tous prêts à partir, il se mit à la tête et il reprit avec eux le chemin par lequel ils étaient venus.

Ali Baba ne descendit pas de l'arbre d'abord; il dit en lui-même : « — Ils peuvent avoir oublié quelque chose qui les oblige de revenir, et je me trouverais attrapé si cela arrivait. » — Il les conduisit de l'œil jusqu'à ce qu'il les eut perdus de vue, et il ne descendit que longtemps après, pour plus grande sûreté. Comme il avait retenu les paroles par lesquelles le capitaine des voleurs avait fait ouvrir et refermer la porte, il eut la curiosité d'éprouver si en les prononçant elles feraient le même effet. Il passa au travers des arbrisseaux et il aperçut la porte qu'ils cachaient. Il se présenta devant, et il dit : « — Sésame, ouvre-toi ! » — et dans l'instant la porte s'ouvrit toute grande.

Ali Baba s'était attendu à voir un lieu de ténèbres et d'obscurité, mais il fut surpris d'en voir un bien éclairé, vaste et spacieux, creusé en voûte fort élevée à main d'homme, qui recevait la lumière du haut du rocher par une ouverture pratiquée de même. Il vit de grandes provisions de bouche, des ballots de riches marchandises en pile, des étoffes de soie et de brocart, des tapis de grand prix, et surtout de l'or et de l'argent monnayés, par tas et dans des sacs ou grandes bourses de cuir les unes sur les autres; et, à voir toutes ces choses, il lui parut qu'il y avait non pas de longues années, mais des siècles, que cette grotte servait de retraite à des voleurs qui avaient succédé les uns aux autres.

Ali Baba ne balança pas sur le parti qu'il devait prendre : il entra dans la grotte, et dès qu'il y fut entré la porte se referma; mais cela ne l'inquiéta pas, il savait le secret de la faire ouvrir. Il ne s'attacha pas à l'argent, mais à l'or monnayé, et particulièrement à celui qui était dans des sacs; il en enleva à plusieurs fois autant qu'il pouvait en porter et qu'ils purent suffire pour faire la charge de ses trois ânes. Il rassembla ses ânes qui étaient dispersés, et quand il les eut fait approcher du rocher, il les chargea de sacs, et pour les cacher il accommoda du bois par-dessus, de manière qu'on ne pouvait les apercevoir. Quand il eut achevé, il se présenta devant la porte, et il n'eut pas prononcé ces paroles : « — Sésame, referme-toi ! » — qu'elle se ferma, car elle s'était fermée d'elle-même chaque fois qu'il y était entré, et demeurée ouverte chaque fois qu'il en était sorti.

Cela fait, Ali Baba reprit le chemin de la ville, et, arrivant chez lui, il fit entrer ses ânes dans une petite cour et referma la porte avec grand soin. Il mit bas le peu de bois qui couvrait les sacs, et il porta les sacs dans sa maison, qu'il posa et arrangea devant sa femme, qui était assise sur un sofa.

Sa femme mania les sacs, et comme elle se fut aperçue qu'ils étaient pleins d'argent, elle soupçonna son mari de les avoir volés, de sorte que quand il eut achevé de les apporter tous, elle ne put s'empêcher de lui dire : « — Ali Baba, seriez-vous assez malheureux pour...? » — Ali Baba l'interrompit : « — Paix, ma femme ! dit-il ; ne vous alarmez pas, je ne suis pas voleur, à moins que ce ne soit l'être que de prendre sur les voleurs. Vous cesserez d'avoir cette mauvaise opinion de moi quand je vous aurai raconté ma bonne fortune. » — Il vida les sacs, qui firent un gros tas d'or dont sa femme fut éblouie ; et quand il eut fait, il lui fit le récit de son aventure depuis le commencement jusqu'à la fin, et en achevant il lui recommanda sur toute chose de garder le secret.

La femme, revenue et guérie de son épouvante, se réjouit avec son mari du bonheur qui leur était arrivé, et elle voulut compter pièce par pièce tout l'or qui était devant elle. « — Ma femme, lui dit Ali Baba, vous n'êtes pas sage. Que prétendez-vous faire? Je vais creuser une fosse et l'enfouir dedans, nous n'avons pas de temps à perdre. — Il est bon, reprit la femme, que nous sachions au moins à peu près la quantité qu'il y en a. Je vais chercher une petite mesure dans le voisinage, et je mesurerai pendant que vous creuserez la fosse. — Ma femme, repartit Ali Baba, ce que vous voulez faire n'est bon à rien ; vous vous en abstiendriez si vous vouliez me croire. Faites néanmoins ce qu'il vous plaira ; mais souvenez-vous de garder le secret. »

Pour se satisfaire, la femme d'Ali Baba sort, et elle va chez Cassim, son beau-frère, qui ne demeurait pas loin. Cassim n'était pas chez lui, et à son défaut, elle s'adresse à sa femme, qu'elle prie de lui prêter une mesure pour quelques moments. La belle-sœur lui demande si elle la voulait grande ou petite, et la femme d'Ali Baba lui en demanda une petite. « — Très-volontiers, dit la belle-sœur, attendez un moment, je vais vous l'apporter. »

La belle-sœur va chercher la mesure : elle la trouve ; mais comme elle connaissait la pauvreté d'Ali Baba, curieuse de savoir quelle sorte de grain sa femme voulait mesurer, elle s'avisa d'appliquer adroitement du suif au-dessous de la mesure, et elle y en appliqua. Elle revint, et, en la présentant à la femme d'Ali Baba, elle s'excusa de l'avoir fait attendre sur ce qu'elle avait eu de la peine à la trouver.

La femme d'Ali Baba revint chez elle ; elle posa la

mesure sur le tas d'or, l'emplit, et la vida un peu plus loin, sur le sofa, jusqu'à ce qu'elle eut achevé, et elle fut contente du bon nombre de mesures qu'elle en trouva, dont elle fit part à son mari, qui venait d'achever de creuser la fosse.

Pendant qu'Ali Baba enfouit l'or, sa femme, pour marquer son exactitude et sa diligence à sa belle-sœur, lui reporte la mesure, mais sans prendre garde qu'une pièce d'or s'était attachée dessous. « — Belle-sœur, dit-elle en la rendant, vous voyez que je n'ai pas gardé longtemps votre mesure ; je vous en suis bien obligée, je vous la rends. »

La femme d'Ali Baba n'eut pas tourné le dos, que la femme de Cassim regarda la mesure par le dessous, et elle fut dans un étonnement inexprimable d'y voir une pièce d'or attachée. L'envie s'empara de son cœur dans le moment. « — Quoi! dit-elle, Ali Baba a de l'or par mesure! et où le misérable a-t-il pris cet or ? » — Cassim son mari n'était pas à la maison, nous l'avons dit : il était à sa boutique, dont il ne devait revenir que le soir. Tout le temps qu'il se fit attendre fut un siècle pour elle, dans la grande impatience où elle était de lui apprendre une grande nouvelle dont il ne devait pas être moins surpris qu'elle.

A l'arrivée de Cassim chez lui : « — Cassim, lui dit sa femme, vous croyez être riche, vous vous trompez : Ali Baba l'est infiniment plus que vous ; il ne compte

pas son or comme vous, il le mesure. » — Cassim
demanda l'explication de cette énigme, et elle lui en

donna l'éclaircissement en lui apprenant de quelle
adresse elle s'était servie pour faire cette découverte,
et elle lui montra la pièce de monnaie qu'elle avait
trouvée attachée au-dessous de la mesure, pièce si

ancienne, que le nom du prince qui y était marqué lui était inconnu.

Loin d'être sensible au bonheur qui pouvait être arrivé à son frère pour se tirer de la misère, Cassim en conçut une jalousie mortelle. Il en passa presque la nuit sans dormir. Le lendemain il alla chez lui que le soleil n'était pas levé. Il ne le traita pas de frère, il avait oublié ce nom depuis qu'il avait épousé la riche veuve. « — Ali Baba, dit-il en l'abordant, vous êtes réservé dans vos affaires ; vous faites le pauvre, le gueux et vous mesurez l'or. — Mon frère, reprit Ali Baba, je ne sais de quoi vous voulez me parler, expliquez-vous. — Ne faites pas l'ignorant, » — repartit Cassim ; et en lui montrant la pièce d'or que sa femme lui avait mise entre les mains : — «Combien avez-vous de pièces, ajouta-t-il, semblables à celles-ci, que ma femme a trouvée attachée au-dessous de la mesure que la vôtre vint lui emprunter hier ! »

A ce discours, Ali Baba connut que Cassim et la femme de Cassim (par un entêtement de sa propre femme) savaient déjà ce qu'il avait un si grand intérêt de tenir caché. Mais la faute était faite, elle ne pouvait se réparer. Sans donner à son frère la moindre marque d'étonnement ni de chagrin, il lui avoua la chose et lui raconta par quel hasard il avait découvert la retraite des voleurs et en quel endroit, et il lui offrit, s'il voulait garder le secret, de lui faire part du trésor.

« — Je le prétends bien ainsi, reprit Cassim d'un air fier ; mais, ajouta-t-il, je veux savoir aussi où est précisément ce trésor, les enseignes, les marques, et comment je pourrais y entrer moi-même s'il m'en prenait envie : autrement, je vais vous dénoncer à la justice. Si vous le refusez, non-seulement vous n'aurez plus rien à en espérer, vous perdrez même ce que vous avez enlevé, au lieu que j'en aurai ma part pour vous avoir dénoncé. »

Ali Baba, plutôt par son bon naturel qu'intimidé par les menaces insolentes d'un frère barbare, l'instruisit pleinement de ce qu'il souhaitait, et même des paroles dont il fallait qu'il se servît tant pour entrer dans la grotte que pour en sortir.

Cassim n'en demanda pas davantage à Ali Baba. Il le quitta, résolu de le prévenir et plein d'espérance de s'emparer du trésor lui seul. Il part le lendemain de grand matin, avant la pointe du jour, avec dix mulets chargés de grands coffres qu'il se proposa de remplir, en se réservant d'en mener un plus grand nombre dans un second voyage, à proportion des charges qu'il trouverait dans la grotte. Il prend le chemin qu'Ali Baba lui avait enseigné ; il arrive près du rocher et il reconnaît les enseignes et l'arbre sur lequel Ali Baba s'était caché. Il cherche la porte, il la trouve, et, pour la faire ouvrir, il prononce les paroles : « — Sésame, ouvre-toi ! » — La porte s'ouvre, il entre, et aussitôt elle se referme. En examinant la grotte, il est dans une grande admiration de voir beaucoup plus de richesses qu'il ne l'avait compris par le récit d'Ali Baba, et son admiration augmenta à mesure qu'il examina chaque chose en particulier. Avare et amateur des richesses comme il l'était, il eût passé la journée à se repaître les yeux de la vue de tant d'or, s'il n'eût songé qu'il était venu pour l'enlever et pour en charger ses dix mulets. Il en prend un nombre de sacs, autant qu'il en peut porter, et en venant à la porte pour la faire ouvrir, l'esprit rempli de toute autre idée que de ce qui lui importait davantage, il se trouve qu'il oublie le mot nécessaire, et au lieu de : Sésame ! il dit : « — Orge, ouvre-toi ! » — et il est bien étonné de voir que la porte, loin de s'ouvrir, demeure fermée. Il nomme plusieurs autres noms de grain autres que celui qu'il fallait, et la porte ne s'ouvre pas.

Cassim ne s'attendait pas à cet événement. Dans le grand danger où il se voit, la frayeur se saisit de sa personne, et plus il fait d'efforts pour se souvenir du mot de : Sésame ! plus il embrouille sa mémoire, et il en demeure exclu absolument comme si jamais il n'en avait entendu parler. Il jette par terre les sacs dont il s'était chargé. Il se promène à grands pas dans la grotte, tantôt d'un côté, tantôt de l'autre, et toutes les richesses dont il se voit environné ne le touchent plus. Laissons Cassim déplorant son sort, il ne mérite pas de compassion.

Les voleurs revinrent à leur grotte vers le midi, et quand ils furent à peu de distance et qu'ils eurent vu les mulets de Cassim autour du rocher, chargés de coffres, inquiets de cette nouveauté, ils avancèrent à toute bride et firent prendre la fuite aux dix mulets, que Cassim avait négligé d'attacher, et qui paissaient librement, de manière qu'ils se dispersèrent deçà delà dans la forêt, si loin qu'ils les eurent bientôt perdus de vue.

Les voleurs ne se donnèrent pas la peine de courir après les mulets : il leur importait davantage de trouver celui à qui ils appartenaient. Pendant que quelques-uns tournent autour du rocher pour le chercher, le capitaine avec les autres met pied à terre et va droit à la porte, le sabre à la main, prononce les paroles, et la porte s'ouvre.

Cassim, qui entendit le bruit des chevaux du milieu de la grotte, ne douta pas de l'arrivée des voleurs, non plus que de sa perte prochaine. Résolu au moins de faire un effort pour échapper de leurs mains et se sauver, il s'était tenu prêt à se jeter dehors dès que la porte s'ouvrirait. Il ne la vit pas plutôt ouverte, après avoir entendu prononcer le mot : Sésame ! qui était échappé de sa mémoire, qu'il s'élança en sortant si brusquement, qu'il renversa le capitaine par terre. Mais il n'échappa pas aux autres voleurs, qui avaient aussi le sabre à la main, et qui lui ôtèrent la vie sur-le-champ.

Le premier soin des voleurs, après cette exécution, fut d'entrer dans la grotte : ils trouvèrent près de la porte les sacs que Cassim avait commencé d'enlever pour les emporter et en charger ses mulets, et ils les remirent à leur place sans s'apercevoir de ceux qu'Ali

Baba avait emportés auparavant. En tenant conseil et en délibérant ensemble sur cet événement, ils comprirent bien comment Cassim n'avait pu sortir de la grotte; mais qu'il y eût pu entrer, c'est ce qu'ils ne pouvaient s'imaginer. Il leur vint en pensée qu'il pouvait être descendu par le haut de la grotte; mais l'ouverture par où le jour y venait était si élevée et le haut du rocher était si inaccessible par dehors, outre que rien ne leur marquait qu'il l'eût fait, qu'ils tombèrent d'accord que cela était hors de leur connaissance. Qu'il fût entré par la porte, c'est ce qu'ils ne pouvaient se persuader, à moins qu'il n'eût eu le secret de la faire ouvrir; mais ils tenaient pour certain qu'ils étaient les seuls qui l'avaient, en quoi ils se trompaient en ignorant qu'ils avaient été épiés par Ali Baba, qui le savait.

De quelque manière que la chose fût arrivée, comme il s'agissait que leurs richesses communes fussent en sûreté, ils convinrent de faire quatre quartiers du cadavre de Cassim et de les mettre près de la porte en dedans de la grotte, deux d'un côté, deux de l'autre, pour épouvanter quiconque aurait la hardiesse de faire une pareille entreprise, sauf à ne revenir dans la grotte que dans quelque temps, après que la puanteur du cadavre serait exhalée. Cette résolution prise, ils l'exécutèrent, et quand ils n'eurent plus rien qui les arrêtât, ils laissèrent le lieu de leur retraite bien fermé, remontèrent à cheval, et allèrent battre la campagne sur les routes fréquentées par les caravanes, pour les attaquer et exercer leurs brigandages accoutumés.

La femme de Cassim, cependant, fut dans une grande inquiétude quand elle vit qu'il était nuit close et que son mari n'était pas revenu. Elle alla chez Ali Baba tout alarmée, et elle lui dit : « —Vous n'ignorez pas, comme je le crois, que Cassim, votre frère, est allé à la forêt et pour quel sujet. Il n'est pas encore revenu, et voilà la nuit avancée ; je crains que quelque malheur ne lui soit arrivé. »

Ali Baba s'était douté de ce voyage de son frère, après le discours qu'il lui avait tenu, et ce fut pour cela qu'il s'était abstenu d'aller à la forêt ce jour-là, afin de ne pas lui donner d'ombrage. Sans lui faire aucun reproche dont elle pût s'offenser, ni son mari s'il eût été vivant, il lui dit qu'elle ne devait pas encore s'alarmer, et que Cassim apparemment avait jugé à propos de ne rentrer dans la ville que bien avant dans la nuit.

La femme de Cassim le crut ainsi, d'autant plus facilement qu'elle considéra combien il était important que son mari fît la chose secrètement. Elle retourna chez elle et attendit patiemment jusqu'à minuit. Mais après cela ses alarmes redoublèrent avec une douleur d'autant plus sensible, qu'elle ne pouvait la faire éclater ni la soulager par des cris, dont elle vit bien que la cause devait être cachée au voisinage. Alors, si sa faute était irréparable, elle se repentit de la folle curiosité qu'elle avait eue, par une envie condamnable, de pénétrer dans les affaires de son beau-frère et de sa belle-sœur. Elle passa la nuit dans les pleurs, et dès la pointe du jour elle courut chez eux, et leur annonça le sujet qui l'amenait plutôt par ses larmes que par ses paroles.

Ali Baba n'attendit pas que sa belle-sœur le priât de se donner la peine d'aller voir ce que Cassim était devenu. Il partit sur-le-champ avec ses trois ânes, après lui avoir recommandé de modérer son affliction, et il alla à la forêt. En approchant du rocher, après n'avoir vu dans tout le chemin ni son frère, ni les dix mulets, il fut étonné du sang répandu qu'il aperçut près de la porte, et il en prit un mauvais augure. Il se présenta devant la porte, il prononça les paroles : elle s'ouvrit, et il fut frappé du triste spectacle du corps de son frère mis en quatre quartiers. Il n'hésita pas sur le parti qu'il devait prendre pour rendre les derniers devoirs à son frère, en oubliant le peu d'amitié fraternelle qu'il avait eu pour lui. Il trouva dans la grotte de quoi faire deux paquets des quatre quartiers, dont il fit la charge d'un des ânes, avec du bois pour les cacher. Il chargea les deux autres ânes de sacs pleins d'or, et de bois par-dessus, comme la première fois, sans perdre de temps, et dès qu'il eut achevé et qu'il eut commandé à la porte de se refermer, il reprit le chemin de la ville, mais il eut la précaution de s'arrêter à la sortie de la forêt assez de temps pour n'y rentrer que la nuit. En arrivant chez lui, il ne fit entrer dans sa cour que les deux ânes chargés d'or, et après avoir laissé à sa femme le soin de les décharger et lui avoir fait part en peu de mots de ce qui venait d'arriver à Cassim, il conduisit l'autre âne chez sa belle-sœur.

Ali Baba frappa à la porte, qui lui fut ouverte par Morgiane; et Morgiane était une esclave adroite, entendue et féconde en inventions pour faire réussir les choses les plus difficiles, et Ali Baba la connaissait pour telle. Quand il fut entré dans la cour, il déchargea l'âne du bois et des deux paquets, et en prenant Morgiane à part : « — Morgiane, dit-il, la première chose que je te demande, c'est un secret inviolable : tu vas voir combien il nous est nécessaire autant à ta maîtresse qu'à moi. Voilà le corps de ton maître dans ces deux paquets. Il s'agit de le faire enterrer comme s'il était mort de sa mort naturelle. Fais-moi parler à ta maîtresse, et sois attentive à ce que je lui dirai. »

Morgiane avertit sa maîtresse, et Ali Baba, qui la suivait, entra. « — Eh bien, beau-frère, demanda la belle-sœur à Ali Baba avec grande impatience, quelle nouvelle apportez-vous de mon mari? Je n'aperçois rien sur votre visage qui doive me consoler. — Belle-sœur, répondit Ali Baba, je ne puis vous rien dire qu'auparavant vous ne me promettiez de m'écouter depuis le commencement jusqu'à la fin sans ouvrir la bouche. Il ne vous est pas moins important qu'à moi, dans ce qui est arrivé, de garder un grand secret

pour votre bien et pour votre repos. — Ah! s'écria la belle-sœur sans élever la voix, ce préambule me fait connaître que mon mari n'est plus; mais en même temps je reconnais la nécessité du secret que vous me demandez. Il faut bien que je me fasse violence; dites, je vous écoute. »

Ali Baba raconta à sa belle-sœur tout le succès de son voyage jusqu'à son arrivée avec le corps de Cassim. « — Belle-sœur, ajouta-t-il, voilà un sujet d'affliction pour vous d'autant plus grand, que vous vous y attendiez moins. Quoique le mal soit sans remède, si quelque chose néanmoins est capable de vous consoler, je vous offre de joindre le peu de bien que Dieu m'a envoyé au vôtre, en vous épousant et en vous assurant que ma femme n'en sera pas jalouse, et que vous vivrez bien ensemble. Si la proposition vous agrée, il faut songer de faire en sorte qu'il paraisse que mon frère est mort de sa mort naturelle, et c'est un soin dont il me semble que vous pouvez vous reposer sur Morgiane, et j'y contribuerai de mon côté de tout ce qui sera en mon pouvoir. »

Quel meilleur parti pouvait prendre la veuve de Cassim que celui qu'Ali Baba lui proposait, elle qui avec les biens qui lui demeuraient par la mort de son premier mari, en trouvait un autre plus riche qu'elle, et qui, par la découverte du trésor qu'il avait faite, pouvait le devenir davantage ? Elle ne refusa pas le parti, elle le regarda au contraire comme un motif raisonnable de consolation. En essuyant ses larmes, qu'elle avait commencé de verser en abondance, en supprimant les cris perçants ordinaires aux femmes qui ont perdu leur mari, elle témoigna suffisamment à Ali Baba qu'elle acceptait son offre.

Ali Baba laissa la veuve de Cassim dans cette disposition, et, après avoir recommandé à Morgiane de bien s'acquitter de son patronage, il retourna chez lui avec son âne.

Morgiane ne s'oublia pas; elle sortit en même temps qu'Ali Baba, et alla chez un apothicaire qui était dans le voisinage. Elle frappe à la boutique, on ouvre, et elle demande d'une sorte de tablettes très-salutaires dans les maladies les plus dangereuses. L'apothicaire lui en donna pour l'argent qu'elle avait présenté, en demandant qui était malade chez son maître. « — Ah ! dit-elle avec un grand soupir, c'est Cassim lui-même, mon bon maître. On n'entend rien à sa maladie, il ne parle ni ne peut manger. » — A ces paroles, elle emporte les tablettes dont véritablement Cassim n'était plus en état de faire usage.

Le lendemain, la même Morgiane revient chez le même apothicaire et demande, les larmes aux yeux, d'une essence dont on avait coutume de ne faire prendre aux malades qu'à la dernière extrémité ; et on n'espérait rien de leur vie si cette essence ne les faisait revivre. « — Hélas ! dit-elle avec une grande affliction, en la recevant des mains de l'apothicaire, je crains fort que ce remède ne fasse pas plus d'effet que les tablettes. Ah ! que je perds un bon maître ! »

D'un autre côté, comme on vit toute la journée Ali Baba et sa femme, d'un air triste, faire plusieurs allées et venues chez Cassim, on ne fut pas étonné le soir d'entendre les cris lamentables de la femme de Cassim, et surtout de Morgiane, qui annonçaient que Cassim était mort.

Le jour suivant, de grand matin, que le jour ne faisait que commencer à paraître, Morgiane, qui savait, qu'il y avait sur la place un bonhomme de savetier fort vieux, qui ouvrait tous les jours sa boutique le premier, longtemps avant les autres, sort, et elle va le trouver. En l'abordant et en lui donnant le bonjour, elle lui met une pièce d'or dans la main.

Baba Moustafa, connu de tout le monde sous ce nom; Baba Moustafa, dis-je, qui était naturellement gai et qui avait toujours le mot pour rire, en regardant la pièce d'or à cause qu'il n'était pas encore bien jour, et en voyant que c'était de l'or: « — Bonne étrenne ! dit-il ; de quoi s'agit-il ? me voilà prêt à bien faire. — Baba Moustafa, lui dit Morgiane, prenez ce qui vous est nécessaire pour coudre, et venez avec moi promptement, mais à condition que je vous banderai les yeux quand nous serons dans un tel endroit. »

A ces paroles, Baba Moustafa fit le difficile. « — Oh !

oh ! reprit-il, vous voulez donc me faire faire quelque chose contre ma conscience ou contre mon honneur?»
— En lui mettant une autre pièce d'or dans la main :
« — Dieu garde, reprit Morgiane, que j'exige rien de vous que vous ne puissiez faire en tout honneur ! Venez seulement, et ne craignez rien. »

Baba Moustafa se laissa mener, et Morgiane, après lui avoir bandé les yeux avec un mouchoir, à l'endroit qu'elle avait marqué, le mena chez défunt son maître, et elle ne lui ôta le mouchoir que dans la chambre où elle avait mis le corps, chaque quartier à sa place. Quand elle le lui eut ôté : « — Baba Moustafa, dit-elle, c'est pour vous faire coudre les pièces que voilà, que je vous ai amené. Ne perdez pas de temps, et quand vous aurez fait, je vous donnerai une autre pièce d'or. »

Quand Baba Moustafa eut achevé, Morgiane lui rebanda les yeux dans la même chambre, et après lui avoir donné la troisième pièce d'or qu'elle lui avait promise et lui avoir recommandé le secret, elle le ramena jusqu'à l'endroit où elle lui avait bandé les yeux en l'amenant ; et là, après lui avoir encore ôté le mouchoir, elle le laissa retourner chez lui, en le conduisant de vue jusqu'à ce qu'elle ne le vît plus, afin de lui ôter la curiosité de revenir sur ses pas pour l'observer elle-même.

Morgiane avait fait chauffer de l'eau pour laver le corps de Cassim : ainsi Ali Baba, qui arriva comme elle venait de rentrer, le leva, le parfuma d'encens et l'ensevelit avec les cérémonies accoutumées. Le menuisier apporta aussi la bière qu'Ali Baba avait pris soin de commander.

Afin que le menuisier ne pût s'apercevoir de rien, Morgiane reçut la bière à la porte, et après l'avoir payé et renvoyé, elle aida Ali Baba à mettre le corps dedans ; et quand Ali Baba eut bien cloué les planches par-dessus, elle alla à la mosquée avertir que tout était prêt pour l'enterrement. Les gens de la mosquée destinés pour laver les corps des morts s'offrirent pour venir s'acquitter de leur fonction, mais elle leur dit que la chose était faite.

Morgiane, de retour, ne faisait presque que de rentrer quand l'iman et d'autres ministres de la mosquée arrivèrent. Quatre des voisins assemblés chargèrent la bière sur leurs épaules, et, en suivant l'iman, qui récitait des prières, ils la portèrent au cimetière. Morgiane en pleurs, comme esclave du défunt, suivit la tête nue, en poussant des cris pitoyables, en se frappant la poitrine de grands coups et en s'arrachant les cheveux ; et Ali Baba marchait après, accompagné de ses voisins, qui se détachaient tour à tour, de temps en temps, pour relayer et soulager les autres voisins qui portaient la bière, jusqu'à ce qu'on arriva au cimetière.

Pour ce qui est de la femme de Cassim, elle resta dans sa maison, en se désolant et en poussant des cris lamentables avec les femmes du voisinage, qui, selon la coutume, y accoururent pendant la cérémonie de l'enterrement, et qui, joignant leurs lamentations aux siennes, remplirent tout le quartier de tristesse bien loin aux environs.

De la sorte, la mort funeste de Cassim fut cachée et dissimulée entre Ali Baba, sa femme, la veuve de Cassim et Morgiane, avec un ménagement si grand, que personne de la ville, loin d'en avoir la connaissance, n'en eut pas le moindre soupçon.

Trois ou quatre jours après l'enterrement de Cassim, Ali Baba transporta le peu de meubles qu'il avait, avec l'argent qu'il avait enlevé du trésor des voleurs, qu'il ne porta que de nuit dans la maison de la veuve de son frère, pour s'y établir, ce qui fit connaître son nouveau mariage avec sa belle-sœur. Et comme ces sortes de mariages ne sont pas extraordinaires dans notre religion, personne n'en fut surpris.

Quant à la boutique de Cassim, Ali Baba avait un fils qui, depuis quelque temps, avait achevé son apprentissage chez un autre gros marchand qui avait toujours rendu témoignage de sa bonne conduite. Il la lui donna, avec promesse, s'il continuait de se gouverner sagement, qu'il ne serait pas longtemps à le marier avantageusement selon son état.

Laissons Ali Baba jouir des commencements de sa bonne fortune, et parlons des quarante voleurs. Ils revinrent à leur retraite de la forêt dans le temps dont ils étaient convenus ; mais ils furent dans un grand étonnement de ne pas trouver le corps de Cassim, et il augmenta quand ils se furent aperçus de la diminution de leurs sacs d'or. « — Nous sommes découverts et perdus, dit le capitaine, si nous n'y prenons garde, et que nous ne cherchions promptement à y apporter le remède ; insensiblement nous allons perdre tant de richesses que nos ancêtres et nous

avons amassées avec tant de peines et de fatigues. Tout ce que nous pouvons juger du dommage qu'on nous a fait, c'est que le voleur que nous avons surpris a eu le secret de faire ouvrir la porte, et que nous sommes arrivés heureusement à point nommé dans le temps qu'il allait en sortir. Mais il n'était pas le seul, un autre doit l'avoir comme lui. Son corps emporté et notre trésor diminué en sont des marques incontestables. Et comme il n'y a pas d'apparence que plus de deux personnes aient eu ce secret, après avoir fait périr l'un, il faut que nous fassions périr l'autre de même. Qu'en dites-vous, braves gens ? n'êtes-vous pas du même avis que moi?»

La proposition du capitaine des voleurs fut trouvée si raisonnable par sa compagnie, qu'ils l'approuvèrent tous, et qu'ils tombèrent d'accord qu'il fallait abandonner toute autre entreprise pour ne s'attacher uniquement qu'à celle-ci, et ne s'en départir qu'ils n'y eussent réussi.

«— Je n'en attendais pas moins de votre courage et de votre bravoure, reprit le capitaine; mais, avant toute chose, il faut que quelqu'un de vous, hardi, adroit et entreprenant, aille à la ville, sans armes et en habit de voyageur et d'étranger, et qu'il emploie tout son savoir-faire pour découvrir si l'on n'y parle pas de la mort étrange de celui que nous avons massacré comme il le méritait, qui il était, et en quelle maison il demeurait. C'est ce qu'il nous est important que nous sachions d'abord, pour ne rien faire dont nous ayons lieu de nous repentir en nous découvrant nous-mêmes, dans un pays où nous sommes inconnus depuis si longtemps, et où nous avons un si grand intérêt de continuer de l'être. Mais afin d'animer celui de vous qui s'offrira pour se charger de cette commission, et l'empêcher de se tromper en nous venant faire un rapport faux au lieu d'un véritable, qui serait capable de causer notre ruine, je vous demande si vous ne jugez pas à propos qu'en ce cas-là il se soumette à la peine de mort? »

Sans attendre que les autres donnassent leurs suffrages : — Je m'y soumets, dit l'un des voleurs, et je fais gloire d'exposer ma vie en me chargeant de la commission. Si je n'y réussis pas, vous vous souviendrez au moins que je n'aurai manqué ni de bonne volonté ni de courage pour le bien commun de la troupe. »

Ce voleur, après avoir reçu de grandes louanges du capitaine et de ses camarades, se déguisa de manière que personne ne pouvait le prendre pour ce qu'il était. En se séparant de la troupe, il partit la nuit, et il prit si bien ses mesures, qu'il entra dans la ville dans le temps que le jour ne faisait que commencer à paraître. Il avança jusqu'à la place, où il ne vit qu'une seule boutique ouverte, et c'était celle de Baba Moustafa.

Baba Moustafa était assis sur son siége, l'alène à la main, déjà prêt à travailler de son métier. Le voleur alla l'aborder en lui souhaitant le bonjour, et comme il se fut aperçu de son grand âge : « — Bonhomme, dit-il, vous commencez à travailler de grand matin ; il n'est pas possible que vous y voyiez encore clair, âgé comme vous l'êtes. Et, quand il ferait plus clair, je doute que vous ayez d'assez bons yeux pour coudre. — Qui que vous soyez, reprit Baba Moustafa, il faut que vous ne me connaissiez pas. Si vieux que vous me voyez, je ne laisse pas d'avoir les yeux excellents, et vous n'en douterez pas quand vous saurez qu'il n'y a pas longtemps que j'ai cousu un mort dans un lieu où il ne faisait guère plus clair qu'il fait présentement. »

Le voleur eut une grand joie de s'être adressé en arrivant à un homme qui d'abord, comme il n'en douta pas, lui donnait de lui-même la nouvelle de ce qui l'avait amené, sans le lui demander. « — Un mort! reprit-il avec étonnement et pour le faire parler; pourquoi coudre un mort ? ajouta-t-il ; vous voulez dire apparemment que vous avez cousu le linceul dans lequel il a été enseveli? — Non, non, repartit Baba Moustafa, je sais ce que je veux dire: vous voudriez me faire parler, mais vous n'en saurez pas davantage. »

Le voleur n'avait pas besoin d'un éclaircissement plus ample pour être persuadé qu'il avait découvert ce qu'il était venu chercher. Il tira une pièce d'or, et, en la mettant dans la main de Baba Moustafa, il lui dit : « — Je n'ai garde de vouloir entrer dans votre secret, quoique je puisse vous assurer que je ne le divulguerais pas si vous me l'aviez confié. La seule chose dont je vous prie, c'est de me faire la grâce de m'enseigner ou de venir me montrer la maison où vous avez cousu le mort. — Quand j'aurais la volonté de vous accorder la grâce que vous me demandez, reprit Baba Moustafa en retenant la pièce d'or, prêt à la rendre, je vous assure que je ne pourrais pas le faire, et vous devez m'en croire sur ma parole. En voici la raison : c'est qu'on m'a mené jusqu'à un certain endroit où l'on m'a bandé les yeux, et de là je me suis laissé conduire jusque dans la maison, d'où, après avoir fait ce que je devais faire, on me ramena de la même manière jusqu'au même endroit. Vous voyez l'impossibilité qu'il y a que je puisse vous rendre service. — Au moins, repartit le voleur, vous devez vous souvenir à peu près du chemin qu'on vous a fait faire les yeux bandés. Venez, je vous prie, avec moi, je vous banderai les yeux en cet endroit-là, et nous marcherons ensemble par le même chemin et par les mêmes détours que vous pourrez vous remettre dans la mémoire d'avoir marché. Et, comme toute peine mérite récompense, voici une autre pièce d'or : venez, faites-moi le plaisir que je vous demande. » — Et, en disant ces paroles, il lui mit une autre pièce dans la main.

Les deux pièces d'or tentèrent Baba Moustafa; il les regarda quelque temps dans sa main sans dire mot, en se consultant pour savoir ce qu'il devait faire. Il tira enfin sa bourse de son sein, et en les mettant dedans : « — Je ne puis vous assurer, dit-il au voleur, que je me souvienne précisément du chemin qu'on m'a fait faire.. Mais, puisque vous le voulez ainsi, allons, je ferai ce que je pourrai pour m'en souvenir.

Baba Moustafa se leva, à la grande satisfaction du voleur, et sans fermer sa boutique, où il n'y avait rien de conséquence à perdre, il mena le voleur avec lui jusqu'à l'endroit où Morgiane lui avait bandé les yeux. Quand ils y furent arrivés : « — C'est ici, dit Baba Moustafa, qu'on m'a bandé les yeux, et j'étais tourné comme vous me voyez. » — Le voleur, qui avait son mouchoir prêt, les lui banda, et il marcha à côté de lui, en partie en le conduisant et en partie en se laissant conduire par lui, jusqu'à ce qu'il s'arrêta.

Alors : « — Il me semble, dit Baba Moustafa, que je n'ai point passé plus loin, » — et il se trouva véritablement devant la maison de Cassim, où Ali Baba demeurait alors. Avant de lui ôter le mouchoir de devant les yeux, le voleur fit promptement une marque à la porte avec de la craie qu'il tenait prête ; et, quand il le lui eut ôté, il demanda s'il savait à qui appartenait la maison. Baba Moustafa lui répondit qu'il n'était pas du quartier, et ainsi qu'il ne pouvait lui en rien dire.

Comme le voleur vit qu'il ne pouvait apprendre rien davantage de Baba Moustafa, il le remercia de la peine qu'il lui avait fait prendre, et, après qu'il l'eut

quitté et laissé retourner à sa boutique, il reprit le chemin de la forêt, persuadé qu'il serait bien reçu.

Peu de temps après que le voleur et Baba Moustafa se furent séparés, Morgiane sortit de la maison d'Ali-Baba pour quelque affaire, et en revenant, elle remarqua la marque que le voleur y avait faite : elle s'arrêta pour y faire attention. « — Que signifie cette marque? dit-elle en elle-même; quelqu'un voudrait-il du mal à mon maître? ou l'a-t-on faite pour se divertir? A quelque intention qu'on l'ait pu faire, ajouta-t-elle, il est bon de se précautionner contre tout événement. » — Elle prend aussi de la craie, et, comme les deux ou trois portes au-dessus et au-dessous étaient semblables, elle les marqua au même endroit, et elle rentra dans la maison sans parler de ce qu'elle venait de faire ni à son maître ni à sa maîtresse.

Le voleur, cependant, qui continuait son chemin, arriva à la forêt et rejoignit sa troupe de bonne heure. En arrivant il fit le rapport du succès de son voyage, en exagérant le bonheur qu'il avait eu d'avoir trouvé d'abord un homme par lequel il avait appris le fait dont il était venu s'informer, ce que personne n'eût pu lui apprendre. Il fut écouté avec une grande satisfaction, et le capitaine, en prenant la parole après l'avoir loué de sa diligence : « — Camarades, dit-il en s'adressant à tous, nous n'avons pas de temps à perdre : partons bien armés sans qu'il paraisse que nous le soyons, et quand nous serons entrés dans la ville, séparément les uns après les autres pour ne pas donner de soupçons, que le rendez-vous soit dans la grande place, les uns d'un côté, les autres d'un autre, pendant que j'irai reconnaître la maison avec mon camarade qui vient de nous apporter une si bonne nouvelle, afin que là-dessus je juge du parti qui nous conviendra le mieux. »

Le discours du capitaine des voleurs fut applaudi, et ils furent bientôt en état de partir. Ils défilèrent deux à deux, trois à trois, et en marchant à une distance raisonnable les uns des autres, ils entrèrent dans la ville sans donner aucun soupçon. Le capitaine et celui qui était venu le matin y entrèrent les derniers. Celui-ci mena le capitaine dans la rue où il avait marqué la maison d'Ali Baba, et quand il fut arrivé devant une des portes qui avaient été marquées par Morgiane, il la lui fit remarquer en lui disant que c'était celle-là. Mais, en continuant leur chemin sans s'arrêter, afin de ne pas se rendre suspects, comme le capitaine eut observé que la porte qui suivait était marquée de la même marque et au même endroit, il le fit remarquer à son conducteur, et il lui demanda si c'était celle-ci ou la première. Le conducteur demeura confus, et il ne sut que répondre, encore moins quand il eut vu avec le capitaine que les quatre ou cinq portes qui suivaient avaient aussi la même marque. Il assura au capitaine avec serment qu'il n'en avait marqué qu'une. « — Je ne sais, ajouta-t-il, qui peut avoir marqué les autres avec tant de ressemblance, mais, dans cette confusion, j'avoue que je ne peux distinguer laquelle est celle que j'ai marquée. »

Le capitaine, qui vit son dessein avorté, se rendit à la grande place, où il fit dire à ses gens, par le premier qu'il rencontra, qu'ils avaient perdu leur peine et fait un voyage inutile, et qu'ils n'avaient autre parti à prendre que de reprendre le chemin de leur retraite commune. Il en donna l'exemple, et ils le suivirent tous dans le même ordre qu'ils étaient venus.

Quand la troupe se fut rassemblée dans la forêt, le capitaine leur expliqua la raison pourquoi il les avait fait revenir. Aussitôt le conducteur fut déclaré digne de mort tout d'une voix, et il s'y condamna lui-même en reconnaissant qu'il aurait dû prendre mieux sa précaution, et il présenta le cou avec fermeté à celui qui se présenta pour lui couper la tête.

Comme il s'agissait, pour la conservation de la bande, de ne pas laisser sans vengeance le tort qui lui avait été fait, un autre voleur, qui se promit de mieux réussir que celui qui venait d'être châtié, se présenta et demanda en grâce d'être préféré. Il est écouté, il marche, il corrompt Baba Moustafa, comme le premier l'avait corrompu, et Baba Moustafa lui fait connaître la maison d'Ali Baba, les yeux bandés. Il la marque de rouge dans un endroit moins apparent en comptant que c'était un moyen sûr pour

la distinguer d'avec celles qui étaient marquées de blanc.

Mais peu de temps après Morgiane sortit de la

maison comme le jour précédent, et, quand elle revint, la marque rouge n'échappa pas à ses yeux clairvoyants. Elle fit le même raisonnement qu'elle avait fait, et elle ne manqua pas de faire la même marque de crayon rouge aux autres portes voisines et au même endroit.

Le voleur, à son retour vers sa troupe dans la forêt, ne manqua pas de faire valoir la précaution qu'il avait prise, comme infaillible, disait-il, pour ne pas confondre la maison d'Ali Baba avec les autres. Le capitaine et ses gens croient avec lui que la chose doit réussir. Ils se rendent à la ville dans le même ordre et avec les mêmes soins qu'auparavant, armés aussi de même, prêts à faire le coup qu'ils méditaient. Et le capitaine et le voleur, en arrivant, vont à la rue d'Ali Baba ; mais ils trouvent la même difficulté que la première fois. Le capitaine en est indigné, et le voleur, dans une confusion aussi grande que celui qui l'avait précédé avec la même commission.

Ainsi le capitaine fut contraint de se retirer encore ce jour-là, avec ses gens, aussi peu satisfait que le jour d'auparavant. Le voleur, comme auteur de la méprise, subit pareillement le châtiment auquel il s'était soumis volontairement.

Le capitaine, qui vit sa troupe diminuée de deux braves sujets, craignit de la voir diminuer davantage s'il continuait de s'en rapporter à d'autres pour être informé au vrai de la maison d'Ali Baba. Leur exemple lui fit connaître qu'ils n'étaient propres tous qu'à des coups de main, et nullement à agir de tête dans les occasions. Il se charge de la chose lui-même : il vient à la ville, et avec l'aide de Baba Moustafa, qui lui rendit le même service qu'aux deux députés de sa troupe, il ne s'amusa pas à faire aucune marque pour connaître la maison d'Ali Baba : mais il l'examina si bien, non-seulement en la considérant attentivement, mais même en passant et en repassant à diverses fois par devant, qu'il n'était pas possible qu'il s'y méprît.

Le capitaine des voleurs, satisfait de son voyage et instruit de ce qu'il avait souhaité, retourna à la forêt, et quand il fut arrivé dans la grotte, où toute sa troupe l'attendait : « — Camarades, dit-il, rien enfin ne peut plus nous empêcher de prendre une pleine vengeance du dommage qui nous a été fait. Je connais avec certitude la maison du coupable sur qui elle doit tomber, et dans le chemin j'ai songé aux moyens de la lui faire sentir si adroitement, que personne ne pourra avoir connaissance du lieu de notre retraite non plus que de notre trésor, car c'est le but que nous devons avoir dans notre entreprise : autrement, au lieu de nous être utile, elle nous serait funeste. Pour parvenir à ce but, continua le capitaine, voici ce que j'ai imaginé. Quand je vous j'aurai exposé, si quelqu'un sait un expédient meilleur, il pourra le communiquer. » Alors il leur expliqua de quelle manière il prétendait s'y comporter ; et comme ils lui eurent tous donné leur approbation, il les chargea, en se partageant dans les bourgs et dans les villages d'alentour, et même dans la ville, d'acheter des mulets, jusqu'au nombre de dix-neuf, et trente-huit grands vases de cuir à transporter de l'huile, l'un plein et les autres vides.

En deux ou trois jours de temps les voleurs eurent fait tout cet amas. Comme les vases vides étaient un peu étroits par la bouche pour l'exécution de son dessein, le capitaine les fit un peu élargir ; et, après avoir fait entrer un de ses gens dans chacun, avec les armes qu'il avait jugées nécessaires, en laissant ouvert ce qu'il avait fait découdre, afin de leur laisser la respiration libre, il les ferma de manière qu'ils paraissaient pleins d'huile, et, pour les mieux déguiser, il les frotta par le dehors, d'huile qu'il prit du vase qui en était plein.

Les choses ainsi disposées, quand les mulets furent chargés des trente-sept voleurs, sans y comprendre le capitaine, chacun caché dans un des vases, et du vase qui était plein d'huile, leur capitaine comme conducteur, prit le chemin de la ville dans le temps qu'il avait résolu, et y arriva à la brune, environ une heure après le coucher du soleil, comme il se l'était proposé. Il y entra, et alla droit à la maison d'Ali Baba, dans le dessein de frapper à la porte et de demander à y passer la nuit avec ses mulets, sous le bon plaisir du maître. Il n'eut pas la peine de frapper : il trouva Ali Baba à la porte, qui prenait le frais après le souper. Il fit arrêter ses mulets, et en s'adressant à Ali Baba : « — Seigneur, dit-il, j'amène l'huile que vous voyez, de bien loin, pour la vendre demain au marché, et à l'heure qu'il est je ne sais où aller loger. Si cela ne vous incommode pas, faites-moi le plaisir de me recevoir chez vous pour y passer la nuit, je vous en aurai obligation. »

Quoique Ali Baba eût vu dans la forêt celui qui lui parlait, et même entendu sa voix, comment eût-il pu le reconnaître pour le capitaine des quarante voleurs sous le déguisement d'un marchand d'huile ? « — Vous êtes le bienvenu, lui dit-il, entrez. » — Et, en disant ces paroles, il lui fit place pour le laisser entrer avec ses mulets, comme il le fit.

En même temps, Ali Baba appela un esclave qu'il avait, et lui commanda, quand les mulets seraient déchargés, de les mettre non-seulement à couvert dans l'écurie, mais même de leur donner du foin et de l'orge. Il prit aussi la peine d'entrer dans la cuisine et d'ordonner à Morgiane d'apprêter promptement à souper pour l'hôte qui venait d'arriver, et de lui préparer un lit dans une chambre.

Ali Baba fit plus : pour faire à son hôte tout l'accueil possible, quand il vit que le capitaine des voleurs avait déchargé ses mulets, que les mulets avaient été menés dans l'écurie comme il l'avait commandé, et qu'il cherchait une place pour passer la nuit à l'air, il alla le prendre pour le faire entrer dans la salle où il recevait son monde, en lui disant qu'il ne souffrirait pas qu'il couchât dans la cour. Le capitaine des voleurs s'en excusa fort, sous le prétexte de ne vouloir pas être incommodé, mais dans le vrai pour avoir lieu d'exécuter ce qu'il méditait avec plus de liberté, et il ne céda aux honnêtetés d'Ali Baba qu'après de fortes instances.

Ali Baba, non content de tenir compagnie à celui qui en voulait à sa vie jusqu'à ce que Morgiane lui eût servi à souper, continua de l'entretenir de plusieurs choses qu'il crut pouvoir lui faire plaisir, et il ne le quitta que quand il eut achevé le repas dont il l'avait régalé. « — Je vous laisse le maître, lui dit-il; vous n'avez qu'à demander toutes les choses dont vous pouvez avoir besoin, il n'y a rien chez moi qui ne soit à votre service. »

Le capitaine des voleurs se leva en même temps qu'Ali Baba et l'accompagna jusqu'à la porte, et, pendant qu'Ali Baba alla dans la cuisine pour parler à Morgiane, il entra dans la cour sous prétexte d'aller à l'écurie voir si rien ne manquait à ses mulets.

Ali Baba, après avoir recommandé de nouveau à Morgiane de prendre un grand soin de son hôte et de ne le laisser manquer de rien : « — Morgiane, ajouta-t-il, je t'avertis que demain je vais au bain avant le jour; prends soin que mon linge de bain soit prêt, et de le donner à Abdalla (c'était le nom de son esclave), et fais-moi un bon bouillon pour le prendre à mon retour. » — Après lui avoir donné ses ordres, il se retira pour se coucher.

Le capitaine des voleurs cependant, à la sortie de l'écurie, alla donner à ses gens l'ordre de ce qu'ils devaient faire. En commençant depuis le premier vase jusqu'au dernier, il dit à chacun : « — Quand je jetterai de petites pierres de la chambre où l'on me loge, ne manquez pas de vous faire ouverture en fendant le vase depuis le haut jusqu'au bas avec le couteau dont vous êtes munis, et d'en sortir ; aussitôt je serai à vous. » — Et le couteau dont il parlait était pointu et effilé pour cet usage.

Cela fait, il revint, et, comme il se fut présenté à la porte de la cuisine, Morgiane prit de la lumière et elle le conduisit à la chambre qu'elle lui avait préparée, où elle le laissa après lui avoir demandé s'il avait besoin de quelque autre chose. Pour ne pas donner de soupçons, il éteignit la lumière peu de temps après, et il se coucha tout habillé, prêt à se lever dès qu'il aurait fait son premier somme.

Morgiane n'oublia pas les ordres d'Ali Baba ; elle prépare son linge de bain, elle en charge Abdalla qui n'était pas encore allé se coucher ; elle met le pot-au-feu pour le bouillon, et pendant qu'elle écume le pot, la lampe s'éteint. Il n'y avait plus d'huile dans la maison, et la chandelle y manquait aussi. Que faire ? Elle a besoin cependant de voir clair pour écumer son pot ; elle en témoigne sa peine à Abdalla. « — Te voilà bien embarrassée, lui dit Abdalla ; va prendre de l'huile dans un des vases que voilà dans la cour. »

Morgiane remercia Abdalla de l'avis ; et, pendant qu'il va se coucher près de la chambre d'Ali Baba pour le suivre au bain, elle prend la cruche à l'huile et elle va dans la cour. Comme elle se fut approchée du premier vase qu'elle rencontra, le voleur qui était caché dedans demanda en parlant bas : « — Est-il temps ? »

Quoique le voleur eût parlé bas, Morgiane néanmoins fut frappé de la voix, d'autant plus facilement que le capitaine des voleurs, dès qu'il eut déchargé ses mulets, avait ouvert non-seulement ce vase, mais même tous les autres pour donner de l'air à ses gens, qui d'ailleurs y étaient fort mal à leur aise, sans y être encore privés de la facilité de respirer.

Toute autre esclave que Morgiane, aussi surprise

qu'elle le fut en trouvant un homme dans un vase au lieu d'y trouver de l'huile qu'elle cherchait, eût fait un vacarme capable de causer de grands malheurs. Mais Morgiane était au-dessus de ses semblables. Elle comprit en un instant l'importance de garder le secret, le danger présent où se trouvaient Ali Baba et sa famille et où elle se trouvait elle-même, et la nécessité d'y apporter promptement le remède sans faire d'éclat ; et par sa capacité, elle en pénétra d'abord les moyens. Elle rentra donc en elle-même dans le moment, et sans faire paraître aucune émotion, en prenant la place du capitaine des voleurs, elle répondit à la demande et elle dit : « — Pas encore, mais bientôt. » — Elle s'approcha du vase qui suivait, et la même demande lui fut faite, et ainsi de suite jusqu'à ce qu'elle arriva au dernier, qui était plein d'huile : et à la même demande, elle donna la même réponse.

Morgiane connut par là que son maître Ali Baba, qui avait cru ne donner à loger chez lui qu'à un marchand d'huile, y avait donné entrée à trente-huit voleurs, en y comprenant le faux marchand, leur capitaine. Elle emplit en diligence sa cruche d'huile qu'elle prit du dernier vase ; elle revint dans sa cuisine, où, après avoir mis de l'huile dans la lampe et l'avoir rallumée, elle prend une grande chaudière, et retourne à la cour, où elle l'emplit de l'huile du vase. Elle la rapporte, la met sur le feu, et met dessous force bois, parce que plus tôt l'huile bouillira, plus tôt elle aura exécuté ce qui doit contribuer au salut commun de la maison, qui ne demande pas de retardement. L'huile bout enfin ; elle prend la chaudière et elle va verser dans chaque vase assez d'huile toute bouillante, depuis le premier jusqu'au dernier, pour les étouffer et leur ôter la vie.

Cette action, digne du courage de Morgiane, exécutée sans bruit, comme elle l'avait projeté, elle revient dans la cuisine avec la chaudière vide, et ferme la porte. Elle éteint le grand feu qu'elle avait allumé, et elle n'en laisse qu'autant qu'il en faut pour achever de faire cuire le pot de bouillon d'Ali Baba. Ensuite elle souffle la lampe et elle demeure dans un grand silence, résolue à ne pas se coucher qu'elle n'eût observé ce qui arriverait, par une fenêtre de la cuisine qui donnait sur la cour, autant que l'obscurité de la nuit pouvait le permettre. Il n'y avait pas encore un quart d'heure que Morgiane attendait, quand le capitaine des voleurs s'éveilla. Il se lève, il regarde par la fenêtre, qu'il ouvre ; et, comme il n'aperçoit aucune lumière et qu'il voit régner un grand repos et un profond silence dans la maison, il donne le signal en jetant de petites pierres, dont plusieurs tombèrent sur les vases, comme il n'en douta point par le son qui lui en vint aux oreilles. Il prête l'oreille et il n'entend ni n'aperçoit rien qui lui fasse connaître que ses gens se mettent en mouvement. Il en est inquiet, il jette de petites pierres une seconde et une

troisième fois. Elles tombent sur les vases, et cependant pas un des voleurs ne donne le moindre signe de vie, et il n'en peut comprendre la raison. Il descend dans la cour tout alarmé, avec le moins de bruit qu'il lui est possible ; il approche de même du premier vase, et quand il veut demander au voleur, qu'il croit vivant, s'il dort, il sent une odeur d'huile chaude et de brûlé qui s'exhale du vase, par où il connaît que son entreprise contre Ali Baba pour lui ôter la vie et pour piller sa maison, et pour emporter, s'il pouvait, l'or qu'il avait enlevé à sa communauté, était échouée. Il passe au vase qui suivait et à tous les autres l'un après l'autre, et il trouve que tous ses gens avaient péri par le même sort. Et par la diminution de l'huile dans le vase qu'il avait apporté plein, il connut la manière dont on s'était pris pour le priver du secours qu'il en attendait. Au désespoir d'avoir manqué son coup, il enfila la porte du jardin d'Ali Baba, qui donnait dans la cour, et de jardin en jardin, en passant par-dessus les murs, il se sauva.

Quand Morgiane n'entendit plus de bruit et qu'elle ne vit pas revenir le capitaine des voleurs après avoir attendu quelque temps, elle ne douta pas du parti qu'il avait pris, plutôt que de chercher à se sauver par la porte de la maison, qui était fermée à double tour. Satisfaite et dans une grande joie d'avoir si bien réussi à mettre toute la maison en sûreté, elle se coucha enfin et elle s'endormit.

Ali Baba cependant sortit avant le jour et alla au

bain, suivi de son esclave, sans rien savoir de l'événement étonnant qui était arrivé chez lui pendant

qu'il dormait, au sujet duquel Morgiane n'avait pas jugé à propos de l'éveiller, avec d'autant plus de rai-

21.

son qu'elle n'avait pas de temps à perdre dans le temps du danger, et qu'il était inutile de troubler son repos après qu'elle l'eut détourné.

En revenant des bains, et en rentrant chez lui, que le soleil était levé, Ali Baba fut si surpris de voir encore les vases d'huile dans leur place, et que le marchand ne se fût pas rendu au marché avec ses mulets, qu'il en demanda la raison à Morgiane, qui lui était venue ouvrir et qui avait laissé toutes choses dans l'état où il les voyait, pour lui en donner le spectacle et lui expliquer plus sensiblement ce qu'elle avait fait pour sa conservation.

« — Mon bon maître, dit Morgiane en répondant à Ali Baba, Dieu vous conserve, vous et toute votre maison ! Vous apprendrez mieux ce que vous désirez savoir quand vous aurez vu ce que j'ai à vous faire voir : prenez-la peine de venir avec moi. »

Ali Baba suivit Morgiane. Quand elle eut fermé la porte, elle le mena au premier vase. « — Regardez dans le vase, lui dit-elle, et voyez s'il y a de l'huile. »

Ali Baba regarda, et comme il eut vu un homme dans le vase, il se retira en arrière tout effrayé, avec un grand cri. « — Ne craignez rien, lui dit Morgiane, l'homme que vous voyez ne vous fera pas de mal. Il en a fait, mais il n'est plus en état d'en faire ni à vous, ni à personne : il n'a plus de vie.

« — Morgiane, s'écria Ali Baba, que veut dire ce

que tu viens de me faire voir ? Explique-le-moi. —
Je vous l'expliquerai, dit Morgiane ; mais modérez

votre étonnement et n'éveillez pas la curiosité des
voisins d'avoir connaissance d'une chose qu'il est

très-important que vous teniez cachée. Voyez auparavant tous les autres vases. »

Ali Baba regarda dans les autres vases l'un après l'autre, depuis le premier jusqu'au dernier, où il y avait de l'huile, dont il remarqua que l'huile était notablement diminuée ; et quand il eut fait, il demeura comme immobile, tantôt en jetant les yeux sur les vases, tantôt en regardant Morgiane sans dire mot, tant la surprise où il se trouvait était grande. A la fin, comme si la parole lui fût revenue : « — Et le marchand, demanda-t-il, qu'est-il devenu ? — Le marchand, répondit Morgiane, est aussi peu marchand que je suis marchande. Je vous dirai aussi qui il est et ce qu'il est devenu. Mais vous apprendrez toute l'histoire plus commodément dans votre chambre, car il est temps, pour le bien de votre santé, que vous preniez un bouillon après être sorti du bain. »

Pendant qu'Ali Baba se rendit dans sa chambre, Morgiane alla à la cuisine prendre le bouillon ; elle le lui apporta, et avant de le prendre, Ali Baba lui dit : « — Commence toujours à satisfaire l'impatience où je suis, et raconte-moi une histoire si étrange avec toutes ses circonstances. »

Morgiane, pour obéir à Ali Baba, lui dit : « — Seigneur, hier au soir, quand vous vous fûtes retiré pour vous coucher, je préparai votre linge de bain, comme vous veniez de me le commander, et j'en chargeai Abdalla. Ensuite je mis le pot-au-feu pour le bouillon, et comme je l'écumais, la lampe, faute d'huile, s'éteignit tout à coup, et il n'y en avait pas une goutte dans la cruche. Je cherchai quelque bout de chandelle, et je n'en trouvai pas un. Abdalla, qui me vit embarrassée, me fit souvenir des vases pleins d'huile qui étaient dans la cour, comme il n'en doutait pas non plus que moi, et comme vous l'avez cru vous-même. Je pris la cruche et je courus au vase le plus voisin. Mais comme je fus près du vase, il en sortit une voix qui me demanda : « Est-il temps ? » Je ne m'effrayai pas ; mais en comprenant sur-le-champ la malice du faux marchand, je répondis sans hésiter : « Pas encore, mais bientôt. » Je passai au vase qui suivait, et une autre voix me fit la même demande, à laquelle je répondis de même. J'allai aux autres vases, l'un après l'autre ; à pareille demande, pareille réponse, et je ne trouvai de l'huile que dans le dernier vase, dont j'emplis la cruche. Quand j'eus considéré qu'il y avait trente-sept voleurs au milieu de votre cour, qui n'attendaient que le signal ou le commandement de leur chef, que vous aviez pris pour un marchand et à qui vous aviez fait un si grand accueil, pour mettre toute la maison en combustion, je ne perdis pas de temps. Je rapportai la cruche, j'allumai la lampe, et, après avoir pris la chaudière la plus grande de la cuisine, j'allai l'emplir d'huile. Je la mis sur le feu, et quand elle fut bien bouillante, j'en allai verser dans chaque vase où étaient les voleurs, autant qu'il en fallut pour les empêcher tous d'exécuter le pernicieux dessein qui les avait amenés.

« La chose ainsi terminée de la manière que je l'avais méditée, je revins dans la cuisine, j'éteignis la lampe, et avant que je me couchasse, je me mis à examiner tranquillement par la fenêtre quel parti prendrait le faux marchand d'huile.

« Au bout de quelque temps, j'entendis que pour signal il jeta de sa fenêtre de petites pierres qui tombèrent sur les vases. Il en jeta une seconde, et une troisième fois, et comme il n'aperçut ou n'entendit aucun mouvement, il descendit, et je le vis aller de vase en vase jusqu'au dernier; après quoi l'obscurité de la nuit fit que je le perdis de vue. J'observai encore quelque temps, et comme je vis qu'il ne revenait pas, je ne doutai pas qu'il ne se fût sauvé par le jardin, désespéré d'avoir si mal réussi. Ainsi, persuadée que la maison était en sûreté, je me couchai. »

En achevant, Morgiane ajouta : « — Voilà quelle est l'histoire que vous m'avez demandée, et je suis convaincue que c'est la suite d'une observation que j'avais faite depuis deux ou trois jours, dont je n'avais pas cru devoir vous entretenir, qui est qu'une fois en revenant de la ville de bon matin, j'aperçus que la porte de la rue était marquée de blanc, et le jour d'après de rouge, après la marque blanche; et que chaque fois, sans savoir à quel dessein cela pouvait avoir été fait, j'avais marqué de même, et au même endroit, deux ou trois portes de nos voisins, au-dessus et au-dessous. Si vous joignez cela avec ce qui vient d'arriver, vous trouverez que le tout a été machiné par les voleurs de la forêt, dont je ne sais pourquoi la troupe était diminuée de deux. Quoi qu'il en soit, la voilà réduite à trois au plus. Cela fait voir qu'ils avaient juré votre perte et qu'il est bon que vous vous teniez sur vos gardes tant qu'il sera certain qu'il en restera quelqu'un au monde. Quant à moi, je n'oublierai rien pour veiller à votre conservation, comme j'y suis obligée. »

Quand Morgiane eut achevé, Ali Baba, pénétré de la grande obligation qu'il lui avait, lui dit : « — Je ne mourrai pas que je ne t'aie récompensée comme tu le mérites. Je te dois la vie, et pour commencer à t'en donner une marque de reconnaissance, je te donne la liberté dès à présent, en attendant que j'y mette le comble de la manière que je me le propose. Je suis persuadé avec toi que les quarante voleurs m'ont tendu ces embûches. Dieu m'a délivré par ton moyen ; j'espère qu'il continuera de me préserver de leur méchanceté, et qu'en achevant de la détourner de dessus ma tête, il délivrera le monde de leur persécution et de leur engeance maudite. Ce que nous avons à faire, c'est d'enterrer incessamment les corps de cette peste du genre humain avec un si grand secret, que personne ne puisse rien soupçonner de leur destinée, et c'est à quoi je vais travailler avec Abdalla. »

Le jardin d'Ali Baba était d'une grande longueur, terminé par de grands arbres. Sans différer, il alla sous ces arbres avec son esclave creuser une fosse, longue et large à proportion des corps qu'ils avaient à y enterrer. Le terrain était aisé à remuer, et ils ne mirent pas un long temps à l'achever. Ils tirèrent les corps hors des vases, et ils mirent à part les armes dont les voleurs s'étaient munis. Ils transportèrent ces corps au bout du jardin et ils les arrangèrent dans la fosse, et après les avoir couverts de la terre qu'ils en avaient tirée, ils dispersèrent ce qui en restait aux environs, de manière que le terrain parût égal comme auparavant. Ali Baba fit cacher soigneusement les vases à l'huile et les armes, et quant aux mulets, dont il n'avait pas besoin pour lors, il les envoya au marché à différentes fois, où il les fit vendre par son esclave.

Pendant qu'Ali Baba prenait toutes ces mesures pour ôter à la connaissance du public par quel moyen il était devenu si riche en peu de temps, le capitaine des quarante voleurs était retourné à la forêt avec une mortification inconcevable; et, dans l'agitation ou plutôt dans la confusion où il était d'un succès si malheureux et si contraire à ce qu'il s'était

promis, il était rentré dans la grotte sans avoir pu s'arrêter à aucune résolution dans le chemin sur ce qu'il devait faire ou ne pas faire à Ali Baba.

La solitude où il se trouva dans cette sombre demeure lui parut affreuse. « — Braves gens, s'écria-t-il, compagnons de mes veilles, de mes courses et de mes travaux, où êtes-vous? que puis-je faire pour vous? Vous avais-je assemblés et choisis pour vous voir périr tous à la fois par une destinée si fatale et si indigne de votre courage! Je vous regretterais moins si vous étiez morts le sabre à la main en vaillants hommes. Quand aurai-je fait une autre troupe de gens de main comme vous? Et quand je le voudrais, pourrais-je l'entreprendre et ne pas exposer tant d'or, tant d'argent, tant de richesses à la proie de celui qui s'est déjà enrichi d'une partie? Je ne puis et je ne dois y songer qu'auparavant je ne lui aie ôté la vie. Ce que je n'ai pu faire avec un secours si puissant, je le ferai moi seul, et quand j'aurai pourvu de la sorte à ce que ce trésor ne soit plus exposé au pillage, je travaillerai à faire en sorte qu'il ne demeure ni sans successeurs, ni sans maîtres après moi, qu'il se conserve et qu'il s'augmente dans toute la postérité. » — Cette résolution prise, il ne fut pas embarrassé à chercher les moyens de l'exécuter, et alors, plein d'espérance et l'esprit tranquille, il s'endormit et il passa la nuit assez paisiblement.

Le lendemain, le capitaine des voleurs, éveillé de grand matin, comme il se l'était proposé, prit un habit fort propre, conformément au dessein qu'il avait médité, et il vint à la ville, où il prit un logement dans un khan, et comme il s'attendait que ce qui s'était passé chez Ali Baba pouvait avoir fait de l'éclat, il demanda au concierge, par manière d'entretien, s'il y avait quelque chose de nouveau dans la ville ; sur quoi le concierge parla de tout autre chose que de ce qu'il lui importait de savoir. Il jugea de là que la raison pourquoi Ali Baba gardait un si profond secret venait de ce qu'il ne voulait pas que la connaissance qu'il avait du trésor et du moyen d'y entrer fût divulguée, et de ce qu'il n'ignorait pas que c'était pour ce sujet qu'on en voulait à sa vie. Cela l'anima davantage à ne rien négliger pour se défaire de lui par la même voie du secret.

Le capitaine des voleurs se pourvut d'un cheval dont il se servit pour transporter à son logement plusieurs sortes de riches étoffes et de toiles fines, en faisant plusieurs voyages à la forêt, avec les précautions nécessaires pour cacher le lieu où il les allait prendre. Pour débiter ces marchandises, quand il en eut amassé ce qu'il avait jugé à propos, il chercha une boutique ; il en trouva une, et après l'avoir prise à louage du propriétaire, il la garnit et s'y établit. La boutique qui se trouva vis-à-vis de la sienne était celle qui avait appartenu à Cassim, et qui était occupée par le fils d'Ali Baba il n'y avait pas longtemps.

Le capitaine des voleurs, qui avait pris le nom de

Cogia Houssain, comme nouveau venu, ne manqua pas de faire civilité aux marchands ses voisins, selon la coutume. Mais comme le fils d'Ali Baba était jeune, bien fait, qu'il ne manquait pas d'esprit, et qu'il avait occasion plus souvent de lui parler et de s'entretenir avec lui qu'avec les autres, il eut bientôt fait amitié avec lui; il s'attacha même à le cultiver plus fortement et plus assidûment quand, trois ou quatre jours après son établissement, il eut reconnu Ali Baba, qui vint voir son fils et qui s'arrêta à s'entretenir avec lui comme il avait coutume de le faire de temps en temps, et qu'il eut appris du fils, après qu'Ali Baba l'eut quitté, que c'était son père; il augmenta ses empressements auprès de lui, il le caressa, lui fit de petits présents, il le régala même et lui donna plusieurs fois à manger.

Le fils d'Ali Baba ne voulut pas avoir tant d'obligation à Cogia Houssain sans lui rendre la pareille; mais il était logé étroitement, et il n'avait pas la même commodité que lui pour le régaler comme il le souhaitait; il parla de son dessein à Ali Baba son père, en lui faisant remarquer qu'il ne serait pas bienséant qu'il demeurât plus longtemps sans reconnaître les honnêtetés de Cogia Houssain.

Ali Baba se chargea du régal avec plaisir. «— Mon fils, dit-il, il est demain vendredi : comme c'est un jour que les gros marchands, comme Cogia Houssain et comme vous, tiennent leurs boutiques fermées, faites avec lui une partie de promenade pour l'après-dînée, et en revenant, faites en sorte que vous le fassiez passer par chez moi et que vous le fassiez entrer : il sera mieux que la chose se fasse de la sorte que si vous l'invitiez dans les formes ; je vais ordonner à Morgiane de faire le souper et de le tenir prêt. »

Le vendredi, le fils d'Ali Baba et Cogia Houssain se trouvèrent l'après-dînée au rendez-vous qu'ils s'étaient donné, et ils firent leur promenade. En revenant, comme le fils d'Ali Baba avait affecté de faire passer Cogia Houssain par la rue où demeurait son père, quand ils furent arrivés devant la porte de la maison, il l'arrêta, et en frappant : « — C'est, lui dit-il, la maison de mon père, lequel, sur le récit que je lui ai fait de l'amitié dont vous m'honorez, m'a chargé de lui procurer l'honneur de votre connaissance ; je vous prie d'ajouter ce plaisir à tous les autres dont je vous suis redevable. »

Quoique Cogia Houssain fût arrivé au but qu'il s'était proposé, qui était d'avoir entrée chez Ali Baba et de lui ôter la vie sans hasarder la sienne, en ne faisant pas d'éclat, il ne laissa pas néanmoins de s'excuser et de faire semblant de prendre congé du fils ; mais comme l'esclave d'Ali Baba venait d'ouvrir, le fils le prit obligeamment par la main, et en entrant le premier, il le tira et le força en quelque manière d'entrer comme malgré lui.

Ali Baba reçut Cogia Houssain avec un visage ouvert et avec le bon accueil qu'il pouvait souhaiter ; il le remercia des bontés qu'il avait pour son fils. « — L'obligation qu'il vous en a et que je vous ai moi-même, ajouta-t-il, est d'autant plus grande que c'est un jeune homme qui n'a pas encore l'usage du monde, et que vous ne dédaignerez pas de contribuer à le former. »

Cogia Houssain rendit compliment pour compliment à Ali Baba, en lui assurant que si son fils n'avait pas encore acquis l'expérience de certains vieillards, il avait un bon sens qui lui tenait lieu de l'expérience d'une infinité d'autres.

Après un entretien de peu de durée sur d'autres sujets indifférents, Cogia Houssain voulut prendre congé. Ali Baba l'arrêta. « — Seigneur, dit-il, où voulez-vous aller ? Je vous prie de me faire l'honneur de souper avec moi. Le repas que je veux vous donner est beaucoup au-dessous de ce que vous méritez ; mais tel qu'il est, j'espère que vous l'agréerez d'aussi bon cœur que j'ai l'intention de vous le donner. — Seigneur Ali Baba, reprit Cogia Houssain, je suis persuadé de votre bon cœur, et si je vous demande en grâce de ne pas trouver mauvais que je me retire sans accepter l'offre obligeante que vous me faites, je vous supplie de croire que je ne le fais ni par mépris ni par incivilité, mais parce que j'en ai une raison que vous approuveriez si elle vous était connue. — Et quelle peut être cette raison, seigneur ? repartit Ali

Baba. Peut-on vous la demander? — Je puis vous la dire, répliqua Cogia Houssain : c'est que je ne mange ni viande ni ragoût où il y a du sel; jugez vous-même de la contenance que je ferais à votre table. — Si vous n'avez que cette raison, insista Ali Baba, elle ne doit pas me priver du plaisir de vous posséder à souper, à moins que vous ne le vouliez autrement. Premièrement, il n'y a pas de sel dans le pain que l'on mange chez moi, et quant aux viandes et aux ragoûts, je vous promets qu'il n'y en aura pas dans ce qui sera servi devant vous; je vais y donner ordre : ainsi faites-moi la grâce de demeurer, je reviens à vous dans un moment. »

Ali Baba alla à la cuisine et il ordonna à Morgiane de ne pas mettre de sel sur la viande qu'elle avait à servir, et de préparer promptement deux ou trois ragoûts, entre ceux qu'il lui avait commandés, où il n'y eût pas de sel.

Morgiane, qui était prête à servir, ne put s'empêcher de témoigner son mécontentement sur ce nouvel ordre et de s'en expliquer à Ali Baba. « — Qui est donc, dit-elle, cet homme si difficile qui ne mange pas de sel? Votre souper ne sera plus bon à manger si je le sers plus tard. — Ne te fâche pas, Morgiane, reprit Ali Baba, c'est un honnête homme ; fais ce que je te dis. »

Morgiane obéit, mais à contre-cœur, et elle eut la

curiosité de connaître cet homme qui ne mangeait pas de sel. Quand elle eut achevé et qu'Abdalla eut préparé la table, elle l'aida à porter les plats. En regardant Cogia Houssain, elle le reconnut d'abord pour le capitaine des voleurs, malgré son déguisement, et, en l'examinant avec attention, elle aperçut qu'il avait un poignard caché sous son habit. «—Je ne m'étonne plus, dit-elle en elle-même, que le scélérat ne veuille pas manger le sel avec mon maître : c'est son plus fier ennemi, il veut l'assassiner; mais je l'en empêcherai. »

Quand Morgiane eut achevé de servir ou de faire servir par Abdalla, elle prit le temps pendant que l'on soupait; elle fit les préparatifs nécessaires de l'exécution d'un coup des plus hardis, et elle venait d'achever lorsque Abdalla vint l'avertir qu'il était temps de servir le fruit. Elle porta le fruit, et dès qu'Abdalla eut levé ce qui était sur la table, elle le servit. Ensuite elle posa près d'Ali Baba une petite table sur laquelle elle mit le vin avec trois tasses, et en sortant elle emmena Abdalla avec elle comme pour aller souper ensemble et donner à Ali Baba, selon sa coutume, la liberté de s'entretenir et de se réjouir agréablement avec son hôte et de le faire bien boire.

Alors le faux Cogia Houssain, ou plutôt le capitaine des quarante voleurs, crut que l'occasion favorable pour ôter la vie à Ali Baba était venue. « — Je vais, dit-il, faire enivrer le père, et le fils, à qui je veux bien donner la vie, ne m'empêchera pas d'enfoncer le poignard dans le cœur du père, et je me sauverai par le jardin, comme je l'ai déjà fait, pendant que la cuisinière et l'esclave n'auront pas encore achevé de souper, ou seront endormis dans la cuisine. »

Au lieu de souper, Morgiane, qui avait pénétré dans l'intention du faux Cogia Houssain, ne lui donna pas le temps de venir à l'exécution de sa méchanceté. Elle s'habilla d'un habit de danseuse fort propre, prit une coiffure convenable et se ceignit d'une ceinture d'argent doré, où elle attacha un poignard dont la gaîne et la poignée étaient de même métal, et avec cela elle appliqua un fort beau masque sur son visage. Quand elle se fut déguisée de la sorte, elle dit à Abdalla : « — Abdalla, prends ton tambour de basque, et allons donner à l'hôte de notre maître et ami de son fils, le divertissement que nous lui donnons quelquefois le soir. »

Abdalla prend le tambour de basque, il commence à jouer en marchant devant Morgiane, et il entre dans la salle. Morgiane, en entrant après lui, fit une profonde révérence d'un air délibéré et à se faire regarder, comme en demandant la permission de faire voir ce qu'elle savait faire.

Comme Abdalla vit qu'Ali Baba voulait parler, il cessa de toucher le tambour de basque. « — Entre, Morgiane; entre, Abdalla; Cogia Houssain jugera de

quoi tu es capable, et il nous dira ce qu'il en pensera. Au moins, seigneur, dit-il à Cogia Houssain en se tournant de son côté, ne croyez pas que je me mette en dépense pour vous donner ce divertissement. Je le trouve chez moi, et vous voyez que c'est mon esclave et ma cuisinière et dépensière en même temps qui me le donnent. J'espère que vous ne le trouverez pas désagréable. »

Cogia Houssain ne s'attendait pas qu'Ali Baba dû ajouter ce divertissement au souper qu'il lui donnait. Cela lui fit craindre de ne pouvoir profiter de l'occasion qu'il croyait avoir trouvée. Au cas que cela arrivât, il se consola par l'espérance de la retrouver en continuant de ménager l'amitié du père et du fils. Ainsi, quoiqu'il eût mieux aimé qu'Ali Baba eût bien voulu ne le lui pas donner, il fit semblant néanmoins de lui en savoir obligation, et il eut la complaisance de lui témoigner que ce qui lui faisait plaisir ne pouvait pas manquer de lui en faire aussi.

Quand Abdalla vit qu'Ali Baba et Cogia Houssain avaient cessé de parler, il recommença à toucher son tambour de basque, et l'accompagna de sa voix sur un air à danser ; et Morgiane, qui ne le cédait à aucun danseur ou danseuse de profession, dansa d'une manière à se faire admirer même de toute autre compagnie que celle à laquelle elle donnait spectacle, dont il n'y avait peut-être que le faux Cogia Houssain qui y donnât le moins d'attention.

Après avoir dansé plusieurs danses avec le même agrément et de la même force, elle tira enfin le poignard, et en le tenant à la main, elle en dansa une dans laquelle elle se surpassa par les figures différentes, par les mouvements légers, par les sauts surprenants et par les efforts merveilleux dont elle les accompagna, tantôt en présentant le poignard en avant, comme pour frapper, tantôt en faisant semblant de s'en frapper elle-même dans le sein.

Comme hors d'haleine enfin, elle arracha le tambour de basque des mains d'Abdalla de la main gauche, et, en tenant le poignard de la droite, elle alla présenter le tambour de basque par le creux à Ali Baba, à l'imitation des danseurs et des danseuses de profession, qui en usent ainsi pour aller solliciter la libéralité de leurs spectateurs.

Ali Baba jeta une pièce d'or dans le tambour de basque de Morgiane. Morgiane s'adressa ensuite au fils d'Ali Baba, qui suivit l'exemple de son père. Cogia Houssain, qui vit qu'elle allait venir aussi à lui, avait déjà tiré la bourse de son sein pour lui faire son présent, et il y mettait la main dans le moment que Morgiane, avec un courage digne de sa fermeté et de sa résolution, lui enfonça le poignard au milieu du cœur, si avant qu'elle ne le retira qu'après lui avoir ôté la vie.

Ali Baba et son fils, épouvantés de cette action, poussèrent un grand cri: « — Ah! malheureuse! s'écria Ali Baba, qu'as-tu fait? Est-ce pour nous perdre, moi et ma famille? — Ce n'est pas pour vous perdre, répondit Morgiane; je l'ai fait pour votre conservation. » — Alors, en ouvrant la robe de Cogia Houssain, et en montrant à Ali Baba le poignard dont il était armé : « — Voyez, dit-elle, à quel fier ennemi vous aviez affaire, et regardez-le bien au visage : vous y reconnaîtrez le faux marchand d'huile et le capitaine des quarante voleurs. Ne considérez-vous pas aussi qu'il n'a pas voulu manger de sel avec vous ? En voulez-vous davantage pour vous persuader de son dessein pernicieux ? Avant que je l'eusse vu, le soupçon m'en était venu du moment que vous m'avez fait connaître que vous aviez un tel convive. Je l'ai vu, et vous voyez que mon soupçon n'était pas mal fondé.

Ali Baba, qui connut la nouvelle obligation qu'il avait à Morgiane de lui avoir conservé la vie une seconde fois, l'embrassa. « — Morgiane, dit-il, je t'ai donné la liberté, et alors je t'ai promis que ma reconnaissance n'en demeurerait pas là et que bientôt j'y mettrais le comble. Ce temps est venu, et je te fais ma belle-fille. »

Et en s'adressant à son fils : « — Mon fils, ajouta Ali Baba, je vous crois assez bon fils pour ne pas trouver étrange que je vous donne Morgiane pour femme sans vous consulter. Vous ne lui avez pas moins d'obligation que moi. Vous voyez que Cogia Houssain n'avait recherché votre amitié que dans le dessein de mieux réussir à m'arracher la vie par sa trahison, et s'il y eût réussi, vous ne devez pas douter qu'il ne vous eût sacrifié aussi à sa vengeance. Considérez de plus qu'en épousant Morgiane vous épousez le soutien de ma famille tant que je vivrai, et l'appui de la vôtre jusqu'à la fin de vos jours. »

Le fils, bien loin de témoigner aucun mécontentement, marqua qu'il consentait à ce mariage, non-seulement parce qu'il ne voulait pas désobéir à son père, mais même parce qu'il y était porté par sa propre inclination.

On songea ensuite dans la maison d'Ali Baba à enterrer le corps du capitaine auprès de ceux des quarante voleurs, et cela se fit si secrètement, qu'on n'en eut connaissance qu'après de longues années, lorsque personne ne se trouvait plus intéressé dans la publication de cette histoire mémorable.

Peu de jours après, Ali Baba célébra les noces de son fils et de Morgiane avec une grande solennité et par un festin somptueux, accompagné de danses, de spectacles et de divertissements accoutumés ; et il eut la satisfaction de voir que ses amis et ses voisins, qu'il avait invités, sans avoir connaissance des vrais motifs du mariage, mais qui d'ailleurs n'ignoraient pas les belles et bonnes qualités de Morgiane, le louèrent hautement de sa générosité et de son bon cœur.

Après le mariage, Ali Baba, qui s'était abstenu de retourner à la grotte des voleurs depuis qu'il en avait tiré et rapporté le corps de son frère Cassim sur un de ses trois ânes, avec l'or dont il les avait chargés, par la crainte de les y trouver ou d'y être surpris, s'en abstint encore après la mort des trente-huit voleurs, en y comprenant leur capitaine, parce qu'il supposa que les deux autres, dont le destin ne lui était pas connu, étaient encore vivants.

Mais au bout d'un an, comme il eut vu qu'il ne s'était fait aucune entreprise pour l'inquiéter, la curiosité le prit d'y faire un voyage en prenant les précautions nécessaires pour sa sûreté. Il monta à cheval, et quand il fut arrivé auprès de la grotte, il prit un bon augure de ce qu'il n'aperçut aucun vestige ni d'hommes ni de chevaux. Il mit pied à terre, il attacha son cheval, et en se présentant devant la porte, il prononça les paroles : « — Sésame, ouvre-toi! » — qu'il n'avait pas oubliées. La porte s'ouvrit, il entra, et l'état où il trouva toutes choses dans la grotte lui fit juger que personne n'y était entré depuis environ le temps où le faux Cogia Houssain était venu lever boutique dans la ville, et ainsi que la troupe des quarante voleurs était entièrement dissipée et exterminée depuis ce temps-là, et il ne douta plus qu'il ne fût le seul au monde qui eût le secret de faire ouvrir la grotte, et que le trésor qu'elle enfermait était à sa disposition. Il s'était muni d'une valise, il la remplit d'autant d'or que son cheval en put porter, et il revint à la ville.

Depuis ce temps-là, Ali Baba, son fils, qu'il mena à la grotte, et à qui il enseigna le secret pour y entrer, et après eux leur postérité, à laquelle ils firent passer le même secret, en profitant de leur fortune avec modération, vécurent dans une grande splendeur et honorés des premières dignités de la ville.

―――――――

Le sultan des Indes ne pouvait s'empêcher d'admirer la mémoire prodigieuse de la sultane son épouse, qui ne s'épuisait point, et qui lui fournissait toutes les nuits de nouveaux divertissements par tant d'histoires différentes.

Mille et une nuits s'étaient écoulées dans ces innocents amusements; ils avaient même beaucoup aidé à diminuer les préventions fâcheuses du sultan contre la fidélité des femmes; son esprit était adouci; il était convaincu du mérite et de la grande sagesse de Scheherazade; il se souvenait du courage avec lequel elle s'était exposée volontairement à devenir son épouse, sans appréhender la mort à laquelle elle savait qu'elle était destinée le lendemain, comme les autres qui l'avaient précédée.

Ces considérations et les autres qualités qu'il connaissait en elle le portèrent enfin à lui faire grâce. « — Je vois bien, lui dit-il, aimable Scheherazade, que vous êtes inépuisable dans vos petits contes : il y a assez longtemps que vous me divertissez ; vous avez apaisé ma colère, et je renonce volontiers en votre faveur à la loi cruelle que je m'étais imposée ; je vous remets entièrement dans mes bonnes grâces, et je veux que vous soyez regardée comme la libératrice de toutes les filles qui devaient être immolées à mon juste ressentiment. »

La princesse se jeta à ses pieds, les embrassa tendrement en lui donnant toutes les marques de la reconnaissance la plus vive et la plus parfaite.

Le grand vizir apprit le premier cette agréable nouvelle de la bouche même du sultan. Elle se répandit bientôt dans la ville et dans les provinces, ce qui attira au sultan et à l'aimable Scheherazade son épouse mille louanges et mille bénédictions de tous les peuples de l'empire des Indes.

TABLE DES MATIÈRES

Histoire d'Aladdin et de la lampe merveilleuse. . . . 1
Aventures du calife Haroun Alraschid 208
Histoire de l'aveugle Baba-Abdalla 215
Histoire de Cogia Hassan Alhabbal 237
Histoire d'Ali Cogia, marchand de Bagdad 294
Histoire d'Ali Baba et de quarante voleurs exterminés
    par une esclave. 320

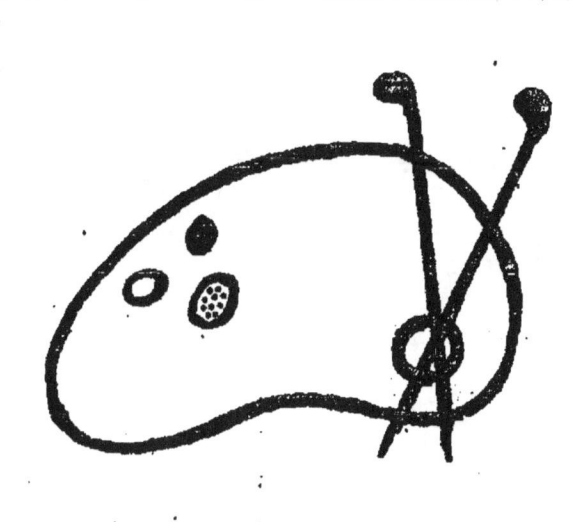

Original en couleur
NF Z 43-120-8.

www.ingramcontent.com/pod-product-compliance
Lightning Source LLC
Chambersburg PA
CBHW052044230426
43671CB00011B/1777